21世纪高等院校经济学专业系列教材

中国近代经济史

主　编　赵　津
副主编　王玉茹　张东刚

南开大学出版社
天　津

图书在版编目(CIP)数据

中国近代经济史 / 赵津主编.—天津:南开大学出版社,2006.2(2022.3 重印)
 ISBN 978-7-310-02479-6

Ⅰ.中… Ⅱ.赵… Ⅲ.经济史－中国－近代 Ⅳ.F129.5

中国版本图书馆 CIP 数据核字(2005)第 141629 号

版权所有　侵权必究

中国近代经济史
ZHONGGUO JINDAI JINGJISHI

南开大学出版社出版发行
出版人:陈　敬
地址:天津市南开区卫津路 94 号　邮政编码:300071
营销部电话:(022)23508339　营销部传真:(022)23508542
https://nkup.nankai.edu.cn

天津市蓟县宏图印务有限公司印刷　全国各地新华书店经销
2006 年 2 月第 1 版　2022 年 3 月第 6 次印刷
880×1230 毫米　32 开本　10.875 印张　311 千字
定价:38.00 元

如遇图书印装质量问题,请与本社营销部联系调换,电话:(022)23508339

前　言

任何正规的专业教育都应包括史的内容。当今经济类专业已成为中国高等教育的一个重心,作为每个经济学人必备的基础知识,经济史教育面临更新的挑战。

多年来,中国近代经济史教材的体例难以走出编年体的老路,与中学历史教材内容多有雷同,因此常常使学生感到重复和厌倦,不仅影响了这门课程的教学效果,更严重的是使学生忽略了历史与理论、历史与现实之间的联系。

南开大学经济史学科作为国家级重点学科,拥有经济学教学与研究两个基础人才培养基地,长期坚持在教学第一线,深感责任重大。多年来始终致力于教学改革,继1999年出版了研究生教材后,又在2000年召开的"展望21世纪的经济史研究"国际研讨会上提交了本科生教学大纲——将近代经济史教材改为专题论述的体例,得到了与会同行的支持。本书就是在此基础上,经过几年的编写和试用而形成的。

本书以现代经济理论为指导,以近代经济史实为依据,以改革开放的需要为切入点,将1840年～1949年这109年间的经济发展史划分为12个专题,专题的内容涉及近代经济的各个主要方面,如工业、农业、金融、外贸等,另外增加了资源、城市、产业结构、市场化、国民收入分配等与经济理论和当前现实密切相关的问题;尤其是增加了政府职能方面的内容,从制度的角度引导学生全方位地了解经济现象及其根源。为避免专题论述缺乏时间顺序的概念,本书专门设计了一章,将近代的109年作了纵向描述和阶段划分,并且在其他章节的专题论述中尽可能地体现时间概念。为了便于读者作深入探讨,本书各章提供了很多数据和参考文献。总之,本书针对经济类专业人员了解经济史的需要,体现了经济史对理论研究的基础作用和对当代经济改革的借鉴价值。

目 录

第一章 绪论 ………………………………………………………（1）
  第一节 经济史与经济学 ………………………………………（2）
  第二节 经济史的研究方法 ……………………………………（5）

第二章 近代中国经济的发展阶段 ……………………………（14）
  第一节 中国近代经济的产生和初步发展:1840年～1911年 …（15）
  第二节 中国近代经济的进一步发展:1912年～1936年 ………（19）
  第三节 中国近代经济发展的停滞阶段:1937年～1949年 ……（23）

第三章 人口与资源 ……………………………………………（26）
  第一节 人口数量及其分布的变动趋势 ………………………（27）
  第二节 土地资源及其利用 ……………………………………（39）
  第三节 矿产、森林及水资源 …………………………………（49）

第四章 传统农业的转变 ………………………………………（66）
  第一节 土地制度的变化 ………………………………………（67）
  第二节 农业生产力的综合考察 ………………………………（78）
  第三节 农村商品化程度的考察 ………………………………（87）

第五章 工业的发展道路 ………………………………………（100）
  第一节 近代工业的兴起(1840～1894) ………………………（101）
  第二节 近代工业的曲折发展(1894～1949) …………………（108）
  第三节 近代手工业的发展 ……………………………………（118）

第六章　产业结构调整 (128)
第一节　不同产业的国民生产总值及其比重 (129)
第二节　不同产业之间的劳动力转移 (141)
第三节　影响产业结构的主要因素 (148)

第七章　城市近代化进程 (160)
第一节　近代城市的崛起 (161)
第二节　近代城市的发展 (172)
第三节　近代城市的辐射功能 (181)

第八章　政府职能的转化 (188)
第一节　工商管理机构的改革 (189)
第二节　近代经济立法的演进 (197)

第九章　金融市场的形成 (213)
第一节　金融体制的变化 (214)
第二节　金融市场的构成 (224)
第三节　金融市场的特点与作用 (236)

第十章　对外经济关系 (244)
第一节　外国在中国的投资 (245)
第二节　进口与出口贸易 (258)
第三节　中国在世界经济中的地位 (274)

第十一章　国民收入分配 (280)
第一节　国民收入分配的变动趋势 (281)
第二节　国民收入剩余向资本的转化 (290)
第三节　资本生成机制的障碍 (300)

第十二章　市场化测度 (305)
第一节　区域市场的划分 (306)
第二节　全国性统一市场的形成 (316)
第三节　相对价格运动 (323)
第四节　总需求变动的一般趋势 (332)

后记 (342)

第一章
绪　论

任何正规的专业教育都应该包括史的内容。在经济学专业人才的知识结构中,经济史属于必备的基础知识。不仅如此,经济史的知识空间是广阔的,对研究者能力的锻炼是全面的,研究成果给人的启发往往非常独到和深刻。因此,包括诺贝尔经济学奖获得者在内的经济学家,无不对经济史学的重要性给予高度评价。经济史应当成为经济学的源,而不是经济学的流。

第一节 经济史与经济学

一、经济学家谈经济史

关于经济史在理论经济学中的地位,没有谁能够比获得诺贝尔奖的著名经济学家的评价更有说服力了。

西奥多·舒尔茨指出:"物理学的知识主要建立在受控制的实验上,然而,天文学的知识大多是依靠分析存在于各个天体的历史记载中的差异而来,虽然经济学家也渴望和物理学家一样,这就是为什么经济史在经济学中的地位是多么重要的原因。"[1]

约瑟夫·阿洛伊斯·熊彼特晚年在总结治学经验时指出:"'科学的'经济学家和其他一切对经济问题进行思考、谈论与著述的人们的区别在于掌握了技巧或技术,而这些技术可分为三类:历史、统计和'理论'。三者结合起来构成我们的所谓'经济分析'。"在这三门技术中,熊彼特认为经济史是"最重要的一门"基本学科。因为,"首先,经济学的内容实质上是历史长河中的一个独特的过程,如果一个人不掌握历史事实,不具备适当的历史感或历史经验,就不可能指望他能理解任何时代(包括当前)的经济现象;其次,历史的叙述不可能是纯经济学的,它必然要反映那些不属于纯经济的'制度方面'的事实,因此,历史提供了最好的方法让我们了解经济与非经济的事实是怎样联系在一起的,以及各种社会科学应该怎样联系在一起;第三,我相信,目前经济分析中所犯的根本性错误,大部分是由于缺乏历史的经验,而经济学家在其他方面的欠缺倒是次要的。……如果我重新开始研究经济学,而在这三门学科中只许任选一种,那么我就选择经济史。"[2]

---

[1] 《世界经济》编辑部,《荣获诺贝尔奖经济学家》,四川人民出版社,1985年,第382页。
[2] 约瑟夫·阿洛伊斯·熊彼特,《经济分析史》第一卷,商务印书馆,1991年,第28~29页。

道格拉斯·C.诺斯在接受诺贝尔奖时发表演说:"经济史探讨的是一段历史时期的经济演变过程。该领域的研究目的不仅是为了对以往的经济活动作出新的说明,同时,通过提出某种分析框架还可以对经济理论有所贡献。这种新的分析框架能够使我们理解经济的变迁。……在求得对一段历史时期经济实绩理解的漫长道路上,我们才刚刚出发。今后的研究就是要把依据历史证据得出的新假设具体化,这样做不仅能提出一个能够解释历史经济演变的理论框架,而且,在这个过程中,我们还丰富了经济理论,使它能更有效地对付广泛的现实问题,这些现实问题超出了现有经济理论的认识范围。希望就在前头。诺贝尔委员会指出了希望之所在,这对我们沿着这条道路继续前进是一个巨大的鞭策。"①

二、经济史与经济学:分与合

与其他学科的发展规律一样,经济史学科的独立也是人类认知深化、学科细分的结果。

从经济学萌生到政治经济学创始,经济史学与理论经济学是一体的和统一的。现代经济学创始人威廉·配第和亚当·斯密将抽象的理论推导和历史资料的统计分析结合在一起,他们的著作都同时包含了两者,既有抽象的基本原理的分析演绎,又有大量历史事实和统计资料的叙述与分析。马克思继承斯密开创的将经济理论与经济史相结合的传统,并且运用历史辩证法予以改造和创新,使经济理论与经济史、理论逻辑与历史逻辑有机结合在一起。在《资本论》等著作中,马克思以大量的经济史资料及对其分析演绎为基础,形成了宏大的理论体系。

自大卫·李嘉图以后,经济史学与经济理论开始分离。李嘉图注重经济学的演绎推理,而忽略了历史的分析归纳。此后,经济学内容不断丰富,其结果是不断使一些内容从理论经济学中分化出来,形成新的独

---

① 道格拉斯·C.诺斯,《经济实绩的历史透视》,(美)《美国经济评论》1994年第6期。转引自赵德馨,《赵德馨经济史学论文选》,中国财政经济出版社,2002年,第773页。

立的学科,经济史学科就是其中之一。19世纪中期以后,经济理论与经济史研究日益分离,二者发展成为相互独立的专门学科,这是经济学发展中的一个必然过程。但是分离也带来了新的问题,理论经济学界的大部分学者只注重理论的演绎而忽视历史的归纳;而经济史学界的大部分学者则将史的研究本身作为目的,忽视了从经济发展的历史过程中抽象出理论的重要性。在一定程度上,经济史研究变成了专门对历史资料进行发掘、分类、编纂和叙述的学问,似乎与经济理论毫无关系。

这种状况一直持续到20世纪60年代,新经济史学派重新提倡"经济理论与经济史的统一"。熊彼特、诺斯、舒尔茨、弗里德曼、希克斯、库兹涅茨、刘易斯等一批当代著名经济学家以探索人类历史上推动经济增长的动因为目的,运用计量分析、制度分析以及自然科学的方法和手段,以崭新的视角对较长的历史时段展开研究,在此基础上提出自己的经济理论,对经济学作出了重大贡献。因此新经济史学不仅给经济史带来了革命性的变化,而且给经济学的发展指明了方向,使经济理论与经济史研究再度结合起来。

三、经济史与经济学:源与流

理论如果脱离了历史与现实,就会成为无源之水,无本之木。16世纪～19世纪的资本主义发展史,是马克思的《资本论》以及他全部理论体系的基本依据。恩格斯早在1886年为《资本论》第一卷英文版所作的序言中指出,马克思"这个人的全部理论是他毕生研究英国的经济史和经济状况的结果"。[①] 同样,亚当·斯密也是先从历史中抽象出其理论体系中的一系列范畴和原理,如分工、市场,分工导致市场扩大,市场规模制约分工程度等,然后专门研究了经济发展的历史阶段,在史实中抽象出经济发展的不同类型,解释了其形成的原因,以便历史地证明他的分工与市场理论。英国经济学家哈奇森指出:"斯密不仅在对经验的强调上,而且在那贯穿于他的名著《国民财富的性质与原因的研究》中的

[①] 恩格斯,《资本论》英文版序言,《马克思恩格斯全集》第23卷(中译本),人民出版社,1972年,第37页。

随自然发展阶段而发展的主题思想上,都是一位历史经济学家。"①

新经济史学重申经济史研究在经济学发展中的地位,促使经济学研究视野的回归,其结论推进了经济学的发展。新经济史学有关经济增长因素的历史考察推动了经济增长理论的发展,有关经济制度在经济增长中作用的考察大大拓宽了经济学家的研究视角。此外,新经济史学的研究还将公共选择、社会知识、意识形态、法律制度等因素纳入了经济学家的关注范围,扩展经济理论的分析空间。诺思成为"产权学派"的重要代表人物,正是新经济史学这种作用的体现。

经济史是经济学理论创新的基础。任何理论都来自实践。经济理论更是人类历史上经济实践的总结。经济理论由于其自身系统的完整性和逻辑上的一致性,一旦形成就有相对的稳定性,如果局限在理论体系内,很难跳出原有框架。因此,无论是开辟新领域的创新,还是修正旧理论的创新,都只有从实践的材料出发进行探索,才能完成。熊彼特指出:"目前经济分析中所犯的根本性错误,大部分是由于缺乏历史的经验,而经济学家在其他条件方面的欠缺倒是次要的。"②

对于经济理论研究来说,经济史就如同生命之源。理论既可能被证实也可能被证伪,然而为经济理论提供经验和事实的经济史,具有史实意义上的客观性,因此它是经济学理论更新假设的来源。正如吴承明先生所指出的:"经济史有广阔的天地,无尽的资源,它应当成为经济学的源,而不是经济学的流。"③

第二节 经济史的研究方法

社会科学研究的创新,有两个问题是关键:一是选题,二是研究方

---

① 哈奇森,《经济学的革命与发展》,北京大学出版社,1992年,第17页。
② 约瑟夫·阿洛伊斯·熊彼特,《经济分析史》第一卷,商务印书馆,1991年,第29页。
③ 中国社会科学院科研局编,《吴承明集》,中国社会科学出版社,2002年,第322页。

法。经济史研究当然也不例外。

我国早有"史无定法"之说,即治史不必拘泥某种特定的方法,不同的问题可用不同的方法,同样的问题也可以用多种方法来论证。吴承明先生指出:"就方法论而言,有新、老学派之分,但很难说有高下、优劣之别;在方法论上不应有倾向性,而是根据所论问题的需要和资料等条件的可能,作出选择。"[①] 研究经济史,唯一的根据是经过考证被认为可信的史料,其他的都是方法问题。所以一些相关学科的理论和方法,都被应用于经济史研究。

一、历史学的方法

经济史的特点首先是个"史"字,要想"究天人之际,通古今之变",首要任务是探求历史的真实,一切从史实出发。历史研究首先是求实,实证主义是研究历史的首要原则和基本方法,须臾不可或离。对于经济学专业的学生来讲,加强这方面的修养和训练十分必要。因此,首先需要强调的是历史学的方法,尤其是史料学和考据学。

史料考证是治史的根本。史料的范围很广,包括文献、文物、口碑等方面。由于史料也是人为的,难免有偏差甚至失实。所以,史料不等于史实,需要借助考据学,通过训诂、校勘、辨伪、类推等方法,"考而后信",达到去伪存真的目的。因此,史料学与考据学紧密结合,是中国史学研究的优良传统。胡适对古代的做法进行了概括和总结,提出了"大胆假设,小心求证"的八字原则,这是对考据学乃至整个历史学研究方法的发展和贡献。

1949 年以后,特别是改革开放以来,史料学和考据学有了很大的发展,在经济史领域,整理出版了很多重要的大型史料,如农业、工业、手工业、铁路、航运等大型行业史料汇编;档案整理的成果就更多了,如商会档案、银行档案、钱庄档案、地区档案、名人档案和著名企业档案等。20 世纪 80 年代后在全国开展的重修地方志工作,其规模之大,动员之众,成果之丰,举世罕见。所有这些,为经济史尤其是近代和当代经

---

① 吴承明,《中国经济史研究的方法论问题》,《中国经济史研究》,1992 年第 1 期。

济史的研究,创造了良好的条件。

历史事实是客观存在的,但是人们对它的认识具有相对性。虽然我们不能达到认识的终极,但能不断地接近它。西方史学至今没有离开实证方法,即使是一部用纯经济分析构成的经济史著作,仍然先要考察其所用资料尤其是数据的正确性。包括欧美在内的国外学者对史料的关注和利用程度,并不亚于我们,特别是日本学者,在史料收集整理方面投入的功力,是很值得我们学习的。

二、经济学的方法

经济史的任务并不是简单地叙述史实,史实本身并不是史学,而仅仅是史学的原料,就如同砖瓦沙石对于高楼大厦,仅仅是建筑材料而已。现代史学方法论认为,仅仅依靠史料做不出真正的历史研究,重要的是如何利用史料,对历史的过程进行分析和解释。

经济学理论对于经济史研究的作用,就在于它决定着用什么观点考察经济的历史,用什么方法理解和阐释经济的历史。

吴承明先生多次强调:在经济史研究中,一切经济理论都应视为方法论:思维的方法或分析的方法。恩格斯指出:"马克思的整个世界观不是教义,而是方法。"① 凯恩斯也曾说过:"经济学与其说是一种学说,不如说是一种方法,一种思维工具,一种构想技术。"②

将经济理论的范畴、体系作为研究经济史的工具的做法十分常见,比如,借助商品、货币、劳动力以及原始积累等范畴,研究封建社会到资本主义社会的转变;运用制度经济学的产权理论、交易成本范畴,分析近代中国市场问题;运用发展经济学二元论以及比较的方法,比较西方与中国的差异;运用周期理论,分析历史上的经济波动,等等。意大利著名经济史学家奇波拉在他主编的六卷本巨著《欧洲经济史》中,就运用了当代经济理论,尤其是凯恩斯的理论。

---

① 《马克思恩格斯全集》第39卷,人民出版社,1972年,第406页。
② 《现代外国经济学论文选》第八辑,商务印书馆,1984年,第4页。转引自《吴承明集》,第316页。

赵德馨先生提倡发展经济学的方法,指出发展经济学是研究发展中国家经济史的理论结晶。这一理论重视长期趋势,注重比较研究,创立了二元经济论,中心论题是如何从二元经济向一元经济转化,研究重点是不发达国家怎样摆脱贫困而进入到现代经济增长的行列,因此对研究发展中国家的经济史,具有更直接的指导意义。阿瑟·刘易斯的经济增长理论也是近年来在经济史研究中应用较多的理论工具,储蓄与投资、人口与产出这些范畴在经济史论文中经常出现。

从制度角度研究经济史,形成了以诺斯为代表的新制度经济学。诺斯的理论由国家理论、产权理论、意识形态理论构成,以产权理论为核心。诺斯认为产权和制度结构的有效与否是决定经济兴衰的关键。用制度经济学理论分析经济变迁的条件和动力是新经济史学的主要特点。这一理论也适用于中国的国情,近几年已涌现出一大批研究成果。

总之,用经济学的方法研究经济史,应该说是最基本和最常见的。至于选择哪种理论,要根据对自己研究的问题的适用性和史料的可能性来决定。可以选用某种理论的某一点,也可以在研究一个问题的过程中选用几种理论,只要能自圆其说。需要强调的是,运用理论的目的是掌握工具,启发思维,而不是用史实证明理论。

三、计量学的方法

经济史因其研究目的是经济规律,所反映的现象应该是大量的和普遍的,因此,计量的问题就十分突出,关系到研究成果的学术价值。

吴承明先生指出:"凡能定量者,必须定量,这就可以破许多假说,立论才有根据。"[1] 刘佛丁先生也曾强调:"对经济发展的历史,如果不能用明确的数字序列来加以表示和衡量,而只能用一些、较多、很多、几乎等不确切的概念来描述,那只能说明我们对它的了解是肤浅的,也就是说还没有进入科学的阶段。"[2]

传统史学在方法论上存在着明显的弱点,即完全依靠文献资料中

---

[1] 吴承明,《关于研究中国近代经济史的意见》,《晋阳学刊》,1982 年第 1 期。
[2] 刘佛丁,《新时期中国经济史学理论的探索》,《经济研究》,1997 年第 5 期。

对个别事物的记述或零星的数字，以举例说明的方式，然后加以概括，作出的定性判断往往模糊不清，容易以偏概全。在如何由个别上升到一般，由分散到综合，由微观到宏观方面陷入困境。20世纪60年代兴起的计量经济史学按照经济学的范畴，从经济分析出发，运用数理统计的方法对已经占有的原始数据加以重组和归纳，对于文献中没有直接计量而又必不可少的数据，则从已知的变量中根据经济学原理中已判明的函数关系加以推算，使之能够从宏观上和总体上来描述与认识经济发展的历史过程。若数据齐备还可按照模式，用反事实度量法，对影响某一事物的各种内在因素作定量分析，从而可以区别这些自变量对某一因变量影响的相对重要性。计量史学开辟了新的学术领域，检验以往历史研究中那些未经计量的定性判断，使那些符合或基本符合实际情况的结论得到验证，将错误的结论加以纠正，并作出科学的结论。

计量的方法需要以大量的、系统的统计资料为基础，所以对近代和当代经济史研究更为适用。中国学者由于受到资料的局限，用计量的方法研究货币和价格的居多，一旦有新的资料被发掘和整理，这一方法的使用范围会进一步扩大。

然而计量分析方法一般适用于研究生产力，不适用于生产关系，只反映量变，不反映质变，只追求数量的连续性，忽视突变。以函数关系代替事物间的辩证关系，不能说明对立统一的发展过程。已被实践证明在经济发展中起重要作用的制度等因素，则不能用计量来精确表示。因此，计量分析法应主要用于检验已有的定性分析，而不是理论创新。

四、地理学的方法

"史地不分家"，经济史就更是如此。没有谁能离开自然条件来谈经济发展，而且生产方式越是落后，对自然条件的依赖就越明显。因此，地理环境对经济的影响是显而易见的。

地理学是研究地球表面的地理环境中各种自然现象、人文现象以及它们之间相互关系的学科。西方学者把地理学分为自然地理学和人文地理学两部分，或分为自然地理学、经济地理学和人文地理学三部分。自然地理学包括地貌、气候、水文、土壤、动植物等,人文地理学则包括人种、人口、聚落、社会、宗教等。

经济地理学包括工业、农业、商业、交通,其他分支还有城市、区域、生态地理学等。其研究领域与经济史密切相关。

从地理学角度研究历史,很早就有人作过尝试。今天当我们关注可持续发展问题时,地理环境和生态问题再次显示出它的重要性。

经济发展是个连续的过程,特别是农业的发展,更需要结合自然条件做长期的观察。法国年鉴学派关于长时段历史的研究,就是从地理环境入手,研究人与环境的关系。在区域经济史研究中,涉及地理学的问题就更多了。区域首先是一个地理概念,区域的方法实际是地理学方法的引申,只是更为宽泛了。目前水利史、土地利用、人口移动、文化、生态史等都纳入了区域史的研究范畴。著名汉学家、日本学者斯波义信指出:"中国社会容量巨大,也许与其说时间的差异性大,不如说空间的差异性更大。"[①] 斯波义信引入了生态系统作为考察的依据,探讨长期性的生态变迁,重点也是地理环境和经济活动的关系。

从地理学的角度研究经济史始终有着广阔的发展空间。

五、社会学的方法

经济发展和制度变革必然引起社会结构、群体组织和行为的变迁。经济变迁与社会变迁不是同步的,还有其他的因素在起作用。在非经济因素中,政府和文化是最大的两项,而它们对经济发展的影响是巨大的。经济史研究不能回避非经济因素,在这方面,社会学的方法独具优势。

社会学研究社会发展的规律,涉及人口结构、家庭结构、家族、阶层、婚姻、社会组织、消费习俗、城市化、政府的作用等。这类问题不能完全用经济理论解释,但又是经济史的重要内容,所以借助社会学的方法就显得尤为重要。

---

① (日)斯波义信著,方健、何忠礼译,《宋代江南经济史研究》,江苏人民出版社,2001年,第2页。

社会学方法的特点,是把社会作为一个整体来思考,认为每个民族、地区都有自己的社会结构和文化传统,摆脱了欧洲中心论的偏见,注重各民族、地区演进的比较研究,重视人民群众物质生活和精神生活,把人类学、民族学、民俗学、心理学等引入社会研究,扩大了方法的领域,重视社会调查,强调调查的客观性,积累了一套科学的调查方法。

法国的社会学一向发达,因1929年创刊的《经济社会史年鉴》而得名的"年鉴学派",把结构主义引入史学,主张从地理环境、经济结构、政治结构、文化结构上多层次地研究历史,用分析法代替传统的叙事法。

如经济增长问题,过去用线性的方法,现在则用结构的方法来研究。结构主义属于社会学的研究方法,20世纪60年代～70年代盛行于西方经济学界,基本上代替了过去的线性增长概念。在历史学界,法国年鉴学派代表人物布罗代尔也对结构主义大加倡导,用结构主义代替编年史和线性发展的理论。结构主义的方法包括总体观察、多元时间、多层面分析的特点,适用于经济史研究。社会学强调多样性,与典型性研究相比是一个进步,因为现在国际史学界在批评欧洲中心论的同时,认识到世界从古到今都具有多样性,东方与西方从来都是不一样的,西方的经验并不能作为普遍规律。

六、比较研究的方法

比较研究的方法,在经济学和社会学研究中都有所采用。之所以在这里单独加以强调,因为它是目前社会科学各个学科中普遍采用、卓有成效的研究方法之一。

中日比较、中美比较的成果虽然都已出现,但占主流的还是中西比较。中西比较研究一般有两个方面:一是比较双方的人口、资源、生产水平、消费水平和生活现状;二是制度性的比较,即比较双方政府、经济组织、社会精英等的作用。这种比较的困难在于中西的文化和价值观不同,没有一个通用的评价标准以及统一的综合指标。过去西方学者多是以欧洲的经验为标准,考察中国缺少了什么,或多了什么阻力,以至于没有发生工业革命。这实际是把欧洲的经验作为一种普遍的模式。最近几年以美国学者为首,提出另一种比较研究的思路,即一方面以欧洲的经验来评价中国的历史,另一方面以中国的经验来评价欧洲发生的事件。通过比较主体与客体的转换,创立新的历史观,也就是从历史过程的特殊性中找出普遍性的东西。不仅比较相异点,而且比较相同点,由历史经验的特殊性去发现实际存在的普遍性的理论,从而解决了长期争论的历史有无普遍性的问题,深化了经济史的研究。

思考题

1. 为什么要了解经济史?
2. 试述经济史与经济理论的关系。

参考文献

1. 中国社会科学院科研局编,《吴承明集》,中国社会科学出版社,2002年。
2. 赵德馨,《赵德馨经济史学论文选》,中国财政经济出版社,2002年。
3. 刘佛丁,《经济史学创新的关键在于新理论和方法的引用》,《中国经济史研究》,1996年第1期。
4. 刘佛丁,《新时期中国经济史学理论的探索》,《经济研究》,1997年第5期。
5. 赵凌云,《"新经济史革命"的路径、内容与借鉴》,《南开经济研究》,2000年第6期。
6. 赵凌云、王年咏,《论经济史研究在马克思主义经典作家经济理论体系中的地位》,《中南财经大学学报》,2001年第5期。
7. 高德步,《经济史与经济学》,《经济学家》,1998年第5期。
8. 高德步,《论经济史学的对象、任务与方法》,《南开经济研究》,2000年第6期。
9. 虞和平,《五十年来的中国近代经济史研究》,《近代史研究》,

1999年第5期。

10. 陈自芳,《经济史对经济学科的意义及方法创新》,《当代经济研究》,2001年第9期。

第二章
近代中国经济的发展阶段

近代中国经济是由传统经济向近代经济转变的时期,根据中国近代经济发展的实际状况和可以找到的历史统计资料,运用人口、国民收入和人均国民收入等反映近代经济发展的统计指标来度量中国近代经济发展。中国近代的经济增长可以划分为三个发展阶段,即中国近代经济的产生和初步发展:1840年~1911年;中国近代经济的进一步发展:1912年~1936年;中国近代经济发展的停滞阶段:1937年~1949年。

第二章 近代中国经济的发展阶段

1840年的鸦片战争打破了中国延续了数千年以农业为基础的自给自足的传统自然经济以及在此基础上建立的传统社会制度,先是被机器工业生产的商品,然后是以机器大工业为代表的资本主义生产方式所冲击。因此,从1840年鸦片战争开始到1949年新中国成立,是中国由以农业为基础的自给自足的传统自然经济向以机器大工业为主导产业的近代经济转变的时期。以往大多数的中国近代经济史教科书基本上和革命史的阶段划分没有区别,本书与以往的经济史教科书不同,根据中国近代从传统经济向近代经济转变这一中心线索,运用人口、国民收入、人均国民收入等经济发展的主要统计指标来测度中国近代经济发展水平,并根据经济发展的实际状况划分中国近代经济的发展阶段。由于中国近代统计资料的缺乏,我们不能运用连续的统计数据进行分析,只能够根据可以找到的部分年份的数据对近代中国经济的发展趋势进行分析,进而回答百余年来中国经济发展状况如何、应该划分为几个发展阶段——这些关于中国近代经济史的重要问题。根据这一原则,我们把中国近代经济划分为三个发展阶段,即中国近代经济的产生和初步发展阶段:1840年～1911年;① 中国近代经济的进一步发展阶段:1912年～1936年;中国近代经济发展的停滞阶段:1937年～1949年。

第一节 中国近代经济的产生和初步发展:1840年～1911年

众所周知,从1840年鸦片战争开始,以英国为首的列强虽然用武力打开了中国的大门,但是其侵略的方式仍然停留在以暴力掠夺为主

---

① 因为中国近代经济统计数据的缺乏,这里划分的经济发展阶段与我们分析所用统计数据的起始年份不完全一致,我们使用的统计数据划分的阶段不是1912年而是1914年,按照经济发展的原理,这是允许的。

的阶段。1840年以后的近30年时间里,外来的机器制品并没有真正打开中国市场,中国传统的自然经济结构基本上没有变化。第一次鸦片战争后,随着英国国内劳动生产率进一步显著提高,苏伊士运河的开通使对华贸易的商路大为缩短,海底电缆的修通,使信息传递加速,以及通过不平等条约在中国获得的种种特权和便利,这些因素大幅度降低了英国机制工业品的成本,从而大大增加了英国工业品在中国市场的竞争能力,使中国传统的经济基础——农业和家庭手工业结合的自然经济经过纺织分离、耕织分离的过程后开始分解。所以,中国传统的自给自足的自然经济真正被西方的资本主义经济瓦解是19世纪70年代后期才开始的。从那时起先是外国的,然后是中国的近代企业开始产生。在此之前,在中国传统的自然经济条件下,近代工业还没有形成,生产能力也十分有限。同时,19世纪50年代和60年代前期清政府对太平天国运动镇压所造成的破坏,使经济的损失一度相当严重,死亡的人口也很多。到19世纪80年代,荒弃的土地才被重新开垦,经济基本上恢复正常。因此,从严格意义上讲,中国经济近代化过程是从19世纪70年代后期,或者说是从19世纪80年代开始的。这一时期,虽然西方资本主义国家还没有取得在中国设厂的权利,但是伴随着西方列强的商品输入,在开放的沿海口岸城市开始出现非法设立的为进出口贸易服务的仓储堆栈业、打包加工业、新式银行业等近代企业。与此同时,面对西方列强的坚船利炮,先是在19世纪70年代末期发生的由洋务派官僚发动,旨在"中学为体,西学为用"、"师夷之长计以治夷"、"富国强兵"的洋务运动,接着是由接受西方文明的知识分子发动的戊戌维新,由此拉开了中国经济近代化的帷幕。因此,这一时期的中国经济发展由传统经济的高增长经过了一个低谷,然后进入近代经济增长时期。

由表2-1可以看出,这一时期中国的人口由1850年的4.15亿下降为1887年的4亿,然后又增加到1914年的4.55亿。这一时期人口自然增长率最快的是进入20世纪以后。这一时期的国民收入由1850年的181.64亿元,[①] 下降为1887年的143.43亿元,然后增加为1914

---

① 本章所用数字除特别注明的以外,均折算为1936年币值。

年的187.64亿元。人均国民收入由1850年的43.8元下降为35.9元,然后增加为1914年的41.22元。

表2-1　1850年~1914年中国国民收入和人均国民收入

1936年币值:亿元

年份	农业	工矿交通业	服务业	国民收入总计	年平均增长率	人口(亿)	人均国民收入(元)	年平均增长率
1850				181.64		4.15	43.80	
1887	99.87	14.49	29.07	143.43	−0.64%	4.00	35.90	−0.54%
1914	128.01	24.80	34.72	187.64	1.00%	4.55	41.22	0.51%

注:1.表中各年数字的估算方法参见:刘佛丁、王玉茹、于建玮著,《近代中国的经济发展》,山东人民出版社,1997年,第五章附录2-4。

2.1850年中国几乎还没有近代生产方式,全部国民收入均视为农业部门生产,没有按产业部门划分。

3.1887年服务业的数字是根据张仲礼先生对19世纪80年代中国绅士的收入估计而来,张先生的估计与后来的统计口径不同,这个数字中不仅仅包括现代统计中的服务业,还包含了家内仆役,因为没有可利用的数字对家内仆役部分加以剔除,所以这个数字偏大。

这一时期,中国的产业结构由单纯的农业收入变为:第一产业——农业、以近代工业为代表的近代工矿交通业构成的第二产业、由服务业构成的第三产业,国民收入中仍然是农业占了绝大部分(1887年为69.63%,1914年为68.22%)。这一时期正是中国近代工业开始产生、初步发展的时期,是投资增长的时期,也是外国资本在中国大量投资设厂的时期。因此,这一时期的中国经济扭转了前一时期的负增长,走出了低谷。但是,中国近代经济才刚刚起步,还没有实现快速增长。国民收入的年均增长率仅为1%,人均国民收入仅为0.51%,增长率很低。国民经济各部门所占的比重分别是:农业由1887年的占69.63%下降为1914年的占68.22%,工矿交通业由1887年的占10.1%增长为1914年的占13.28%,服务业由1887年的占20.27%下降为1914年的占18.50%,产业结构还没有明显的改变。

这一时期,中国经济发展的第一个主要原因是洋务运动引进了近代工厂制度,这种新型的产业,无论从设备、技术,还是从管理方面看,与中国传统手工业相比,都发生了一次质的飞跃,使中国在生产力和生产关系两个方面都跨进了一个新的时期。19世纪80年代中期以后,中国的私人资本工业进入了规模发展阶段,洋务派经营的企业也从官办向官督商办、官商合办,乃至完全商办的方向转变。在管理制度方面,封建色彩逐步减弱,与其生产力的性质和生产的发展相适应。经营方式和经营方向也发生了转化。19世纪80年代后期至90年代,政府投资近代企业的规模,由以前的几百万两白银扩大到1000万两左右。[①] 中日甲午战争后,各国列强取得在华设厂制造的合法权利,掀起对华投资的高潮,尤其在修建铁路和矿业开发方面最为显著。在这一段时期内,外国资本企业构成中国生产力的主要组成部分。与此同时,在中国人民挽回权利斗争和社会舆论要求设厂自救的激励下,国人由国外购买先进的设备和技术兴办新式企业,企业规模较民族资本初创时期有明显的扩大。这无疑是近代经济发展初期繁荣和发展的主要因素,它有力地推动了中国经济以比在传统生产技术条件下更快的速度增长。但是,从19世纪60年代～70年代开始的这一次技术引进所产生的能量到20世纪初年以后已经释放殆尽。经历了1905年前后的近10年的经济不景气,然后开始一个新的发展阶段。

这一时期中国经济发展的第二个主要原因是国际和国内市场的扩大。如前所述,以英国为代表的西方列强的商品打开中国市场是在19世纪的70年代,廉价的棉纺织品是从那时开始使中国农村的自然经济分解,从而为近代工业的发展创造了条件。因此,由外国入侵所创造的国内市场的进一步扩大,正是19世纪80年代中期开始的近代经济产生和初步发展的前提条件,由于中国广大农村对工业品的需求,使工业品的价格上涨,工业利润变得丰厚起来,这对中国近代工业的发展是有利的刺激。世界资本主义经济在度过1882年那一次经济危机以后,到19世纪80年代中期进入兴盛时期,对中国出口产品的需求扩大,也是诱发中国经济初步发展的原因之一。

这一时期中国经济发展的第三个主要原因是政府的经济行为和政策的作用。在洋务运动和戊戌变法的过程中,清政府所实行的政治改革

---

① 本书出现的货币单位:"两、关两(海关两)"均为银两;"元"1935年以前为银元,1935年币制改革后为法币元。不另注明。

和经济措施,虽然远远没有达到推翻传统的封建政府的目标,但是它们毕竟使经济发展的社会环境有所改变,使清政府对民间兴办实业的限制逐步放开,由阻挠转变为提倡,颁布了各种工商法规,对兴办实业有贡献者给予奖励。政府的经济管理机构也进行了相应的改组。这些变化对19世纪末和20世纪初近代经济的产生和发展是有推动作用的。1911年辛亥革命的成功,结束了中国的封建君主制度,建立了中华民国,这就为发展资本主义工商业提供了制度上的保障。

这一时期中国经济发展的第四个主要原因是政局的相对稳定。总的来说,近代是一个充满灾难的时代,只在19世纪70年代至20世纪30年代这一时期没有大的战乱。从19世纪70年代至1911年清王朝灭亡,出现了一段相对稳定的发展时期,从而为中国近代经济的产生和初步发展创造了条件。

第二节 中国近代经济的进一步发展:1912年~1936年

这一时期是近代中国经济增长最快的时期,或者说是近代经济发展的黄金时期。根据可以找到的统计数据,这一时期的经济分析是从1914年开始,而不是开始于1912年。

由表2-2可以看出,这一时期的人口由4.55亿增加到5.11亿,国民收入由187.64亿元增加到257.98亿元,人均国民收入由41.22元增加到50.51元。这一时期国民收入的年均增长率达到1.45%,人均国民收入年均增长率达到0.92%。国民收入中国民经济各部门所占的比重:农业由1914年的占68.22%下降为1936年的占64.51%,工矿交通业由1914年的占13.28%增长为1936年的占15.53%,服务业由1914年的占18.50%增长为1936年的占19.97%。虽然国民经济结构还没有达到国民经济近代化的程度,但是已经发生了很大的变化,是中国近代经济发展史上经济增长最快的时期。但是在这一阶段中,经济的发展并不是直线上升,而是在波动中发展。

表 2-2 1914 年～1936 年中国国民收入和人均国民收入

1936年币值:亿元

年份	农业	工矿交通业	服务业	国民收入总计	年平均增长率	人口（亿）	人均国民收入（元）	年平均增长率
1914	128.01	24.80	34.72	187.64	1.45%	4.55	41.22	0.92%
1936	166.41	40.60	51.51	257.98		5.11	50.51	

注:1.1914 年数字同表 2-1 注释。
2.1936 年数字系根据巫宝三《〈中国国民所得,1933 年〉修正》,国立中央研究院社会科学研究所,《社会科学杂志》9 卷 2 期,1947 年。

  这一时期经济发展的主要动因是技术和管理制度的进步。开始于 19 世纪 70 年代的近代中国的第一次技术引进所产生的能量,到 20 世纪初已经渐渐释放。经历了 1905 年前后开始的近 10 年的经济不景气后,从第一次世界大战开始直至 20 世纪 20 年代,中国工业中一些近代生产发展较早的行业,竞相更新设备,进行技术和生产管理的改革。而另一些生产较为落后的以手工工场为主体的行业,则掀起了向机器工业过渡的热潮。这次技术进步最主要的特征是电力的普遍采用。第一次世界大战以前,中国工业中比较落后的部门,大多还是以人力为主,发展比较好的部门才以蒸汽动力为主。第一次世界大战以后,前者陆续用蒸汽或电力代替人力,如织绸业在 10 年左右的时间内普遍以电力织机代替了人力木机,织布业广泛使用动力驱动的铁制织机代替了人力木机。后者如纺纱业,在 20 年代,各纱厂相继用电力马达代替了蒸汽引擎,并从国外购进新型的工具机来更新技术和已经落后的旧设备,或者对原有的旧设备加以改造。设备和技术的改进增加了产量,大大提高了工人的劳动生产率。在纺织、面粉等轻工业行业进行设备更新的同时,一些新兴产业,如电力、化学、水泥等重化工业从国外引进,并且迅速发展起来。为了给采用新设备、新技术的企业扫清道路,中国工业在这一时期也开始对旧的生产管理体制和方法进行改革,用懂得生产技术的工程师、公务员代替工头,在劳动管理上实行计件、奖罚的办法,对工人实行技术培训和考核,以适应技术和设备的改革,提高劳动强度和劳动效率。总之,从第一次世界大战时期开始的电力的普遍采用和生产设备更新,以及与之相适应的管理制度的进步,是中国近代经济进一步发展的主要动因。

投资规模的扩张和收缩是中国近代经济进一步发展的直接原因。近代的第一次投资高潮是在 19 世纪末 20 世纪初,洋务企业、民族资本企业和外资企业的相继兴办就是这一次投资高潮的直接结果。其后,从 1905 年开始中国经济转入衰退,生产投资下降,1919 年以后开始大幅度回升,由 1918 年的 1.34 亿元增长为 1931 年的 6.81 亿元,10 余年间增长了 4 倍多。1911 年～1922 年是这一阶段里中国私人资本工矿交通业投资增长最快的时期,投资的年增长率为 13.94％。1923 年以后投资增长速度一度下降,造成战后经济在短期内陷于衰退。从 1927 年起投资又以较快的速度增加,到 1931 年的 4 年中总计增加投资 3.21 亿元,年增长率达到 13.43％。1931 年以后投资增长速度再次下降,1931 年～1935 年期间,年增长率仅为 3.17％,是这一阶段中增长最慢的时期。[①]

世界市场和国内市场的扩大是中国近代经济进一步发展的基本原因。第一次世界大战开始以后,外国输入中国的商品减少,同时世界市场对中国众多产品的需求急剧增加。根据海关报告的统计,第一次世界大战以前的 1913 年,英国输华商品的总值约为 9700 万海关两,但是自 1914 年以后就逐步下降,直至 1918 年下降至不足 5000 万海关两,几乎减少了一半。法国 1918 年输华商品的总值不足 1913 年的 1/3。德国同期对华商品输出下降得更多,到 1917 年～1918 年时已经完全中断。这一时期虽然美国和日本对中国的商品输出有所增加,但是并不能改变中国进口商品总值下降的趋势。相反,这一时期中国商品出口贸易则迅速增长,1919 年比 1913 年增加 40％。另一方面,这一时期国内市场则明显扩大,尤其是第一次世界大战后期,由于商船的缺乏,远洋运输费用急剧上涨,较 1913 年或 1914 年高出 10 至 20 倍,[②] 从而使进口商品的成本大大提高。一向具有价格优势的外国商品此时受到中国商品的挑战,以前主要消费外国商品的中国广大沿海城市和农村,转而购买

---

① 刘佛丁,《试论我国民族资本企业的资本积累问题》,载《南开学报》,1982 年第 2 期。
② 郑友揆,《中国的对外贸易和工业发展》,上海社会科学院出版社,1984 年,第 37 页。

本国商品,从而为中国企业的扩大生产提供了市场。

当然,1919年爆发的"五四"运动和由此而来的抵制日货运动,在扩大中国产品的国内市场方面也起了一定的作用。第一次世界大战结束后,1920年开始的世界资本主义经济危机使外国商品竞相返回中国市场,又加剧了在中国的竞争,这对中国工业的发展无疑是一个沉重的打击,成为1923年开始的中国经济短期萧条的基本因素之一。1929年开始的世界资本主义发展史上最严重的经济危机波及中国,以及1931年日本帝国主义发动"九·一八"事变,造成了中国近代经济发展史上最严重的市场危机,直至1936年才摆脱危机开始新的增长阶段。

政府的经济政策和行为是中国经济进一步发展的制度保障。如前所述,1911年辛亥革命的成功,结束了中国的封建君主制度,建立了中华民国,这就为发展资本主义工商业提供了制度上的保障。中华民国政府制定和推行了一系列有利于近代经济发展的政策和措施,从而产生了第一次世界大战期间中国经济的空前繁荣。1927年南京国民政府成立,先后制定和颁布了一系列发展经济的政策法规,在政府机构中建立了相应的经济管理机构。从1928年起,基本上收回了关税自主权,此后四次提高进口税率,使一些竞争性工业产品的税率提高,同时降低了部分工业原料的进口税率,这些措施起到了保护和促进本国工业发展的作用。此外,裁撤厘金虽然实施得并不彻底,但还是在很多地区免除了浮征、勒索,一定程度上促进了国内的商品生产和商品流通。这一时期国民政府的财政收入比北洋政府时期有较大幅度的增长,对经济建设、文化教育、社会福利事业等方面的投入也有所增长。这些措施对1927年以后中国经济的再一次回升,无疑起了推动作用。而1935年的币制改革,使扭转长达四年之久的市场危机取得了成功,也使物价回升,中国经济从1936年走出低谷,进入了新一轮的增长。

和平安定的环境是经济发展的前提条件。中国近代史可以说是战乱不断,1912年～1936年这一阶段,辛亥革命成功,中华民国建立,结束了此前的混乱局面,为经济发展创造了一个相对稳定的环境,但是不久又被北洋军阀的混战所破坏。南京国民政府的成立,在一定程度上实现了国内政治的统一,但是几年之后就被日本帝国主义的入侵所破坏。

近代经济的进一步发展正是处在这种动乱的间隙,即政局相对稳定的时期中。

第三节 中国近代经济发展的停滞阶段:1937年～1949年

1937年爆发的抗日战争中断了从危机中刚刚恢复过来又于1936年开始的中国经济的新一轮增长。中国从此进入了8年抗日战争,以及抗战结束后从1945年开始的为期5年的解放战争时期。这一阶段因处于战争状态,故只能在后方发展生产,而且经济发展处于非正常状态。这一时期没有全国的经济统计,原来经济发达地区的统计也因此中断,国民政府因战争而迁移到地处西南的重庆。因此,这一阶段的经济统计主要是国民政府所在的西南地区城市和农村。敌占区和解放区的统计也不完全,所以这一时期的经济分析只能作战前和战后的比较。根据可以找到的统计数据,这一阶段的中国经济发展可以作如表2-3的估计。

表2-3 1936年～1949年中国国民收入和人均国民收入

1936年币值:亿元

年份	农业	工矿交通业	服务业	国民收入总计	年平均增长率	人口(亿)	人均国民收入(元)	年平均增长率
1936	166.41	40.60	51.51	257.98	-2.40%	5.11	50.51	-2.87%
1949	98.00	23.20	68.38	189.48		5.42	34.98	

注:1.1936年数字来源同表2-2。

2.1949年农业、工矿交通业数字系根据1984年《中国统计年鉴》第20页,按照《中国国民所得,1933年》及《〈中国国民所得,1933年〉修正》中有关部门各业总产值和净产值的比例,将总产值折算为净产值,然后按照2.5:1折算为1936年币值。

3.1949年服务业收入系根珀金斯《中国近代经济的历透视》一书中1952年的数字折算为1936年币值,所以这个数字估计偏高。

这一阶段中国经济进入长达12年的战争时期,前8年抗日战争期间,中国大致可以划分为国民党占领的国统区、日本人侵略的敌占区和共产党占领的革命根据地。这一时期,中国正在形成的国内统一市场被战争阻隔,已经形成和正在形成的近代经济发展秩序被打乱。在严密封锁各自为政的国统区、敌占区和革命根据地,一切都从各自在战争中的需要出发来组织生产。抗战结束后,国民经济没有得到任何恢复就转入长达4年的国内战争时期。全国的国土被划分为国统区和解放区,而且这种划分随着战争的进行而不断变化。

在这一段时间内,原来位于经济中心的上海、天津等大工业城市先后沦为敌占区,一些具有经济实力的大工业企业纷纷内迁到敌后的西南地区,在迁移的过程中一度生产中断,迁移到敌后地区后也因为原料供应短缺、产品流通渠道不畅等原因使生产能力大大缩减。而另外一些经济实力稍差的中小工业企业,则只好停产停业。国民经济秩序被打乱,经济的正常发展被中断,而且由于战争的破坏使原有的经济规模和实力大大减弱。敌占区更是民不聊生,国民收入由战前1936年的257.98亿元,下降为1949年的189.48亿元,年平均增长率为-2.4%,人均国民收入也由战前1936年的人均50.51元,下降为1949年34.98元,年平均增长率为-2.87%。经济发展处于停滞不前甚至倒退的阶段,国民经济结构畸形发展。农业占国民收入比重由1936年的占64.51%,下降为1949的占51.72%;工矿交通业所占比重由1936年的占15.74%,下降为1949年的占12.24%;服务业则由1936年的占19.97%,上升为1949年的占36.04%。这种状况一直延续到1949年,经过3年时间的恢复,到1952年国民经济发展才回到较为正常的状态,进入新一轮的新民主主义经济发展阶段。

思考题

1. 中国近代经济应该划分为几个发展阶段,划分的依据是什么?
2. 中国近代经济发展的总趋势或者说中国近代经济发展的中心线索是什么?

参考文献

1. 刘佛丁、王玉茹、于建纬著,《近代中国的经济发展》,山东人民出版社,1997年。
2. 刘佛丁,《试论我国民族资本企业的资本积累问题》,载《南开学报》,1982年第2期。
3. 郑友揆,《中国的对外贸易和工业发展》,上海社会科学院出版社,1984年。
4. 巫宝三,《〈中国国民所得,1933年〉修正》,国立中央研究院社会科学研究所,《社会科学杂志》9卷2期,1947年。

第三章

人口与资源

威廉·配第曾言,"土地是财富之母,劳动是财富之父",此言一语点中了人类物质生活的两个最根本来源:自然和人。对于一国而言,在一定技术条件下,自然资源禀赋影响着该国经济的规模、结构及性质,故而研究一国经济,不可不先从自然资源着手。同时,人口因素历来重要,它的数量、质量、与资源的结合方式及对比关系既影响又反映着一国经济的发展水平,因而本章论述以人口分析作为基础。近代中国是在极为落后的条件下进入世界经济体系的,较为丰富的自然资源是实现经济起飞的一笔初始财富,但因各种历史和现实的缘故,未能充分贡献于本国经济发展;人口在曲折的历史进程中略有增长,对经济增长的贡献有限,但在分布、结构上有所变化。

第三章 人口与资源

人类整个经济活动的历史,从某种程度上讲,就是开发、利用资源的历史。工业革命之所以被称为人类历史的分水岭,就是因为它使人类利用资源的水平有了质的飞跃,从而彻底改变了人类的生产生活方式。

人类的经济活动总是建立在一定的资源开发利用水平上。农业社会以土地为最主要的资源,到了近代的工业社会,资源利用的范围因人类认知水平和技术开发能力的提高而大大拓展,由此使更多的自然物转化为人类社会的物质财富。同时,人作为经济活动的最主要参与者其作用历来重要:一定规模的人口是资源开发的基础,同时也为产品提供广阔市场,而人口如若过量又会造成资源供给的紧张,使经济陷于人口增长与贫困的恶性循环,同时引发环境、生态等一系列问题。

近代中国面临着一个如何由传统社会向现代社会转变的时代课题。历史与实践证明,向现代化的过渡必须以经济为核心。由传统向现代的转变也是一个如何发展经济的问题,而这必然涉及相应的人口与资源。所以,在对整个中国近代经济史展开具体的描述和分析之前,首先考察一下近代经济究竟建立在怎样一个人口规模和资源基础与利用水平之上,对于了解中国经济发展的特点和经济增长的潜力是大有裨益的。

第一节 人口数量及其分布的变动趋势

中国人口在很长的历史时期增长缓慢,波动较大,而至清代则有持续的高速增长。与西方国家人口的显著增长发生于工业革命后不同,中国人口的大幅度增长发生于近代之前,这一增长明显改变了中国历史长期以来的人口基数,也奠定了近代人口规模的基础。

清代人口的大幅度增长主要源于以下三个因素:第一,明清战乱结束后,中国经历了一个二百多年的较长的和平时期,这是人口增长的前提。第二,明代时引入中国的新品种作物此时已得到广泛传播,这些作物扩大了粮食来源,这是人口增长的重要原因。第三,康熙、雍正年间在赋税体制上实行"地丁合一"、"摊丁入亩"的改革,废除了长期实行的"人头税",这是人口增长的直接原因。基于这三方面的原因,清中叶人口突破了1亿,并在短短二百年间成倍增长,至近代前已超过4亿。

步入近代后,中国的人口增长不再有先前那样的有利环境,内乱、贫困和频繁的灾荒限制了人口的增加。然而从总体上看,整个近代中国的人口还是呈增长趋势,增长主要来源于边疆地区的移民繁殖。同时,对边疆地区的拓殖也是近代人口流动的趋势。

一、人口数量缓慢增长

中国历史上没有现代意义上的人口普查,历代虽也都进行人口统计,但主要出于征税、摊派劳役和征兵的需要,所以对赋役意义不大的人口如妇女、老人、儿童等一般不被重视。乾隆四十年,户部的命令就规定京师居民,满、汉、蒙古旗民及其家属,各属地人口(如蒙古、西藏以及新疆、青海各族)和西南的少数民族均不列入保甲户口登记。这种直接的遗漏和诸多因逃避服役等造成的隐漏,对我们了解历史上人口数量的真实情况造成了困难。对于历史人口,只能依靠估计得出一个大致的数字。至于估计的方法,多种多样,有的根据不同时期政府公布的人口数相互补充校正,有的根据记载的户数以每户若干人(如6人或4.5人)推算口数,有的根据壮丁数以一丁① 合若干口进行推算,有的按耕地亩数推算,还有的则按食盐消费量估计人口数量,不一而足。

在近代,政府主持的现代意义上的全国人口普查有很多次,然而在一个政治混乱、机构涣散、政令无法统一贯彻的年代,普查不可能有效地进行。正如地方志书所载:

> 宪政肇立,为举行选举,而有调查户口之举。然民间狃于向来苛索之故,辄误会调查户口亦为加税而起,陈报遂少实在。入民国后,人民为争选额,而浮报者有之;为惑丁税,而匿报者有之。掌其事者厌其繁琐,于是攒造户口册任意填写,不失之浮滥,即失之隐

---

① "丁"本来的定义是16岁至60岁的纳丁税的成年男子,后来更多的具有赋税单位的含义。

漏,终鲜确正之数,相沿至今。①

除官方的普查统计外,教会、邮局、学者等也发起过多次人口调查,这些调查据实程度较高,但在中国这样一个面积广大而地形多样的国家,任何私人发起的调查都不可能涵盖所有地方,且这些数据年份也不连贯,仅供参考而无法汇总出全国人口统计数。虽然近代多次举行了现代意义上的人口普查,但其数据的真实程度有限。

因此,近代中国的人口数量须修正原有数字并用各种方法估算后得出。表 3-1 的数据即学者估算的结果,它大致说明近代中国的人口分布情况。

表 3-1　中国近代各时期人口统计　　　单位:千人

年份 地区	1812	1851	1887	1912	1928～1936	1949
东北	1416	3125	5174	26624	35086	53790
华北	93991	96342	92295	99574	117355	135068
华东	98269	112041	57889	77393	91216	84985
华中	69070	78974	79328	86885	83396	76356
东南	43365	58961	65312	63903	63676	66838
西南	33774	59128	61409	78046	91501	98041
西北	25562	27728	14737	22818	28559	30753
合计	365447	436229	376144	455243	510789	545831

资料来源:章有义《近代中国人口和耕地的再估计》,载《中国经济史研究》,1991 年第 1 期。
注:1. 东北:黑龙江、吉林、辽宁、内蒙。华北:河北、河南、山东、山西。华东:江苏、安徽、浙江。华中:江西、湖北、湖南。东南:广东、广西、福建、台湾。西南:四川、云南、贵州、西康、西藏。西北:新疆、甘肃、宁夏、青海、陕西。
2. 东北、内蒙地区近代行政区划变动较大,给纵向比较带来困难,这里将热河、察哈尔、绥远算在内蒙内,归入东北区域,其数据从 1912 年始有,1912 年以前以零值计算。
3. 西南地区亦有行政区划变动,民国后西康从西藏分出来,故数据见于后两期。
4. 西北地区宁、青两地直至 1929 年才从甘肃省分出来,1912 年前没有数据;新疆地区 1812 年、1851 年数据系巴里坤、乌鲁木齐数字。

从表 3-1 可以看出,19 世纪中叶到 20 世纪中叶的百年时间里,中

---
① 《鄞县通志》《舆地志》壬编户口,第 293 页。

国人口从1851年的43622.9万人增长到1949年的54583.1万人,增长超过1亿。这个增长幅度不仅小于清中叶的历史时期,更小于同期欧美地区以及日本人口的增长幅度。①

人口数量的变动直接受到两个因素的支配:出生和死亡。前者对应着人口的增加,后者对应着人口的消减。一定历史时期的人口数量便是这二者共同作用的结果。

从人口增加的情况看,近代中国的人口出生率延续了从前的水平,即在4‰左右。而与从前不同的是,人口增加的地区有所变化,整个近代人口的增加几乎全部发生于边疆地区。从1851年~1949年,全国省份中可以完全称得上人口持续增加的仅5省,分别是黑龙江、吉林、辽宁、新疆、台湾,其他有明显增长的省份还有四川、云南、贵州,皆为边疆省份。这种环边式的人口增长是移民和自然增长的结果:一方面,内地和东南沿海这些传统的人口聚居地的土地开垦已几近饱和,而东北、西北、西南等省份还有大量荒地可供开发,于是吸引了众多农民迁移到这些地区寻找更多的经济机会。另一方面,也是最为直接的因素,就是政府出于巩固边疆、发展经济的考虑而鼓励向农民边疆省份垦殖,无论是清王朝,还是民国政府,都曾通过设立招垦局或颁布各种优惠、宽厚条件推动移民事业。其结果是到了20世纪初期,边境定居中最具吸引力的六个省份(东北地区的辽宁、吉林、黑龙江,西南地区的四川、云南和贵州)的人口在全国人口中的比重已达到25%,而在18世纪中期,这个比重才5%,在19世纪初期也只上升到9%。② 增速最快的是东北地区,1812年时,这三省人口合计仅约142万人,尚不及台湾一地,而截

---

① 清代1750年~1850年的一百年间,人口增长超过2亿,增长率为0.6%。1850年~1950年一百年间,欧美和大洋洲人口由3.35亿增至9.18亿,增长率达1%;近代的日本,人口也加速增长,1872年~1942年的70年间增加了1.15倍,增长率为1.1%(见刘佛丁主编,《中国近代经济发展史》,高等教育出版社,1999年,第57页)。

② 18世纪中期数字据梁方仲,《中国历代户口、田地、田赋统计》,第259页;19世纪初期、20世纪初期数字据章有义,《近代中国人口和耕地的再估计》,载《中国经济史研究》,1991年第1期。

至1949年,三省合计人口已达3665万人,是从前的25倍。① 贵州、广西、云南在其后,经过近代,人口均翻了一番以上。

从人口削减的情况看,与出生率的基本稳定稍有不同的是,死亡率经历了由19世纪前半期的3.5‰上升到60年代的4‰,后又逐年下降到20世纪30年代的3‰的变化过程。② 战争、饥荒、灾害以及流行疾病是人口大规模消亡的主要原因。

19世纪50年代至70年代出现的高死亡率和这一期间全国总人口数的明显减少,为农民起义等一系列内战所致,其中又以太平天国运动最为惨烈。这场战争长达13年,波及面广,清政府对起义军采取斩尽杀绝的政策,人口减少相当严重,据19世纪一些西方观察家的估计,在太平天国期间总的人口损失可能达2000万至3000万。③ 受战争蹂躏最为严重的地区是安徽省、江苏南部(松江府除外)、浙西、赣北和湖北平原的一部分,这些地区人口损失过半,战后长期未能恢复到从前的人口水平。与太平天国起义同时进行的还有淮河流域、直隶南部及鲁西的捻军起义,以及六七十年代的西北地区的回民起义,清廷与这些起义军的战争造成了严重的人口伤亡。进入20世纪,大小战乱更是接连不断,世纪初年的国内革命战争、20年代的军阀混战、30年代的国民党对共产党的围剿,而后则是1937年~1945年的抗日战争。抗日战争是中国近代史上一场巨大的灾难,其野蛮和残酷程度举世罕见,直接战死者和因缺乏医疗卫生条件、食品供给而死亡的总人数至少在1000万以上。④ 战争不仅直接造成人口死亡,而且在战争期间发生的饿毙策略、劫掠、饥荒、瘟疫同样造成人口减少。

除了这些"人祸",还有频繁的"天灾"。近代中国灾情最为严重的是发生于光绪三年至四年(1877~1878)的旱灾,这场旱灾祸及陕西、山

---

① 章有义,《近代中国人口和耕地的再估计》。
② 刘佛丁主编,《中国近代经济发展史》,高等教育出版社,1999年,第61页。
③ 何炳棣,《明初以降人口及其相关问题(1368~1953)》,生活·读书·新知三联书店,2000年,第289页。
④ 韩启桐,《1937~1943年中国对日战事损失之估计》,载《社会科学研究所专题报告》,1946年24号,转引自何炳棣,《明初以降人口及其相关问题(1368~1953)》,第296页。

西、河北、河南等大片地区,其中以陕西、山西受害最重。由于旱灾引发严重的饥荒,直接被饿死的人不计其数,"卖儿鬻女",甚至"人相食"的惨剧时有发生。受灾期间尸体暴露,瘟疫猖獗,由此造成的死亡不亚于旱灾本身。据估计,1877年~1878年的饥荒中,有900万到1300万人① 因饥饿、疾病或暴力而丧生,这样的人口削减程度甚至强于一场大规模战争。北方因雨量少且不稳定而历来多旱,除了这场大旱,光绪十八年到二十年(1892~1894)、二十六年(1900)、民国九年到十年(1920~1921)以及十七年(1928)也都发生了大的旱灾,其中有几次其严重程度与这场大旱相似。近代由于社会动荡混乱,水利荒废,年久失修,水灾也颇为严重,给人印象较深的是1931年、1938年的长江洪水和1938年~1946年的黄河大水。② 洪水所到之处,农田被淹,房屋冲毁,人民无家可归,财产蒙受巨大损失,因对洪水毫无戒备而葬身波涛的人也为数不少。

然而,在如此众多和严重的"天灾人祸"发生的情况下,近代中国人口却仍有增长,这其中与诸多现代因素的"悄然兴起"抵制着人口的衰减有关。例如,由于铁路等交通设施的兴建,一些地区的闭塞程度有所改变,使得1920年、1928年再次遇到光绪三年那样严重的旱灾时,能快速地传报灾情、运送救济品,从而有效地减灾、赈灾。又如,公共卫生事业的大力推广和现代医药的使用减轻了流行疾病对人生命的威胁程度,这在北京、天津等大城市尤为明显。再如,近代经济发展创造了许多新的就业机会,劳动力可以被新兴工业产业所吸纳,从而为人口增加提供可能。还有,近代社会环境的变化也影响到人们的观念,溺杀女婴现象逐渐减少,这与基督教团体在沿海和内地的宣传、慈善和教育工作不无密切关系,而这使得婴儿存活率有所提高。正是以上这些"现代性因素"的出现,使得中国人口在19世纪末叶以来面临持续不断的生存威胁的情况下,死亡率仍能保持下降态势。

① 马勒礼,《中国》,转引自何炳棣,《明初以降人口及其相关问题(1368~1953)》,第272页。
② 国民党军队出于战略理由,于1938年7月在河南两处扒开黄河大堤,以阻截日本军队的前进,导致黄河历史上的第七次改道,夺淮河下游入海,直到1947年3月才回归故道。

从人口发展模式来看,中国近代的人口发展并未脱离传统社会的窠臼。这一点可以从与西方的比较中得出:一是工业革命之前,西欧国家的人口出生率和死亡率大致相同,均在3%以上;二是工业化开始后,人口出生率没变,而死亡率则由于营养的改善、医疗卫生事业的进步等迅速下降,人口数量的激增便发生于这一阶段;三是随着各国相继进入工业社会,出生率与死亡率开始同步下降;四是20世纪后,出生率的下降幅度渐渐超过死亡率的下降幅度,从而人口自然增长率下降。

总的来说,人口发展经历了一个高出生率、高死亡率→高出生率、低死亡率→低出生率、低死亡率的转变。而近代中国则基本处于高出生率、高死亡率的阶段,死亡率的下降趋势反映了人口发展正在迈入第二阶段,这也预示了今后人口的大幅增长倾向。

综上所述,近代中国人口缓慢增长,与西方人口增长主要是工业化产物不同,中国人口数量的增加主要是向边疆地区移民开发和人口死亡率略有下降的结果。

二、人口的分布与迁移

中国历代都曾有过人口迁移,每一次迁移都是一部土地拓垦史,而迁移的规模则与当时的人口数量和资源可利用的程度有关。明清特别是清代以来,随着玉米、甘薯、花生和马铃薯等美洲作物品种的引进与推广,农业经历了一次作物体系和土地利用上的革命。这次革命带来两个结果:一是由于这些新品种适应性较强,可以在山地、干旱丘陵和较为贫瘠的沙地上种植,土地开垦不再仅限于肥沃平原;二是这些高产作物从种类和数量上扩大了粮食作物的基础,从而为人口增长提供了物质可能。这两个结果交织在一起,互相推动,使得长江流域内地省份的丘陵和山区、南岭地带、北方旱地这些原先人烟稀少的地方被开辟,人口分布由先前较稠密的长江下游、浙西、皖南及福建省扩展到整个东南沿海、长江内地、汉水流域等地区。19世纪著名历史学家和地理学家魏源将清代主要的人口迁移趋势归纳为"江西填湖广,湖广填四川",从中大致可以看出人口流动的方向。经历了这样的土地开垦和人口迁移,在近代社会开始之前,除了东北地区和南方若干原始森林覆盖区及边疆地区以外,大部分适宜开垦的土地都已得到了系统的开发和利用。

同清代人口迁移主要受经济因素驱使的情况不同,近代社会人口的迁移与近代中国的政治、经济环境更紧密相关,战争、边患、饥荒、城市化等都是人口迁移的重要原因。

从时间上看,近代最早的移民浪潮发生于太平天国战争期间和结束之后。在战争期间,为躲避战乱,有些人逃往其他省份和地区,如上海就因战争期间大批地主乡绅及难民的涌入而使人口激增。更主要的是,这场大规模战乱使长江下游省份的人口锐减,土地大量抛荒,遂吸引了大量外省无地农民在战事结束后迁入这些原来灌溉最发达的农业区。四川曾经长时期以来是全国最大的移民省份,从顺治到道光末叶的200年间,向四川地区的移民始终是人口迁移的主流,但这一趋势此时已因太平天国战争而发生逆转。由于四川已"人满为患",长江上游及其支流的山区的土地利用也几近饱和,长江下游地区的空闲土地无疑为长江中游和华北的无地农民提供了更优越的机会。因此,19世纪后半叶省际移民的主流,已变成向长江下游地区的迁移。于是,苏北、河南农民由北,湖广农民由西,温州、台州农民自南,绍兴、宁波农民自东移入因受战争摧残而人烟萧条、农田荒芜的安徽、苏南、浙北等地。

就规模而论,近代最大的移民活动发生于边疆地区,其中,东北地区以其人口输入数量之众,移民时间持续之久尤为引人注目。

东北地区是满族的发祥地,清以其为"龙兴之地"长期加以保护,禁止农民私自出关垦殖、采猎。随着清中叶以来人口的增长,不少华北无地农民往往从山东北部港口出发,在辽东半岛登陆而偷偷进入东北禁区。这种情况在水旱灾害严重的年份尤为突出,而清政府对此有时也予以默许。但从总体上看,这些移民同近代之后的移民相比只是小巫而已,整个东北地区的人口只是分布于有限的几个区域,且多集中在盛京(辽宁)。

大规模的移民浪潮发端于19世纪中期后清政府为巩固边疆而施行的"移民实边"政策。1860年,沙俄割占了黑龙江以北和乌苏里江以东近35万平方英里的领土,①这给清政府以惨重教训。用道光时吉林

---

① 何炳棣,《明初以降人口及其相关问题(1368~1953)》,第188页。

将军松筠的话说,昔日"请开小绥芬屯垦,当时以不急之务阻之;至咸同间,其地皆划归俄界。苟早经营,奚致轻弃?实边之计,顾可忽哉"。① 在此之后,俄国对中国领土的要求并无停止,仍利用东北地区地旷人稀的特点乘虚侵边。同时,边患也因日俄战争后日本对满洲的进一步渗透而更趋严重。对此,东北边疆大吏和有识之士纷纷呼请改变边境空虚的现状,要求采取措施"以固边圉"、"以繁生殖"、"以御地宝"。所以,从 19 世纪 80 年代开始,清逐渐开放禁地,以免税补助政策招民垦种,并每每委派大臣督办屯垦事宜。于是,在政府的倡导鼓励下,移民数量大增。

进入民国后,在孙中山民生主义思想指导下,中国东北、西北地区的垦务被视为当前要务。1912 年 3 月,以黄兴、仇亮为首的有识之士创立了拓植协会,协会的宗旨就是:开发边土、增产兴业、筹备军饷、杜绝帝国觊觎、减轻内地人满之患。可见当时对于边疆垦殖事业的重视。1914 年,一战爆发,沙俄为了从中国东北取得所需物资,以优厚条件鼓励农工商业,尤其鼓励粮食和原料的生产,也刺激了移民的涌入。在政府的大力倡导和经济条件的吸引下,由关内进入东北的移民络绎不绝。直至 20 年代,向东北地区的移民尽管已历经很长时间,却仍无衰竭之势,反因这一地区与内战不断、捐税繁重、灾害频繁、人口众多的内地省份相比更为充裕、安宁而获得持续不断的推动力。1927 年为移民人数最多的一年,这一年居留人口占移入人口的 67%,② 是历年中最高的。③ 如果以 1923 年人口净移入为基期水平(100%)的话,1927 年人口净移入为 669%。移民主要来自山东、河北和河南。由于思念故土,移民开始时多做季节性的迁移,但东北优越的经济条件,使得越来越多的华北农民在那里定居。1925 年以后,移民的特点已由季节性迁移转向永久性的移殖。

---

① 见《清史稿》,转引自田方、陈一筼主编,《中国移民史略》,知识出版社,1986 年,第 页。

② 何廉,《中国东北边区的人口移动》,《中国社会与政治科学评论》卷 15 第 3 期,1931 年 10 月。

③ 历年中最高,在时间上是指 20 世纪 20 年代,至于从 1860 年到 1920 年的情况因缺少统计材料而无从得知,鉴于当时交通状况,移民们往返的费用较高,故居留比例可能较大。

20世纪以来东北地区移民的另一个新特征是土地不再是吸引人口涌入的唯一原因,现代产业部门的兴起同样吸引着大批劳力前来就业。东北不仅拥有土地资源,还有蕴藏丰富的地矿资源和面积广阔的森林资源,是全国的工业重地。日本、俄国在此投资的产业以及华资企业都需大批廉价劳动力,所以移民不再像从前那样单纯地从事农业垦殖,部分移民就业于矿山开采、原料加工、铁路建设等行业。

1900年～1931年,东北地区因移民激增而使总人口大增,由1400万增至2 900万。① 1931年"九·一八"事变后,移民活动出现了短期的停滞状态。

"移民实边"不限发生于东北一地,19世纪后半叶发生的普遍的疆土危机也迫使清政府重视对其他边疆地区的移民垦殖事业。

19世纪六七十年代,就在清军对太平军、捻军的剿灭进入尾声之际,西北回疆地区又发生了起义,这场历时10余年的战乱最终由左宗棠平定。清政府历经此事后更加注重西北地区的防务,于光绪九年(1883)在新疆正式建行省、置巡抚,并积极倡导军屯民垦,从而推动了新疆地区的开发。1851年,新疆地区人口统计仅有巴里坤、乌鲁木齐两地数字,不到28万人,② 人口分布仅限于少数的几个地区;到19世纪80年代,总人口已近124万,这无疑是移民开发的结果;至抗日战争前,这里已有人口436万人。此外,陕西、甘肃作为主战场人口损失严重,为恢复社会生产,左宗棠采取各种方式吸引移民前来垦种,于是来自四川、湖北等地的大批移民迁入进来,填补了西北地区的人口稀少地带。

在19世纪70年代,又发生了中日间的台湾和琉球之争。日本在其中表现出的对中国沿海的领土野心促使清政府转变传统政策,鼓励向台湾移民。1887年,台湾正式建省,刘铭传被任命为总督。他在任期间,通过向移民发放路费、对耕种土地采取优惠政策促进了人口向台湾的流动。至1895年前,台湾已有人口300多万。③

---

① 田方、陈一筠主编,《中国移民史略》,知识出版社,1986年,第170页。
② 章有义,《近代中国人口和耕地的再估计》,载于《中国经济史研究》,1991年第1期。
③ 田方、陈一筠主编,《中国移民史略》,知识出版社,1986年,第119页。

19世纪与20世纪之交,清因甲午战争的惨败而日渐衰微,列强对中国领土的争夺之势也尘嚣日上。1902年,英国悍然武装侵略西藏,1904年还曾攻下拉萨。英国试图分裂中国的举动虽未得逞,但这一事件给清政府以严重警示,于是在川边地区兴屯实边成为要务。1906年,赵尔丰被任为川滇边务大臣,从此开始了他在川边藏区的改土归流事业。在他的积极兴办下,有大批军政人员和垦民涌进川边藏区,虽然这项事业在辛亥革命时期中断,但不少汉族农民、士兵、商人仍留在藏区,继续从事工农业生产和商贸活动。

除了上述环边地区的移民,近代亦有向海外地区的移民。向海外的移民可追溯到15、16世纪闽南沿海的华人至东南亚进行的贸易和开拓活动,而有系统的移民是在19世纪40年代中国门户开放之后,目的地也从东南亚扩展到北美、拉美地区。这些移民主要出自广东、福建等地,从数量上看无法与内地省际间的人口迁移并论。

还有一部分人口流动颇为引人注目,那就是人口由乡村向城市的流动。这一部分人口不同于以往的农业人口迁移,而体现出近代工业发展对于人口的吸纳,因而具有特殊意义。

清末海禁开放后,对外贸易迅速发展,沿海通商口岸随之兴起,受对外贸易的影响,国内贸易也被带动起来,一批新兴的商埠、城镇纷纷涌现。这些地区作为商品集散地和货物中转站而日渐繁荣活跃,随着外国资本主义的进一步渗透,现代产业部门也加入进来,并首先在这些地区落户,第一批现代工业由此诞生。作为新兴产业的集中地和对外交流的窗口,沿海通商口岸对周边及内陆地区形成巨大吸引力:一方面,地主、乡绅、商人、士大夫纷纷从乡村搬到城市居住,投资于现代产业部门,积极接触外部世界;另一方面,现代产业部门的发展产生了对劳动力的需求,于是吸引了农村剩余劳动力移出,就业于新兴产业。沿海城市的发展对内地具有示范效应,因而推动影响了内地城市尤其是交通枢纽城市的经济发展。这些城市以其有利可图的工商业和提供多种谋生手段吸引了形形色色的移民,形成了近代人口的城市化。上海就是中国近代化过程中人口增长最突出最典型的大城市。1843年上海开埠前仅是一个人口60余万的中等县,①开埠后,随着租界及附近地区的日渐繁荣和后来工商业的兴起,上海逐渐发展成中国乃至远东的产业、金融和外贸中心。到抗日战争前,外国对华进出口贸易和商业总额有80%以上集中在上海,中国最主要的银行总部都设在上海,1933年这里的民族工业资本占全国的40%,1948年的工厂数、工人数都占全国一半以上。②上海人口在20世纪初就已突破百万,在1920年前后人口上扬幅度几乎达到垂直地步,到1949年已达546万,其中本地籍居民仅占人口总数的15%,其余85%均来自外地。③再以天津为例:天津人口发展的高峰期是从20世纪初到20年代末,在这20年间,人口增加2倍,1928年达到了112万。④从1840年至1936年,天津有近百万人为外地迁居而来,每年迁津人数占当年人口净增人数的95.86%。⑤

城市的发展与近代经济的发展是同步的。19、20世纪之交是一个重要转折:从1843年~1893年,全国城镇人口由2072万增加到2351万,占全国人口总数比重从5.1%上升到6%;⑥20世纪开始特别是一战以后,中国近代经济发展始见速度,由此,从1894年~1949年,城镇人口增加到5763万,占全国人口总数比重上升到10.6%。可见,城市化进程也是工业化进程的标志之一。

总体来看,近代的移民规模要大于各历史时期,这不仅因为人口基数已远远超过先代,更源于近代时期特殊的社会环境和时代背景。移民实边、人口压力、躲避战乱向来是推动人口迁移的传统因素,除此之外,就近代的特点而言,铁路的铺设、公路的修筑、航运的发展,大大克服了人口流动的空间障碍,缩短了行程的时间,便利了往来。例如,中东部铁路建成后,东北地区的陆路更为畅通,为移民活动的扩展提供了有利条

---

① 赵文林等,《中国人口史》,人民出版社,1988年,第386页。
② 张仲礼主编,《东南沿海城市与中国近代化》,上海人民出版社,1996年,第40页。
③ 同上,第41、77页。
④ 罗澍伟主编,《近代天津城市史》,中国社会科学出版社,1993年,第455页。
⑤ 同上,第461页。
⑥ 胡焕庸,《中国人口地理》(上),华东师范大学出版社,1984年~1986年,第257、261页。

件;而且,在修建铁路的过程中,从关内召集了大批劳工,这些劳工在路成通车之后大部分转而为农,领地耕种,留在当地,也正是在铁路建成的基础上,各铁路和轮船公司才可为贫苦农民提供减价票,从而刺激了人口向东北地区的流动。再如,1935年,从西安到新疆的西北公路修建以后,由内地到新疆地区的移民人数也同样增加了。可见,交通条件的改善在促进人口流动中的作用不可小视。

第二节 土地资源及其利用

土地是近代中国最主要的资源,这不仅是基于传统农业仍为近代国民经济的主要产业,更是因为工业的发展、人口的增长都要仰仗农业供给。①

农业生产受到光、热、水、土等条件的严格限制,这些条件以及它们之间的不同组合决定了一国农业的资源禀赋。中国地域辽阔,土地绝对面积大,而且地跨不同纬度,各地气候、地貌、岩性、土壤性状有所不同,故而可形成多样化的作物品种,能提供种类繁多的土特产品,这是中国土地资源的优势所在。另一方面,在中国土地中,利用难度大的戈壁、沙漠、裸露石山、高寒荒漠、冰川及永积雪地占全国土地总面积的19.1%。② 相比之下,与中国土地面积大致相同的美国,这类土地仅占全国土地总面积的10%以下。而且,中国耕地中有1/3是旱涝不保收的低产田地,如北方的盐碱地、黄土高原严重水土流失地区的耕地以及南方贫瘠的红、黄土壤;草场中有27.3%是草被稀疏、产草量低、改良困难的荒漠草场。可见,土地质量不够理想,这是中国土地资源的劣势。

在整个近代时期,耕地面积不断扩大。同人口增长的原因相一致,耕地面积的增加源于边疆省份的开垦。就土地利用状况看,在近代商品

---

① 中国农业经济的一个明显特征,是自周秦以降相沿几千年,基本上都是以谷物种植为主,畜牧业所占比重很小,因而这里谈及的土地资源,更多的指耕地。

② 席守诚、曹光卓、李爽编著,《中国地理环境与自然资源》,中国科学技术出版社,1992年,第50页。

经济发展的带动下,农业种植中经济作物的种植面积增大、比例增强,从而使土地利用结构有所变动;另一方面,由于农业技术水平滞缓,劳动生产率不高。

一、耕地面积的扩大

清代大力垦辟荒地,耕地面积比明盛世增加3亿余亩,是历代垦田最多的。① 近代耕地亦增加3亿余亩,然而所用时间几乎缩短一半,可见又超过清代。② 耕地统计同人口一样,多有不实之处,须进行修正估算。表3-2所列数据即为近代中国耕地面积情况的大致估计。

表3-2 中国近代各时期耕地面积　　　　单位:千市亩

年份 地区	1812	1851	1887	1914	1929~1946	1949
东北	30330	18173	39913	154141	270865	309327
华北	398343	434287	452486	405885	380962	400131
华东	212372	202400	216344	199180	200082	180215
华中	184963	190863	187702	169909	158047	143705
东南	72823	79478	76734	94908	101795	121200
西南	77806	81360	77524	148642	208849	167769
西北	73622	70285	75257	86604	96363	122053
总计	1050259	1076846	1125960	1259269	1416963	1444400

资料来源:章有义,《近代中国人口和耕地的再估计》,载于《中国经济史研究》,1991年第1期。

注:1. 东北:黑龙江、吉林、辽宁、内蒙。华北:河北、河南、山东、山西。华东:江苏、安徽、浙江。华中:江西、湖北、湖南。东南:广东、广西、福建、台湾。西南:四川、云南、贵州、西康、西藏。西北:新疆、甘肃、宁夏、青海、陕西。

2. 东北、内蒙地区近代行政区划变动较大,给纵向比较带来困难,这里将热河、察哈尔、绥远算入内蒙,归入东北区域,其数据仅从1914年开始,1914年以前以零值计算。

3. 西南地区的西康民国后才从西藏分出来,故数据仅见后三期;西藏各期无数据,故不列入表内。

4. 西北地区甘、宁、青直至1929年才分省,故1914年前仅有陕西、甘肃、新疆数据。

---

① 吴承明,《18与19世纪上叶的中国市场》,载于《中国的现代化:市场与社会》,生活·读书·新知三联书店,2001年,第246页。

② 这里的"清代"不包括晚清。

从表 3-2 中我们可以看出,近代耕地总面积是增长的,具体到各地区,情况又不尽相同。东北地区的增长情况最为显著,这无疑是清政府对东北和内蒙地区实行放垦的结果;而华北、华东、华中地区则无明显增长,其中一些省份如江苏、浙江、江西、湖北的耕地基本上呈缩减趋势,至 1949 年时耕地面积甚至不及 19 世纪早期;东南、西南地区基本上呈增长趋势,只是增长开始的时间稍晚些;西北地区则有着同东北诸省相同的稳固增长,但受土地条件的限制,增长幅度不能与之相比较。

一般说来,在农业技术无突破的前提下,耕地的增长与人口的增长是相一致的。至于耕地减少情况的出现,则主要与频繁的战乱有关。每一次大的战争都会使耕地遭受严重破坏,战争发生之时,良田被辟为战场,人民出走逃亡,土地大面积抛荒;如果战乱持续,农民就无法安心耕种,弃耕的田地也得不到复垦。以抗日战争为例,从抗战爆发到 1943 年为止,有总数达 7100 万英亩(合约 4.3 亿亩)的耕地,即全国耕地总面积的 1/4 以上受到战争的影响。在这 7100 万英亩中,又有 5000 万英亩(合约 3 亿亩)土地直接成为战场,[①] 在交火比较频繁的江西、湖北、山西等地,耕地无法得到保障,只能持续减少。

近代耕地增长的发生地,大致可以划分为这样几个区域:(1)东北地区;(2)内蒙、察、绥地区;(3)甘、青、新地区;(4)台湾地区;(5)沿海滩荒及岛屿荒地。由此可以看出,这种环边式的情形同人口的增长是完全呼应的。

东北是近代全国耕地增长最快的地区,其增长占到全国耕地增长的一半以上。前文曾述及,东北地区原为禁地,在清统治者看来,它是清王朝"祖宗肇迹兴王之所","若与民人杂处,则至弃满洲之旧道"。[②] 为保护这块"龙兴重地",维持满洲固有风俗,康熙年间开始实行封禁政策,限制和禁止汉民移入东北进行农垦、挖参、淘金、伐木等活动。入近代后,外力不断乘虚侵边,这一实行了近 200 年的政策终因边患问题的

---

① 韩启桐,《中国对日战事损失之估计》,中央研究院社会科学研究所,1946 年,转引自何炳棣著,《明初以降人口及其相关问题(1368~1953)》,第 156 页。

② 《三姓档》49 卷,第 189 页,转引自曰方、陈一筼主编,《中国移民史略》,第 121 页。

不断加重而被迫放弃。从1864年开始,清政府相继开放伊儿门河流域(1864)、热河围场(1868)、图们江右岸境县(1881)、东北北部蒙地(1902)、牡丹江、绥芬、穆棱诸河上游(1908)等地区,①鼓励移民前来垦殖。民国后,政府在清末大的荒地已放尽的条件下继续大放余荒,并通过招垦、奖垦、催垦等政策积极倡导垦殖事业。到1931年,东北大面积的荒地都得到开垦。据统计,1931年东北可耕之地约5490万英亩(合3.3亿亩),1914年已耕地1970万英亩(合1.2亿亩),到1931年已耕地达3200万英亩(合1.9亿亩)。②东北地区耕地增长之快是其他地区望尘莫及的,这突出体现在黑龙江省:1887年,这里耕地才10万余亩,③是全国耕地面积最小的省份,尚不及1812年时新疆地区的1/12,而在半个多世纪后,耕地面积达9454万余亩(1949年),翻了将近10番,跃居全国第五,成为农业大省。经历了这样的垦辟,东北地区完全改变了面貌,由从前人烟稀少的地区变为全国重要的农业区,许多从前人迹罕至的地方都辟为耕地。

内蒙、察、绥原属蒙地,同东北地区一样,清政府要在此保留"尚武骑射"的风俗,所以在这里多设围场,而不准汉民来此垦殖,从1740年禁垦了150多年。④ 19世纪末叶,蒙地因长期禁垦而边防空虚,领土受到威胁,特别是俄在东北修筑铁路后,对中国内蒙东部各旗所报的领土野心愈益暴露,清政府于是转而实行移民实边政策,从1898年开始丈放荒地,招民开垦。1904年～1911年,绥远丈放土地79660顷(合796余万亩),⑤ 1912年后,清室内务府又将皇产庄园进行丈放。察哈尔地区1927年已丈放荒地66000余顷(合660余万亩)。⑥从前,内蒙和东北西部地区为游牧区,当地蒙族人居多,皆以牧羊牧马为生,自清开放蒙地以来,一部分草原变为耕地,畜牧业的主导地位被取代。经过多年垦辟,

---

① 《中国移民史略》,第112页。
② 《中国移民史略》,第170页。
③ 章有义,《近代中国人口和耕地的再估计》。
④ 也同东北一样,内地人民往往为衣食所迫,潜入蒙地私垦,清也有弛禁之令。
⑤ 《中国移民史略》,第114页。
⑥ 《中国移民史略》,第176页。

原先人烟稀少的地区开始有人口居住,众多村落和自治城镇发展起来。

对于甘、宁、青、新地区,清代一直采取放垦政策,但由于距内地过远,交通不便,移往的人口较少。1878年西北"回乱"被平定后,清政府设屯垦于天山南北以固边防,同时在陕、甘、青等因战火而人口损失严重的地区,左宗棠亦采取诸如以两倍的优惠比率将耕地折为纳税册亩的办法吸引、鼓励内地人民来此垦殖,西北垦务始兴。1851年时,甘、新耕地总计约3427万亩,① 经垦辟事业多年发展,至1949年时,甘、宁、青、新耕地已达7146万亩,其中新疆耕地扩大了10倍以上。

台湾是近代耕地增长最为迅猛的地区之一,其增长速度可与东北相比。台湾农业开发的历史并不悠久,郑成功驱逐荷兰人、收复台湾时,这里人口仅二三万人,农耕并不占主导。此后,郑成功将其作为反清复明的根据地,30年间开垦全岛土地十之二三。1683年收并台湾后,由广东、福建等地入台垦田的移民不断增加,农业又有进一步开发。但是台湾地区总有暴动,而且与大陆隔海相望,不易控制,因而清政府多采取审慎政策,并不鼓励向台湾的移垦。19世纪80年代,"琉球事件"②的发生给清政府以警觉和教训,加强了对台湾地区垦殖事业的重视,台湾的农业开发因而发生了根本性转折。1886年,台湾正式建立行省,时任台湾巡抚的刘铭传将台湾分为三路,③设立抚垦局领导垦务。在他的努力经营下,台湾农业发展很快,辟地日渐增多,岛内局面为之一新。1895年,台湾被日本割占,日本一方面为掠夺农业原料,另一方面也为巩固其对台统治,大量组织日本移民来台经营农垦,耕地因而又大为扩展。1851年时,台湾耕地尚不足90万亩,到1949年时已达1308余万亩。④

---

① 宁、青当时尚未与甘分省,所以耕地数包括在甘之内。这几项数据出自章有义《近代中国人口和耕地的再估计》。

② 1874年,日本以1871年50多名失事琉球船民在台湾琅桥(今恒春)被害为借口,声称和杀害事件有关的高山族所居住的台湾东部地区不在中国版图之内,向台湾发动武装侵略。同年,李鸿章与日本签订了《北京专条》。此时,日本羽翼尚未丰满,对台湾及附近岛屿只有觊觎之心,而无占领之力,其侵吞台湾的野心并未得逞。但《专条》上明确指出,日本出兵台湾"原为保民义举",这就迫使清政府明确肯定琉球人为日本国民,切断了中国和琉球的传统关系。

③ 浦里庄以北至宜兰为北路,浦里庄以南到恒春为中路,台东一带为东路。

④ 章有义,《近代中国人口和耕地的再估计》。

沿海滩荒及岛屿荒地主要是指东部沿海的盐垦区。清代盐法规定，盐场灶地不准垦殖，只能放荒蓄草、刈草煮盐。到清朝末年，由于海岸外伸，旧时的淤滩潮汐不至，使灶地盐卤淡薄，煮盐成本增加，于是灶民东移，原先盐场成为可开发之地。1900年，清开始有范围地废止禁垦令，实行放垦。这些放垦地区在全国新辟耕地中所占比重不大，但以多采用新式企业形式进行生产经营的大小农垦牧公司而闻名。1901年，张謇在南通沿海滩地创立通海垦牧公司，这是全国第一家有影响的采用新式企业组织形式的农垦公司。通海垦牧公司所在地——苏北盐垦区，是近代最为著名的盐垦区，据不完全统计，1901年～1927年间，苏北先后成立的大小农垦和盐垦企业约66家，占地400余万亩，已垦地约169万亩。① 这些新垦区的特点是实行商业性农业经营，以盈利为目的，因而生产主要以市场为向导。从时间上看，苏北盐垦区大规模的垦殖活动是在一战时期兴起的：一战爆发后，国内纺织业日益兴隆，北京政府鉴于苏北盐垦区植棉事业有利可图而接受张謇建议，在南通石港设立淮南垦务局，公布《垦务章程》，出售海滨盐场所有可以开垦的荒地。截至1935年，包括中途停息的公司在内，苏北盐垦区内大小公司曾有77家，1937年各公司已开垦土地约170万亩，其中棉田140万亩。② 除苏北盐垦区外，苏南松江盐区于1917年也开始放垦，到1929年，放垦土地约200万亩，山东滨海、渤海区亦有类似放垦。

除此以外，抗战爆发后，由于东部农业区的沦陷和日本的海上封锁，使政府和人民更依赖西南地区的粮食供应，故而广西、云南、贵州、四川的开垦力度加大，辟田面积增加很多。

二、耕地利用状况

由于我国各地区土壤、地貌、温湿等自然条件不同，因而形成土地利用的地域差异。我国农业种植在长期发展过程中逐渐形成了以粟、黍、麦、菽等作物生产为主体的北方旱地农业体系，以水稻生产为主体

---

① 刘克祥、陈争平，《中国近代经济史简编》，浙江人民出版社，1999年，第463页。
② 田方、陈一筼主编，《中国移民史略》，第182页。

的南方水田农业体系。

依近代的土地利用状况,具体又可分为东北渐拓农业地带、北部黄土质农业地带、西北半牧地带、中部平原农业地带、南部亚热带性农业地带和西南山地农业地带。

东北渐拓农业地带以松辽冲积平原为中心,气候近于亚寒带,土壤多为腐植层较厚的黑土和宜林的暗棕壤。东北地属初拓,土质最肥,地旷人稀,农业开发潜力极大。夏天暖而有雨,为农耕期。产物以麦类、高粱为主。大豆为其特产,生产极盛时在国际市场上有垄断地位,大豆及其产品[①]出口曾超越传统的出口品丝、茶而位居第一,是近代中国农业经济的利润来源之一。

北部黄土质农业地带是中国农业文化的发祥地,黄河、淮河流域属之,土壤除下游属冲击层外,其他多为深厚的黄土覆盖。这里地广土肥,适种性广,热量条件可两年三熟,产物以麦类为代表,其他还有高粱、黍稷、果木等,是中国重要的旱作农业基地。自然条件所欠缺的是雨水不足,且寒暑不均,土质过于疏松,所以水旱灾难较多。

西北半牧地带又分为西北干旱灌溉农牧业区和青藏高寒牧业区。前者为大兴安岭以西,黄土高原、祁连山和昆仑山以北的广大地区,这里气候干旱,阳光充足,地广人稀,是中国重要的牧业区。由于气候干旱,农业只分布在有水源的绿洲,为灌溉型农业,产黍、稷、小麦。后者包括西藏、青海、甘肃部分地区和四川西部等地,地势高,气候寒冷干燥,日照长,温差大,以游牧业为主,农业多分布在河谷地区,主要作物有耐寒的青稞、小麦、油菜、马铃薯、豌豆等。

中部平原是中国农业最发达的地区,尤其是长江三角洲,土地肥沃,地势平坦,光热条件好,集中了中国上等农业用地。这一地带总体上气候温和,雨水适度,自然条件最为完备,因而农作物不仅高产,而且品种多样。产粮以稻米为代表,棉、茶、蚕桑种植颇多,其余如杂粮、油料作物、蔬菜水果、竹、木等无所不有。蚕桑、茶树、棉花及油料作物的种植具有极高的经济价值,其产品生丝、茶叶、棉花、桐油等行销国际市场,为

---

① 大豆及其产品俗称"大豆三品",即豆饼、豆油和大豆。

大宗出口品。不足之处在于地少人多,且水利年久失修,经常有水患,所以虽然物产丰富,但是农民生活受益甚少。

南部亚热带性农业地带覆盖两广、福建、台湾和海南。这里位居亚热带,气候温暖,雨水丰足,植物繁茂,土壤多为红壤、砖红壤,适宜种油茶、柑桔等经济作物。农作物以水稻为主,一年可三熟。由于山多地少,因而一方面耕地比重不大,甘蔗、橘柚、香蕉等热带性果木种植颇多,另一方面农村人口过剩,多往南洋经商。

西南山地农业地带包括云南、贵州、川西诸地。这一地区山峦重叠,地势高,自然条件复杂,垂直落差较大,所以,农业形态不如东部平原均一。一般来说,山麓溪谷流域与中部长江流域相似,属稻作区域,人口聚集;上部山地,则林农混杂。

近代农业经济最根本的变化在于其逐步进入了世界市场,这一变化影响到农业种植结构的改变,更进一步说,农民对土地使用的安排日益以市场为导向。

一般来说,商品经济的发展会导致生产专业化,因为走出了自给自足的模式,不必生产全部生活必需品,而是发挥自身优势,专门生产擅长的产品,然后进行市场交易,最终会导致依照资源禀赋的差异而实行专业化种植的趋势。水稻生产便是一例,稻米产地多限于北纬31度以南,16世纪以来,由于欧洲和日本白银的持续流入,推动了货币经济的发展,刺激了商品作物如棉花、油菜、靛青、甘蔗、水果和烟草的需求与生产,虽然并非所有这些作物都与水稻争地,但由于南方的经济和商业比较发达,专业种植的兴起使水稻面积有所缩减。这一趋势在近代商品经济发展的条件下逐步延伸,因而稻米在全国粮食总产量中所占百分比由17世纪前期的约70%,① 下降到20世纪初期的53.1%(1914～1918),②继而又下降到20世纪三四十年代的36.4%(1938～1947)。与之不同,小麦的生产所需气温不高,与土地关系亦不甚大,除北纬31度

---

① 何炳棣,《明初以降人口及其相关问题(1368～1953)》,第224页。
② 许道夫,《中国近代农业生产及贸易统计资料》,上海人民出版社,1983年,第339页、340页。

以北为其专产地外,范围可南推及粤江流域,故而随着近代沿海通商口岸和城市中面粉等食品工业的兴起,小麦的种植有所扩大。与此同时,作为米、麦一类口粮的替代品,杂粮类作物的种植在近代亦有所扩大。由于米、麦一类的高级粮食作物生产成本高,生长周期长,因而农民多将其出售,供给富人及城市人口需要,而保留或购进玉米、高粱、甘薯等适种性强的粗粮自食,以期获取差价收益。

商品经济的发展促进了分工和生产专业化,但是农民从中受益很少,因为商人贩粮,是以销售市场价格为基础并向产区节节压价的,而销售市场的价格又参照国际市场行情,当国内歉收、价格理应上涨时,收购商往往依据国外行情压低粮价,并辅以扩大季节差价和预买制等手段剥削农民,致使农民利益受损;而且城市工厂主、一般资本家都力求抑制粮价以降低工资、节约成本,这在农业经济不发达的条件下更易做到。因此,农民始终处于一种不平等交换的条件下,出售精粮、保留粗粮以获取差价的做法也不能改变其经济状况逐渐恶化的趋势。

商品经济条件下的专业种植总要以自然条件为基础,如果某一地区所栽种的作物是其他地区所不能栽种或栽种效果不好的,那么该种作物就是经济的富源所在。中国地理环境与自然条件复杂多样,不同地区资源禀赋不一,物产各异。比如在海南岛、云南西双版纳、台湾南部等地区,适合于橡胶等热带经济作物的生长和种植,因此近代在那里兴办了橡胶园。又如,四川、贵州、湖南、福建等省的山地,适宜杉树、茶叶、天麻等林木和药材的生长,形成了当地特产。再如,广东地区气候温暖,桑叶除腊月外月月常青,一年能收茧七次,为其他地区所不能求,因而是中国三大养蚕中心之一。还如,江南丘陵地区广辟茶园,山东、河北、辽东地区多栽苹果,福建、广东一带盛产柑橘、龙眼、荔枝,河南为芝麻主要产区,东北又以大豆闻名,等等。

当然,物产的独特性不能仅归之于自然条件,长期历史生产的积习也很关键。比如,蚕丝业的兴盛,就与中国人长期以来积累的植桑养蚕的经验密不可分。又如,同西方人多重视动物油不同,中国饮食结构中多用植物油,后来西方人逐渐认识到植物油的多种功用,于是纷纷从中国进口豆油、花生油、棉籽油、菜籽油、芝麻油、桐油等,因而推动了油料作物的栽种。

土地资源利用如何不仅反映在内容上，还反映在效率上。如果效率很高，则产出亦多，而效率则与要素安排、技术水平有关。近代中国的农业单产很高，却是建立在极低的劳动生产率基础上，农业继续增产的余地很小。换句话说，增产依靠先前提高复种指数、加大人力畜力投入的方法产生的功效已发挥至极致，如想再提高单产，唯有改变传统生产方式，引进现代生产要素，提高农业技术水平。

在农业的技术构成中，传统的生产要素始终占有绝对优势。如果以化肥使用、动力排灌、机械耕作等作为现代农业生产方式标志的话，这些新的生产要素皆未能纳入到近代农业生产中去。

从化肥的使用来看，近代以前，中国农业生产中使用的肥料都是传统的有机肥，1904年开始有国外无机化学肥料硫酸铔进口。虽然化肥肥效显著，但由于价格昂贵，一般农户无力购买。为此，外国商人一方面尽力降低售价，另一方面设法同国内有关机构合作，推广化肥使用，于是农村销售市场逐渐打开，化肥进口逐年上升。但这些进口化肥的使用一般多限于通商口岸及交通沿线附近经济作物、园艺作物比较发达的农村地区，就整个农村而言，化肥的使用并不普遍。

动力排灌主要是指用抽水机灌溉和排水。这一新式农机的引进和推广在南方稻作区效果显著一些。从国外引进的抽水机有汽油抽水机和电力抽水机两种，20世纪20年代初时，汽油抽水机由于体积小、搬动方便、工作效率高、价格适中，开始在江南水乡得到推广；电力抽水机1924年始于江苏常州，而后在其附近区域又首创电力灌溉，30年代时，江苏、浙江、福建等省一些大城市附近的农村也陆续使用电力排灌，但电力排灌受发电、输电设备以及使用费用的限制，因而其推广使用长期以来仅仅限于东南一带口岸城市附近，并不能普及到全国农村。

机械耕作因对提高劳动生产率的显著效果而成为现代农业生产方式的明显标志之一。20世纪前后，曾有人从国外引进新式农机试图推广使用于农业生产，也有农垦公司购入农业机械准备经营大农业耕种，但大都无果而终。其推广的失败，首先源于对成本的考虑，农民一般认为，用拖拉机犁田和用水牛犁田成本大致相同，但拖拉机除犁田外不能移作它用,还是使用水牛更为经济。其次,由土地制度所决定的经营耕种的分散、细碎和廉价的农业劳动力,在一定程度上也阻碍了农机的推广。最后,从地形角度看,中国多丘陵、山地,也限制了大规模机械耕作手段的使用。

因此,在整个近代时期,农业生产从育种、选种、施肥,到农具使用、田间管理等方面一沿旧制,虽然经济内部结构因受外来影响而有所变化,但整体生产面貌几乎没有改变。

以上是对耕地利用状况的概述,从中可以看出,农业商品化的趋势使得耕地逐渐向专业化耕作方向发展;同时,人口的增长、近代经济的发展要求劳动生产率提高,虽然近代未能做到这一点,但新的生产要素的引入已初露端倪。向现代化农业的转变虽然是一个漫长而缓慢的过程,却是历史发展的必然趋势。

第三节 矿产、森林及水资源

近代各国社会经济的发展,一般都以工业化程度的高低来进行评判,而工业化首先需要一定的资源基础。在同样的社会环境条件下,自然资源会对一国工业化进程、经济规模、产业结构产生重要影响,如果资源短缺,经济发展就会面临极大制约。考察西方国家经济发展的历程,英国之所以能率先完成工业革命,美国之所以能后来居上,都与其丰富的资源条件分不开。

中国国土广袤,自然条件复杂多样,因而自然资源总量大、种类多,当属资源的富国。对工业发展具有重要意义的煤、铁蕴藏丰富,江河湖泊众多,有色金属矿藏更居世界前列,算得上具有较好工业化条件的国家。但并非具有了较好的自然条件就可实现工业化。由于既没有像西方国家那样深厚、扎实的技术累积,又无资金引进技术设备,因而技术水平落后,纵有丰富的资源,却没有技术能力将之转化为工业生产之所需,资源开发多趋向于殖民地型的原料生产。

一、矿产资源

现代工业的基础,建立于煤炭、钢铁、电力、机械、化学等工业之上,而这些工业大部分都与矿产有关。

就矿产资源总体规模而论,我国是世界上仅次于俄罗斯、美国的矿产大国。例如,钨、锡、汞居世界第一位,铅居第二位,铁、铜、银居第三位,金、铂、磷居第四位。但中国的矿产资源也存在着两个缺陷:一是富矿少,贫矿多,虽然中国有一批优质矿种,如低灰、低硫、高发热量的煤及钨,但就大宗矿种而论,86%的铁矿,70%的铜矿、磷矿和铝土矿,50%的锰矿均为贫矿;二是80%的矿为共生与伴生矿,单一矿少。这就对矿产品的开发利用提出了较高的技术要求。①

中国在漫长的传统社会里,对于矿藏曾有开发,但民众相信"地脉龙道"和"风水"之说,所以开发有限。鸦片战争后,中国开始注意开发矿藏,以谋求富国之路。清政府曾于19世纪70年代派遣9名留学生赴美学习采矿之学。曾国藩于晚年又派遣容闳、黄宽赴美购入各项采矿和冶炼机器,以奠定中国新式矿冶工业的基础。

随着经济的进一步开放,外国企业凭借其强大的资金、技术实力在矿冶业中占据了绝对优势。相比之下,中国资本实力微弱,技术不高,多用土法开采,无法与外国资本抗衡,因而钢铁、煤矿、电力等部门的生产几乎为外国势力所垄断。

(一)煤矿

煤炭是地质时期沼泽环境中堆积的大量植物遗体,经过泥炭化作用或腐泥化作用而形成固态可燃性矿产,为不可再生性资源。对于煤炭资源,早期人们只是露天浅层采掘,用来直接燃烧。工业社会后,煤具有多种用途:煤炼成焦炭后是冶炼钢铁的燃料,煤是蒸汽动力机的燃料,在电被发明以前,煤提供了照明用的煤气,而后人们又利用燃煤来发电。随着科学技术的发展,化学家们又从煤焦油中提取种种衍生物,其中包括数百种染料和大量副产品,如阿司匹林、冬青油、糖精、消毒剂、

---

① 吴传钧,《中国经济地理》,科学出版社,1998年,第15、16页。

香水、摄影用的化学制品、烈性炸药等。

在早期工业化进程中,煤炭作为一种基础性资源,其地位非常重要。在被誉为工业革命摇篮的英国,煤炭就与纺织、冶金并列为其工业革命中建立起来的三大支柱产业。可以说,煤炭对工业生产不仅重要而且必要,因为如果缺少煤炭,钢铁业就无从发展,从而不能形成强大的重工业。所以,在英、美这样煤藏较为丰富的国家,重工业发展顺利而迅速;而在煤炭资源相对缺乏的国家,为了保证工业发展,也纷纷从他国进口煤炭。

中国的煤炭资源蕴藏丰富,品种齐全,已探明储量居世界第二位。[①] 其分布较广,几乎每一省都有煤,而以华北、东北地区最为集中。从煤炭赋存条件来看,大部分煤层埋藏较浅,便于建井开采。一般来说,北方矿区的建井条件优于南方,西部优于东部,以晋、陕、蒙的煤田地质条件最好。

中国用煤的历史很早,煤矿多系土法开采,采出的煤主要作燃料供日常民用。19世纪60年代以来,由于工、矿、交通等产业的兴起和发展,引起了对煤炭的大量需求,因而有近代采煤业的兴起。第一次世界大战爆发后,国际市场对煤的需求日增,煤价上涨,采煤成为有利可图的事业。一些大的煤矿公司自此开始奠定并逐步巩固了自己的地位,同时土法开采的小煤窑发展迅猛,产量颇多,煤矿开采业盛极一时。

从开发的次序上看,为了运输的快捷和使用的方便,近代的煤矿开采首先从靠近通商口岸和大城市的地方开始,随着开放程度的加深、交通的改善和经济发展的不断需要,采煤业才向内地诸省扩展。抗战爆发后,半壁河山沦陷,原先的重要煤矿悉归日本侵略者占有,但是煤对于抗战、交通运输和工业生产非常重要,因而西南及内地一带煤矿多有开采,其中湖南、四川产煤在当时占有重要地位。整体观之,近代中国的煤矿工业,集中在华北和东北地区。其中,河北第一,辽宁第二,其后为河南、山东。

[①] 席守诚、曹光卓、李爽编著,《中国地理环境与自然资源》,中国科学技术出版社,1992年,第88页。

可惜的是,在整个近代煤矿产业中,民族矿业始终不占优势。近代最大的两个煤矿——东北抚顺煤矿和河北开滦煤矿,分别为日本人和英国人所控制。二者在20世纪30年代时的产量合计曾占到全国总产煤量的50%。开滦煤矿所产煤,销至日本、菲律宾、香港;抚顺煤矿所产煤除运销关内各通商口岸以获取高额利润外,运往日本最多,以弥补其资源之短缺,供应其工业发展。

(二)铁矿

铁矿的开采与利用并不是近代的事情。长久以来,铁被广泛地用于农具、家庭用具以及武器的生产,因而冶铁业是一项传统的手工业。近代后,以机器劳动代替手工劳动的变革产生了对铁的大量需求,并要求在技术上能产生更具韧性的铁。传统的冶铁法只是将铁矿石放在小熔炉里熔炼,所产的铁系生铁,脆且易碎,不能满足机械制造的需要。18世纪初,英国首先将煤炼成焦炭用作冶铁燃料,克服了用原煤炼铁只能产生含硫的脆铁的弊端,使冶铁业出现了生机。18世纪80年代又发明了除去碳、硫磺等杂质的"搅炼"法,于是生产出比原先生铁更有韧性的熟铁。熟铁经锤造、辗轧后可加工制造成各种机械,供其他部门使用。随着工业规模的不断扩大,需要"用机器生产机器",于是要求有比铁更坚韧、更耐腐蚀和高温的材料,19世纪中期,一系列经改进的、新的炼钢方法应运而生,而且使从低品位铁矿中炼出高级钢成为可能,钢铁工业飞跃发展。由此可见,冶铁业的发展不仅需要一定的铁矿储备作基础,更需要有相应的技术作支撑。

中国的铁矿储量大,分布广,大矿相对集中,已探明储量居世界第三位。辽宁、河北、四川三省铁矿储量占全国总储量的52%,① 山西、湖北、内蒙古、安徽、山东、湖南、福建、云南等省的铁矿也较多,西北地区的铁矿很少。虽然中国的铁矿储量多,但含铁量在40%~50%以上可以直接炼铁的高炉富矿和含铁量在50%以上可以直接炼钢的平炉富

---

① 席守诚、曹光卓、李爽编著,《中国的地理环境与自然资源》,中国科学技术出版社,1992年,第85页。

矿仅占1%,[①] 而且分布比较散,不易开发利用。从工业发展的角度来看,不能算是优势矿种,在某种程度上也限制了钢铁业的发展。

冶坊业是传统手工业的重要部门,民营土法开采铁矿,近代之前在山西、湖南、四川、云南、辽宁等省已有发展,所产铁矿砂卖给炼场、钢坊,冶炼土铁、土钢,加工制造成各种产品以供民用和军需。近代以后,外国钢材大量输入,土钢坊受到排挤;而在土铁坊方面,因生铁系原料初制品,外国少有输入,况且中国民间所使用的农具、日常用具外国无法包揽,一些传统铁器手工作坊生产的特色产品如剪刀等则是无法替代的,故很少受到进口货的排挤。因而在中国铁矿矿藏颇丰而土铁冶炼又不需较高技术含量的情况下,近代商业的大发展也推动了传统冶坊业的发展。

就重工业来看,洋务派所办的汉阳铁厂,是近代最早的钢铁基地,其炼钢技术在当时是较为先进的,生产的钢轨铁板也起到了武装其他工业部门的作用。1908年汉冶萍公司(由汉阳铁厂、大冶铁矿、萍乡煤矿合并而成)成立后,汉阳铁厂经改造、扩建,成为当时远东第一流的钢铁联合企业。一战期间,铁价猛涨,供应汉阳铁厂的大冶铁矿增产,同时东北的本溪湖、鞍山铁矿也在1915年和1918年先后投产,上海、太原等其他地方也纷纷建立了钢铁厂,中国的钢铁工业得到一定的发展。[②]

比煤矿业更为严重的是,铁矿业几乎为日本独占,且日本在中国经营的冶铁工业,绝非为了中国的重工业发展,而是完全服从于其掠夺需要。反映在设备能力上,就是采矿大于炼铁,炼铁大于炼钢,炼钢大于轧钢。在这种情形下,近代中国的铁矿业只能成为供给日本钢铁生产的原

[①] 席守诚、曹光卓、李爽编著,《中国的地理环境与自然资源》,中国科学技术出版社,1992年,第82页。

[②] 这些钢铁企业的生产能力普遍不足,除汉阳铁厂能够生产供铁路用的钢轨和板材外,其他钢铁厂只能生产小型钢材。一战结束后,国际市场铁价跌落,停工减产的不少,先前由铁价暴涨刺激起来的钢铁业的"繁荣"转瞬即逝。更为致命的是,主要的铁矿皆为日本人所控制,丧失了自己发展的空间。汉冶萍公司自因借款关系被日本"侵入"后,处处受到限制,一战期间本可大大获利,但由于日本的低价强购,流失了巨额利润。此后日本进一步加强控制,将其生产重点从钢轨转到生铁,以至于1926年完全停止了钢铁生产,而沦为矿石、矿砂、生铁的原料输出地。

料加工产业而无法形成自身生产能力。

(三)有色金属矿藏

中国有色金属资源非常丰富,不仅种类齐全,而且许多矿种在世界上居于重要地位。主要的矿种有铜矿、钨矿、锑矿、铅矿、锡矿、锰矿、汞矿、金矿等。

铜矿储量居世界第三位,[①] 主要分布于长江中下游的江西、湖北、安徽,此外云南、山西、甘肃也有分布。同铁矿一样,铜矿中品位低的贫矿较多,含铜量在3%以上的铜矿还不到总储量的1%。[②] 铜矿在中国古代已有采掘,同冶铁一样,属于传统手工业部门。近代后,矿冶业的性质发生了变化,近代金属采掘冶炼业的建立,与采煤业的兴办一样,是以军事工业为中心,并从国防和经济双重目的出发的,因而用于制造子弹的铜矿、铅矿是首先开采的矿种。近代最主要的铜产地,当推云南东川。其土法炼铜一直流传下来,但土法只能炼出粗铜,含铜为85%~90%;1912年,东川设冶铜厂,建造了12吨的反射炉,把使用土法或鼓风炉炼出的粗铜进行精炼,能炼出含铜99.5%的精铜,可作为成品出售。其他地区如四川、吉林、湖南、湖北也有许多铜矿在开采,但由于开采、冶炼技术落后,因而产量、质量不高,往往还要从国外进口洋铜,才能满足需要。

锡矿为中国的优势矿种,储量居世界第一位。主要分布在云南、广西、广东、湖南等省,其中以云南个旧储量最丰。锡富有延展性,在空气中不易起变化,多用来镀铁、焊接金属或制造合金。个旧锡矿是中国最大的锡矿,也是世界著名的锡矿,1913年采用新法采炼后,业务蒸蒸日上;1931年云南省政府将个旧锡业公司的冶炼部分划出,另组了个旧炼锡公司,利用新式机器炼出的锡,品质高至99.7%~99.9%,享有盛誉。除云南外,广西、湖南、江西、广东亦产锡,开采颇盛,产量逐年增加。在近代,锡的出口创汇不少。

---

① 席守诚、曹光卓、李爽编著,《中国地理环境与自然资源》,中国科学技术出版社,1992年,第87页。

② 席守诚、曹光卓、李爽编著,《中国地理环境与自然资源》,中国科学技术出版社,1992年,第82页。

钨为稀有金属，中国蕴藏颇丰，储量居世界第一位，因而属于中国的特种矿产品。钨为国防工业的重要材料，其特性是坚韧而耐高热，故能用以制造军用品和冶炼高速钢。在第一次世界大战的最末一年(1918)人们才发现：在钢中加入 8%～9% 的钨，可使钢制品更加坚硬，适于制造枪炮筒之用。因而此后中国钨砂开始大量输出。在 1928 年～1931 年间，钨砂的输出量更达高峰。抗日战争前，中国的钨产量占世界总产量的 52% 以上。中国的钨矿，集中分布于江西、广东、湖南三省交界的南岭地区，而在这一地区内，又以赣南的储量为最丰富、近代中国产钨首推江西，次为湖南，所产钨砂出口到美、德、英等工业发达国家。

锑矿亦为中国的特种矿产品，储量居世界第一位，主要分布在赣、粤、桂、滇、湘五省，其中以湖南省储量为最丰富。近代后，由于锑在工业上和军事上的用途渐广，产量渐多，出口数量亦不断增加。1908 年中国出产的锑占世界锑产量的 50%，其后比重不断提高，至 1924 年时曾达到 91%。中国产锑量占世界产锑总量的 80% 左右，而湖南所产的锑，又约占全国锑产量的 90% 以上。由于国内工业不振，用量不多，湖南所产的锑，大部分运至沪港后，转销国外。

锰为炼制钢铁的重要材料，又可制染料、电池以及特种合金之用。中国锰矿储量居世界第四位，多分布在广西、湖南、贵州、湖北、四川、台湾等省。近代锰的主要产区为湖南，湖南所产锰曾经运往汉冶萍公司的大冶铁矿，供炼铁之用，其余大部分顺湘江经长沙至汉口输往国外。

除上述矿种外，我国还有金、铅、锌、铋、钼、汞等其他矿产，近代也进行了大量开采。

(四)石油

石油是工业革命进程中新发现的重要能源。石油开发的重大意义在于，它为内燃机的发展提供了前提。1886 年德国的戴姆勒制成了第一台由内燃机驱动的汽车，1896 年～1897 年，德国的狄赛尔制成了使用重液体油的内燃机。从此，石油开采和内燃机的应用互为需求，构成能源动力革命的重要内容。此后，化学家又相继发现从原油中提炼出石脑油、汽油、煤油和轻、重润滑油的种种方法，石油用途渐广。

中国石油资源总量据测算超过940亿吨,其中常规石油占57.5%,低渗透油占29.7%,稠油占12.8%。就埋藏深度看,多数分布在2000米～3500米的深度范围内。就资源与分布地区的自然条件而论,44%的资源分布在地理环境较复杂的海域、浅滩、沙漠、山地和高原地区,不易开发。从质量上看,中国原油以中质原油为主,约占原油总产量的3/4,多数原油含硫较低,而含氮普遍较高;60%的原油属于石蜡基原油,即含蜡量较高,而沥青质含量普遍很低。这些特点,对炼油工艺及产品结构都有深刻影响。[①] 可见,中国石油开采难度较大,品质一般,不能算是优势资源。

限于勘探、开采技术,近代石油开发起步较晚,虽常有油苗发现,但因缺乏钻井、炼油设备,石油工业迟迟得不到发展。抗战爆发后,石油供求矛盾日渐尖锐,有计划的大规模探采才开始进行。最为著名的是国民政府资源委员会筹办的甘肃玉门油矿。玉门油矿是在极为艰苦的环境中开采的,[②] 自1939年开采以来,经矿局人员和全矿职工的共同努力,生产规模逐渐扩大,油品质量也有所提高。从1939年至1945年的七年间,玉门油矿共钻井61口,原油产量约8000万加仑,汽油约1300万加仑,煤油约500万加仑,柴油约70万加仑,[③] 此外还生产了石蜡等一些副产品。这些油料中,汽油绝大部分供西北公路局所用,一部分配售西北地区军事机关,煤油、柴油则销往重庆等后方重要城市,在一定程度上缓解了后方的缺油压力,为抗战贡献了一份力量。

以上是关于中国矿藏储备和近代资源利用情况。综合起来可以归纳为以下几点:第一,从矿藏储量来看,大部分矿种储量丰富,品种齐

---

① 吴传钧,《中国经济地理》,科学出版社,1998年,第132、135页。

② 首先,玉门地处西北旷野,戈壁滩上的沙子太多,不能烧砖瓦,建造较大的房屋须从很远的地方运来泥土和木料,矿上职工日常所需粮食、蔬菜、生活用品大部要从酒泉等地运来;其次,职工来源困难,扩大开采需要大量工人,但矿区周围人烟稀少,招募矿工极为困难,矿上所需技术人员更是难以寻觅;最后,油田开采需大量机械设备,中国工业落后,西北地区更无工业基础,大部分设备都须从国外购进,而所购机械大部又在转运途中因日本悍然发动太平洋战争占领了香港、腊戍等地,严重影响到油矿的采炼。

③ 张丽门、何葆善,《十年来之中国石油事业》,载《十年来之中国经济》上册,第7～8页。

全,其中煤、锑、钨、锡等是优势矿种,不仅可以供给国内需要,还可以大量出口国外。第二,由于冶炼技术落后,因而整体矿冶业处于初加工水平,反映在对外贸易上,就是输出矿石、矿砂等原料型产品,输入同出一源却经深加工的产品,如铁矿业,每年都有生铁大量输出,但钢材、机器等还依赖进口;再如钨的出口,多以钨砂为主,而钨铁、钨钢反须进口。第三,由于国内重工业基础薄弱,发展受到抑制,丰富的资源不能被国内产业部门吸收利用,而多向外廉价输出,发展了他国的工业。第四,矿藏伴生矿较多,如铁经常有稀土、钛等伴生,铅与锌、钨与锡也经常共生,这加大了金属的提纯难度,也加大了冶炼的复杂程度,而如果出口品的纯度不达标准,则往往会在售价、竞争能力等方面吃亏。

可见,中国矿产资源虽然丰富,但由于诸种内部、外部的原因,对自身工业发展的贡献十分有限。

二、森林资源

森林是以乔木为主体,乔、灌、草等多种植物和动物、微生物群集共生的,与其相应的水、土、气共处于同一空间范围的自然资源综合体。对于人类来说,森林最直接的功能是其经济功能,木材、薪材、鲜果、干果、香料、药材等都来源于森林,通观人们所有的生活用品,都直接或间接的与林木有关。而森林更重要的功能还在于它的生态功能、社会功能:森林吸收二氧化碳,释放氧气,有"地球之肺"之称,它还有调节气候、净化大气、防风固沙、涵养水源、保持水土的功效,此外,它也是动物栖居的场所。葱郁葱茏的森林对于美化环境、净化人的心灵、调节人的心境具有不可替代的作用。

从理论上说,森林是一种可再生资源,只要不受外力破坏和超负荷开发使用,可供人类永续使用。但森林的更新期或生长期较长,人工林一般为 10 年～40 年,天然林达 100 年～200 年,所以,森林破坏容易、恢复难。工业化过程往往只注重森林的经济效益,不注重它的生态功能和社会功能,其实被伐走的不仅仅是林木本身,还连带着它的各种功效,因而对森林的过度砍伐导致了环境退化、生态失衡等多种问题,这也是发展中国家工业化进程中普遍存在的问题。

中国的森林面积较为广阔。东北地区、西南地区和华中、华南地区是原始天然林集中的三大区域,也是全国森林的精华所在。除此之外,秦岭、台湾、海南也有原始林。西北、内蒙古和西藏中西部地区则由于地质条件的缘故,森林资源稀少,长江、黄河的中下游地区为人口聚居区,多农田耕地,故成片森林较少,只有零星的林木分布。就树种来看,由于我国地跨寒温带、温带、暖温带、亚热带、热带,因而从北至南形成众多的植物品种:东北为阔叶林、针叶林带,多落叶松、红松、鱼鳞松、桦木、山榆、柞木,南方则有杉木、樟木、檀木、松木、榉木、槐木等,西南则有冷杉、云杉、柏木及热带雨林诸树种,森林蕴藏可谓丰富多样。

近代开埠通商、经济开放后,对造船、薪材、柴炭、桌椅板柜、家具饰品、车轮、房屋建筑用料等的需求量日渐增多,于是有了开采林木之举。清政府曾以官商合办形式立设木植公司,开发鸭绿江地区的林业资源;民国后,农林部在东三省公布国有林发放规则,实行承领经营,对西南地区,也有修建铁路、开发西南森林的计划。同时,由于近代经济的发展,要求生产要适应市场消费的需要,因而各地都兴建经营性林场,其选种、育苗、造林等皆以木材市场的供求为准。

近代的林业生产,以东北为最,湖南次之。但因中国森林自元代以来,已有较大的破坏,长期未能恢复,致使近代林业生产不能满足需求,每年还要从外国大量进口木材。

整个森林资源储备在近代是下降的。虽有森林法和各项林业管理规则的颁布,以及政府对于植树造林的大力倡导,森林遭破坏的情势仍无法遏制。

战争是对森林最直接的破坏。太平天国战乱时期,广东白云山之枞树及罗浮山森林,大部分为战争所毁,安徽、湖北附近长江两岸的天然林,也因战事损失巨甚。曾国藩书牍中曾有"兵燹所至,无树不伐"的记载,可见当时森林摧毁之状。抗日战争时期,日军为防止遭袭,在其盘踞之地多将森林焚烧砍伐;为构筑工事,又遭民众为其搜采木材,使林木遭肆意砍伐。同时由于敌机轰炸,还引起了许多森林火灾。据调查,因战事而使森林直接受毁的地区达21省,间接受害遍及26省。这一场战争总计损失达全国森林蓄积量10%以上。①

外国人的掠夺性开采也是森林遭破坏的重要原因。一般来说,战争过后,被毁林地弃置数十年,还可渐为恢复,况且战后也多有植树之举,如秦岭在西北"回乱"之际罹于浩劫,战事平定后,左宗棠曾在东起潼关、西迄新疆所兴筑的大道上沿途种植树木,并张谕"有毁树者即军法从事",保护周密,经60年生息,毁损森林逐渐复旧观。国人自营的森林,也多出于长远考虑而实行有计划、有栽培的采伐。相比之下,外国人的开采则是掠夺性的采伐,日本、俄国对东北地区森林资源的掠夺就是最彻底的体现:东北地区曾因长期的封禁蓄积起壮观的森林,树龄多达200年左右,高达10余丈,直径3尺余,苍翠葱茏,向有"树海"之称。主要林区有鸭绿江、图们江、松花江、牡丹江、拉林河等流域,以及大小兴安岭。清朝末年,中东铁路沿线和鸭绿江右岸森林采伐权分别落入俄、日手中,自此之后,铁路及河流两岸森林莫不受斧锯之害。1931年东北陷入日本手中后,被劫夺木材甚巨,以致长白山及交通便利之区林木均被采伐无余,且渐入小兴安岭腹心之地。外国人对于中国森林的采伐只重劫掠,没有建设。

人口移殖也会导致森林的减少。东北开禁后,人口日渐增多,其生产生活所消耗的木材也相应增多。同时,修建铁路也带来森林的损耗,中东铁路修建时,所用枕木、建材、燃料都无偿取自林中,而铁路通车后,站台、事务所、道班房及工人住宅等更是将良材劈为大块木头作为唯一燃料,沿线工厂、机车、工事房所需之量则更多。

总之,历经整个近代,森林损失比较严重,这不仅在当时造成水土流失、水旱频仍,对日后的工业建设和经济发展都形成了负面影响。

三、水资源

水在经济活动中的作用极为重要。它的功用大致有五:第一,为人类饮用和生活提供用水;第二,供农业灌溉;第三,提供水产;第四,提供舟楫之便;第五,供水力发电。水资源充沛的地方往往是人口聚集、经济

---

① 陈嵘,《中国森林史料》,中国林业出版社,1983年,第203页。

发达的区域。

近代中国的水资源比较丰富,众多的江河湖泊提供了灌溉、航运、水产养殖之利,为工农业生产创造了条件。

在水的各项用途中,农业灌溉所占比重最大,即使是在工业发达的今天,农业用水依然占全球淡水用量的70%。中国上千年来以农业立国,水稻又是主要农业作物,因而更需要对水进行精心管理。一项好的水利工程,不仅可以使土地肥沃、增加产量,还可达到调节水量、防洪抗旱的功效。中国向为农业国,水利事业历史非常悠久,曾有都江堰、郑国渠、白渠、六辅渠等著名水利工程,其中都江堰水利工程至今还可利用。及至近代,水利事业总体上无大的建树,而在陕西、甘肃、宁夏、绥远等地区因西北的放垦也有众多的筑渠工程。如在后套地区,自黄河南徙,肥沃之地扩充很多,当地垦民和官府曾修筑多条引水渠,最为著名的是塔布渠、长济渠、老郭渠、义和渠、丰济渠、刚目渠、永和渠、永济渠,这八条渠长者300余里,短者也有数十里,渠灌水浇地可达万顷之多。然而中国历代对于水利多偏重消极的防御,而少积极的建设,虽有可以大力发展灌溉工程的优越的自然条件,但利用并不充分。近代由于战乱频繁、政局混乱,就连"消极的防御"也不能做到,致使河床淤浅,河水泛滥,洪涝连年。如果能经常疏浚、积极兴修,农业还会有很大的增长潜力。

中国多长流巨川,具有航运之利,尤其是南方素以河网密布、沟渠纵横著称,且大部分地处温带,没有冰期,因而自古以来,水道即为内陆交通主要路线。由于近代铁路公路事业兴起,内陆交通转集于铁道,河运价值似乎为其所夺。其实,河运在中国近代交通运输上的地位仍不衰减。其原因在于,河流具有天然的动力,因而与铁道公路相比,具有耗能少、运费低的优势,而且,江河湖泊密集地区多属肥沃的平原,物产丰富,内联腹地、外通海洋的河流便为内外货物的集散提供了便利条件。近代开埠通商以来,商业日盛,而在已开的49处商港中心中,完全属于海港的仅有8处,其余41处均属河港,可见河运在近代内外交通上的价值。[①] 不过河运在中国也有其缺陷,比如因河流分布不均,内河航路

---

① 葛绥成著,《中国经济地理》,中华书局,1950年,第179页。

多集中于东南部和东北地区,西北高原少有可航的河流,黄河流域因经常淤塞,又有冰期,因而航运价值甚微;又如河流上游流水湍急,且有险滩,增加了逆流航行的难度和危险程度。但河流成于自然,利用在人,自然不必尽有利于人,关键在于人如何因势利导。

水的益处除灌溉和交通外,近代的一项重大功用就是水力发电。电力的应用是第二次工业革命中最重要的内容,人们开始时采用燃煤发电。世界水电工业的兴起,始于1883年,此后水对工业中心的影响越来越明显。因为水力作为一种动力资源,不像煤、石油那样有穷竭之虞,且很容易普及,而工业生产一般都趋向于动力丰富、成本低廉的地方,因此水力资源的优势逐渐体现出来。中国近代最早的水电事业,应推云南耀龙电灯公司,该厂建于1910年,设在昆阳县属的石龙堆,利用滇池流入长江的急湍发电,创设以后,成绩显著。长江上游地区水流迅猛,虽不利航行,但此时水力发电的优势却体现出来,四川成都市兴业水力发电厂,利用府河水量,发电达500匹马力,此外在南充、三台、遂宁、达县等处,均设有水力发电厂,共计发电约六七千匹马力。[①] 在福建、浙江、甘肃、青海、吉林等地也先后设有水电厂,所产电力供给周围地区生产生活之需。但电力事业在20世纪初兴起之后,总体上仍以火力发电者居多,大概因为水电厂的初始投资大,开办经费昂贵之故。而依水力资源而论,当时统计可利用的总水力约有2000万马力,占世界第四位。[②] 因此发展前景甚为广阔。况且,南方煤炭资源不及北方,但却富于瀑布、峡谷、潮汐等水力资源,如大力发展水电,不但可以救济煤荒、解决能源瓶颈,而且利用充分可转而化为能源优势,再配合其物产富饶、交通便利,必然进一步加强南方经济的发展。

除上述各种功用,水资源本身所提供的各类水产又是经济的一大利源。水产业是与狩猎、畜牧和农业同样古老的产业。水中所产之物主供食料,而鱼类的脂肪可做工业原料,海藻可做肥料,水兽皮毛可为衣料,因此水产业价值甚巨。中国是大陆与海洋兼而有之的国家,北方有

---

① 葛绥成著,《中国经济地理》,中华书局,1950年,第193页。
② 葛绥成著,《中国经济地理》,中华书局,1950年,第193页。

辽东、山东二半岛，南方有舟山群岛及浙、闽、台、粤诸省复杂的岩岸，均属渔业区域；内陆河湖，遍布全国，尤其江南作为水泽之乡，鱼虾水族无处不产，全国渔场面积，占世界第一位。不过，当时捕鱼沿袭旧法，因此产量不及应有产量之 1/10。旧法捕鱼，基本只用网渔、钓渔、杂渔（将鱼聚集汇于一处而捕捞）三种，所用船只为风力鼓动的帆船。近代商业的发展启动了各种利源的大开发，然而技术水平不可能一蹴而就，开发只能在旧有基础上扩展进行，由此渔船虽渐多，但旧式帆船比重高达 99%。① 20 世纪 30 年代以后，新式渔船渔具开始推广使用，政府先后设中央水产实验所和江浙、粤闽、冀鲁等渔业管理处，指导渔户利用新式渔轮捕鱼，增加新式设备，以便储藏及运销，渔业开始有大发展。至 1946 年，渔船数达 97100 余艘，渔民 105.4 万余人，海洋渔产量共 1032 万担，淡水鱼产量共 1035 万担，其中以山东、浙江、江苏、福建、台湾、辽东诸沿海地区为最多。

凡事皆有利弊，充沛的水资源固然可以成为经济发展的利源，然而降雨在季节上的分布不均又常引发水旱灾害，再加上水利设施荒废，近代便成为中国历史上水旱灾害的频发期，几乎每年都有严重灾情出现。

20 世纪上半叶，量级大、灾情重、对国民经济产生较大影响的洪水有 15 次，其中，1915 年的珠江大洪水和 1931 年的江淮大洪水历时最长、范围最大（跨流域）；此外，1917 年京畿大水灾、1935 年黄河大水灾、1947 年珠江大水灾、1949 年长江大水灾等，均为十数年不遇的洪水灾害。② 旱灾方面，持续时间较长的跨省区特大旱灾至少有 7 次，分别是：1920 年河北、山东、河南、山西、陕西五省大旱灾，1928 年～1930 年西北华北大饥荒，1934 年以长江流域为主体的全国性大旱灾，1936 年～1937 年川甘黔豫大旱灾，1942 年～1943 华北中原大旱灾和两广大旱灾。③

自然灾害给人民的生命财产造成了巨大损失。若将万人以上死亡

---

① 葛绥成著，《中国经济地理》，中华书局，1950 年，第 95 页。
② 夏明方著，《民国时期自然灾害与乡村社会》，中华书局，2000 年，第 40 页。
③ 《民国时期自然灾害与乡村社会》，第 41 页。

的灾害列为巨灾的话,那么整个民国时期共发生这样的巨灾多达75次,其中旱灾(包括由旱灾引发的瘟疫)10次,水灾30次,其余灾害分别为瘟疫、地震、飓风、严寒等。① 受灾面积之巨也常常令人瞠目:1931年夏季的水灾,单就中国中部被淹没的土地,就相当于全英国的领土,而受灾区的农民几乎都陷于破产。灾害还具有连续性,每一次水灾之后,由于堤坝大都遭到毁灭性的破坏,非短期内所能恢复,低洼地区又排泄不畅,转而为涝,使水害持续时间很长,结果是旧灾还没过去,新灾再次到来,致使民众长期陷于苦难的深渊之中。1935年,旱灾与水灾并发,加上前几年灾害的影响尚未消除,成为近代灾害最为严重的一年。据中央农业实验所的统计,是年全国遭受水旱灾害的农田面积共计13234.5万亩,损失农作物数量93060万市担。②

值得注意的是,在军阀割据、内战不断的混乱年代,灾难往往由人为而起。水利事业的荒废并非因无人管辖,地方当局以保护河堤的名义收敛大宗水利捐后,却常常将其消耗在内战和满足个人需要上。更有甚者,为了政治斗争的需要,河堤往往被故意决口,以危害对方。

以上是对矿产、森林及水资源条件的概述。由此可以看出,近代中国具备工业发展的良好的自然条件,但这却不是经济发展的决定性因素,有时资源的丰富反倒容易使一国经济沦为受工业国家辖制的殖民地型经济,拉美国家就是典型的例证。中国在近代虽保持了政治上的独立而免于陷入完全的殖民地,但经济的发展还是受到列强压制、技术薄弱等诸多限制性因素的影响。

工业发展的初期对资源的开发利用往往处于一种无序和混乱的状态,因而资源损耗很大,并连带造成环境退化、生态失衡的恶果,这在发展中国家尤为普遍。就近代中国而言,时代的视线主要集中于社会政治等一系列问题,但这一问题尚不突出。但从一个长期的经济发展过程来看,如何在发展经济的同时又能很好的维持资源赋存,如何协调日益增长的人口与相对有限的资源之间的关系,无论在当时还是在今天都是

---

① 《民国时期自然灾害与乡村社会》,第42页。
② 《民国时期自然灾害与乡村社会》,第55页。

一个值得深入思考的问题。

思考题

1. 近代中国的人口迁移与历史上相比,有哪些特点?
2. 简述近代中国人口与土地的比例关系。
3. 中国的自然资源条件对近代工业化有何影响?

参考文献

1. 章有义,《近代中国人口和耕地的再估计》,载于《中国经济史研究》,1991年第1期。
2. 李中清、王丰,《人类的四分之一:马尔萨斯的神话与中国的现实(1700~2000)》,北京:三联书店,2000年3月。
3. 何炳棣,《明初以降人口及其相关分析(1368~1953)》,北京:三联书店,2000年11月。
4. 田方、陈一筠主编,《中国移民史略》,北京:知识出版社,1986年6月。
5. 吴承明,《中国的现代化:市场与社会》,北京:三联书店,2001年9月。
6. 许道夫编,《中国近代农业生产及贸易统计资料》,上海人民出版社,1983年1月。
7. 吴传钧,《中国经济地理》,北京:科学出版社,1998年。
8. 席守诚、曹光卓、李爽编著,《中国地理环境与自然资源》,北京:中国科学技术出版社,1992年9月。
9. 祝慈寿,《中国近代工业史》,重庆:重庆出版社,1989年7月。
10. 郑友揆、程麟荪、张传洪,《旧中国的资源委员会——史实与评价》,上海:上海社会科学出版社,1991年5月。
11. 宋则行、樊亢主编,《世界经济史》,北京:经济科学出版社,1998年5月。

12. 陈嵘,《中国森林史料》,北京:中国林业出版社,1983年12月。

13. 刘佛丁主编,《中国近代经济发展史》,北京:高等教育出版社,1999年12月。

14. 刘克祥、陈争平,《中国近代经济史简编》,浙江:浙江人民出版社,1999年8月。

15. 葛绥成著,《中国经济地理》,北京:中华书局,1950年。

16. 吴敬桓、蔡元培、王云五主编,《中国经济地理》,北京:商务印书馆,1929年。

17. 夏明方著,《民国时期自然灾害与乡村社会》,北京:中华书局,2000年10月。

第四章

传统农业的转变

在工业化的进程中,农业始终是非农业部门发展的基础,尤其是在工业化的早期阶段,农业的这种基础地位更为重要。近代中国正处于由传统经济向近代经济转化的过程中,传统农业的转变直接关系到中国近代化的进程。那么,传统农业到底发生了怎样的变化?从近代中国的土地制度来讲,随着封建社会末期商品经济的发展以及传统社会结构的瓦解,到底发生了怎样的变化?从近代中国的农业劳动生产力来讲,虽然发展缓慢已经成为共识,但就其自身的发展变化,又该如何看待?进而,在此背景之下,农村的商品经济究竟发展到了何种程度呢?本章对此分别作出了阐释。

第四章 传统农业的转变

无论是马克思主义经典作家的论述,还是西方经济增长理论,都指出:在工业化的进程中,农业始终是非农业部门发展的基础,尤其是在工业化的早期阶段,农业的这种基础地位更为重要。近代中国正处于由传统经济向近代经济转化的过程中,传统农业的转变直接关系到近代中国近代化的进程。我们将从土地制度、农业生产力以及农村商品经济三个方面分别对近代中国传统农业的转变作一简单描述。

第一节 土地制度的变化

"中国的土地制度是中国政治经济社会的根本。中国历朝的治乱,悬于土地制度的兴废;国计民生的安危,基于土地制度的正确与否。要明了中国政治经济社会,不得不研究中国土地制度"。[1] 要理解中国近代化进程,也不得不首先研究土地制度。近代中国的土地制度,从总体上讲,还没有突破传统的土地私有制。在土地所有制中占主导地位、租佃关系是农村社会关系的主旋律以及土地经营主要以家庭为单位的基本框架内,随着封建社会末期商品经济的发展,传统社会结构开始瓦解,上述三个方面也在不同程度上发生着变化。这些变化表明,在传统农业内部孕育着新的生产方式的萌芽,标志着近代中国农业在缓慢地向前发展,而并非处于停滞状态。下面就对土地所有制、租佃制度和雇佣劳动制度分别展开论述。

一、土地所有制

土地所有制是农业生产关系的核心。近代中国农村的土地所有制可以分为公共所有制和私人所有制两大类,而每一大类又可以分为若干小类。

在清代,公共所有的土地包括两大类,一类是官地,一类是公地,合

---

[1] 长野朗,《中国土地制度研究》(中译本)结束语,新生命书局,1934年。

称官公田。具体来讲,官地即官有土地,与民田相对而言,是指由国家直接掌管的土地,包括皇室领地、旗地、军田、屯田等;① 公地,即公有土地,由某个集体所共同占有的土地,包括族田、祠田、庙田、寺院土地、书院土地等。② 私人所有的土地又称民田,是指除去官公田以外的田地,包括多种形式,如民赋田、更名田、农桑地、芦课民田、归并卫所地、河淤地、退圈地、灶地、山荡、滩地、草地、田塘、土司地、番地、回地、苗地等。

就公共所有田地和私人所有田地在土地总额中所占比重的变化情况来讲,根据有关资料记载,大体可以描述如下:1865 年,本部 18 省和东北吉林、辽宁两省,公共所有田地占土地总额的 7.3%,私有田地占 92.7%;③ 1887 年,公共所有田地占 12.9%,私有田地占 87.1%;④ 20 世纪 30 年代,公共所有田地占 6.7%,私有田地占 93.3%;⑤ 土改前,公共所有田地约占 10%,私有田地约占 90%。⑥ 以上资料表明,近代时期虽然也出现了公共所有田地的私有化现象,比如光绪 28 年(1902 年),政府承认屯田可以典卖,又如光绪 33 年(1907 年),除去奉天省外,旗人房地产均可自由买卖等,但是从总体来讲,公共所有田地和私人所有田地各自所占份额的变动还不是很大。

近代中国土地所有制结构的基本特征就是"地权失平",即少数地主富农占有大部分土地,而广大农民少地甚至无地。鸦片战争以前,土地集中现象明显,鸦片战争以后,至太平天国农民起义爆发,期间长江流域数省地权有所分散。但是起义失败后,土地再度趋于集中。自 20 世

---

① 皇室领地,直接由清朝宫廷所管理;旗地,一般是指满人入关以后,在河北一带所圈占的民田,其圈地之法,以走马为标准,凡是马蹄所到之处,即归该人所有;军田和屯田,是指西北和西南广大边境地区的戍边军士所垦殖的土地,内地如天津附近和江苏沿海一带等也有军田。
② 族田,是指为宗族或者氏族所有的土地,主要分布在广东、广西、福建和贵州等地;祠田和庙田,是指古代庙宇所占用的土地,主要为维持祭祀所用;寺院土地和书院土地,是指分别属于佛教寺院、道教寺院和学校所有的土地。
③ 《中国经济年鉴》,民国 24 年续编,土地章下,第 267~270 页。
④ 梁方仲,《中国历代户口、田地、田赋统计》,上海人民出版社,1980 年,第 384 页。
⑤ 吴文晖,《中国土地问题及其对策》,商务印书馆,民国 33 年,第 101 页。
⑥ 丁长清、慈鸿飞,《中国农业现代化之路》,商务印书馆,2000 年,第 55 页。

纪 20 年代起,开始有较为精确的数据统计,详见表 4-1、表 4-2、表 4-3 所示。

表 4-1　1927 年中国农村土地占有状况

	占全国人口总额的比重(%)	占全国土地总额的比重(%)
雇农、佃农、游民	55	0
贫农	20	6
中农	11	13
富农	8	19
地主	6	62

资料来源:丁长清、慈鸿飞,《中国农业现代化之路》,商务印书馆,2000 年,第 55 页。

表 4-2　20 世纪 30 年代中国农村土地占有状况

	占户数(%)	占土地(%)
地主、富农	10	63
中农	20	19
贫农、雇农	70	18

资料来源:丁长清、慈鸿飞,《中国农业现代化之路》,商务印书馆,2000 年,第 56 页。

表 4-3　20 世纪 40 年代中国土地占有状况

	占全国耕地(%)*	地富占地(%)**	中贫雇农占地(%)**	占全国人口(%)*	地富占人口(%)**	中贫雇农占人口(%)**
中南	22.9	48.8	51.2	29.6	13.0	87.0
华东	23.4	43.7	53.4	27.4	7.2	90.7
华北	17.3	45.0	55.0	11.8	7.6	92.4
东北	16.3	89.4	11.6	7.6	24.3	75.7
西北	8.5	52.2	47.8	5.6	12.5	87.5
西南	11.6	75.0***	25.0	18.0	11.9	89.1
全国平均		56.9	43.1		11.4	88.6

资料来源:*章有义,《近代中国人口和耕地的再估计》,《中国经济史研究》,1989 年第 2 期;**丁长清、慈鸿飞,《中国农业现代化之路》,商务印书馆,2000 年,第 56~57 页。

从表中可以看到,在近代土地制度下,地主、富农始终占有土地的一半以上,形成了地主所有制下土地分配的一种常态。形成土地分配这种常态的原因,既有短期因素,也有长期因素。

长期因素主要可以归结为两个方面:一是土地的自由买卖,一是遗产多子均分制。前者使地权趋于集中,而后者使地权趋于分散。具体来讲:一方面,土地商品化固然给无地和少地的农户提供了挣得一点土地的机会,但是更为基本的作用却是为富户(包括商人)提供了兼并田权的有利时机。因此,地权日益集中到少数人手中,尽管经常也有地主之家因为家道中落而出卖土地,但是这并不意味着地权分散,因为其中大部分土地为另一些有实力之家所兼并,而并非转入农民手中。而另一方面,遗产多子均分制则起着相反方向的作用,它使得大地产不断分裂,中小地主有可能下降为自耕农,从而削弱和阻止了集中的趋势。

此外,还有很多短期因素起着集中或者分散地权的作用。比如,农民起义打击富豪、劫富济贫,新王朝奖励垦殖、轻徭薄赋、抑制豪强、保护小农的政策等,都会促进地权的分散;又如在"家给人足"的盛世,富户对土地的追求固然加紧,但是农民安居乐业,有可能保持甚至会增殖自己的土地,因此而起到了抵制兼并的作用。另一方面,封建割据和战乱、重大灾荒、皇朝圈占民田—赏赐勋贵、纪纲废弛—豪强横行、官府暴敛横征、农业生产萎缩等,则会导致民不聊生、田归富豪的土地集中现象发生。[1]

二、租佃制度

土地私有制必然导致土地分配不均,而地权分配失衡,一方面使一些农户手中集中了超过其家庭耕种能力的土地,另一方面又使得一些农户无地或少地可耕,从而必然导致租佃制度的产生。租佃关系是农村社会关系的主旋律,它不仅决定着农户间的利益分配,而且通过这种利益分配对农业生产力产生深刻的影响。

(一)租佃制度的具体形式

中国幅员辽阔,各地经济发展水平不一,传统习惯各异,因此租佃制度的具体形式也就复杂多样。具体来讲:

---

[1] 章有义,《本世纪二三十年代我国地权分配的再估计》,《中国社会经济史研究》,1988年第2期。

1. 根据土地和其他生产资料同农业劳动者结合的方式的差别，可以分为租种制、伙种制和帮工佃种制。租种制是指地主只出租土地，其他生产资料由佃户自备，地主所得的是纯粹的地租；伙种制是指地主除出租土地以外，还提供牲畜、种子、肥料、农具等一部分生产资料，土地生产物在地主与佃农之间按照事先规定好的比例分配；帮工租种制又称雇役分益制，是指地主除出租土地外，还提供牲畜、种子、肥料、农具等生产资料的大部分，有些还供给佃户本人及其家属口粮、燃料甚至住房和用具，只是一般农具由佃户自备，土地生产物也是按照地主与佃农之间事先规定的比例分配，只是地主所得比例较之伙种制要高很多，同时佃户还要归还借用的口粮、种子和饲料等。此外，在这种制度下，佃户及其家属子女等还要为地主承担各种无偿劳役。

2. 根据租佃期限来划分，可以分为论年租佃制、定期租佃制、不定期租佃制和永佃制。论年租佃制是指一年一议，地主每年都有撤佃、夺佃的权力和机会，佃户每年都要受到撤佃的威胁；定期租佃制是指一般均在租佃契约上载明租佃期限，地主和佃户都要受此期限的约束；不定期租佃制是指不具体规定租佃年限，地主随时可以收回另租，佃户也可以随时退佃，但由于近代中国无地少地的农民与日俱增，佃农竞佃严重，因此这种制度就为地主提供了借撤佃以提高租额的可乘之机；永佃制是指佃农租佃地主的土地，在不欠租的条件下对租地享有永久耕种的权利，而且主佃双方的权利均可出卖、出典或者转让，争取永佃权是农民长期斗争的一个目标，也是太平天国农民革命的成果之一，是有利于农业发展提高农业生产力的。

3. 根据交租时间划分，则有秋后一次交租、按季节多次交租、预先交租（预租制），以及地主为预防佃户欠租而令其预缴保证金（押租制）等多种形式。此外，还有的地方残留着世袭租佃制的形式，即佃户书立契约，"子孙世世永为佃户"。

（二）地租形态

租佃制度存在多种形式，与之相应，地租也有不同类型。马克思将其分为三种基本形态，即劳役地租、实物地租和货币地租。但是，不论地租有什么独特的形式，都有一个共同点，即地租的占有是土地所有权借以实现的经济形式。就近代中国来讲,马克思所说的三种基本地租形式都是存在的,只是所处地位有所不同。一般来说,实物地租占主要地位,货币地租次之,而劳役地租更次之,仅在边远少数民族地区比较典型。

实物地租是指地主在实物形态上占有农民的剩余劳动,这种地租形式是封建社会发展到较高阶段的产物。近代中国,自然经济为其提供了广泛存在的客观基础,使其成为地租的主要形式,一直延续到1949年前。① 货币地租是指地主在货币形态上占有农民的剩余劳动。一般来讲,货币地租是以商品经济为前提的,近代中国虽然也出现了货币地租,但始终没有获得较大程度的发展,即使是在货币地租最为发达的20世纪30年代前半期,其在全国租佃关系中所占的比重也仅为21%。而且,近代中国存在的货币地租,除少数带有资本主义性质外,大部分仍然为封建性质的地租,"和劳动地租、产品地租一样,不代表超过利润的余额",而在很大程度上只是实物地租的一种变形。劳役地租是地租形态中最简单、最原始的一种形式,在近代,纯粹的劳役地租仅存在于少数民族地区,但依附于实物地租的佃户为地主无偿服役甚至丧失人身自由的劳役制却较为广泛的存在。

(三)地租率

在近代,无论采取何种租佃制度和地租形式,佃农的负担都是极其沉重的。地租租额是佃户缴纳给地主的谷物或者货币数量,各地所出谷物多有不同,且价格与量器也极不一致,因此不能直接比较,故而采用地租率来作为衡量指标。实物地租的地租率是指所缴纳的谷物数量(或者租价)占每亩产量(或者产值)的百分比,货币地租是指所缴纳的租金占田地价格的百分比。

就实物地租而言,地租率一般都在收获量的50%左右,有些可达60%~75%,甚至个别高达90%以上。详见表4-4、表4-5所示。

---

① 实物地租又可分为分成租制和定额租制。分成租制是指农民将土地上收获物的一定比例数作为地租缴纳给地主,分成数视不同情况而定,但以对分制最为普遍。定额租制是指农民按期向地主缴纳规定数量的农产品或者货币,租额一般按照土地面积由主佃双方议定。

表 4-4 1896 年～1908 年各省实物地租的地租率

地区	资料年代	地租率(%)	备注
湖南零陵县	1876	50	亦有十取三四者
江苏苏州	1883	70+	租米 1.4～1.5 石,另麦租 2～3 斗
江苏	1884	60～75	
江苏镇江	1888	40	
浙江	1883	70	每亩产谷 4 石,完租 2 石 8 斗
浙江仁和县	1888	50	
绍兴	1888	50	
江西	1888	50	
湖北广济	1888	40～66.7	
广东汕头	1888	50	
福建福州	1888	50	
贵州贵阳北 50 里	1888	50	
直隶武清县	1888	40	中等田
热河建平	1892	20～50	
山东莱州	1888	40	中等田
盆都县	1888	50	
寿光县	1888	50	
山东	1910	50～66.7	
宁夏	1888	50	
东北	1888	33.3～42.8	
奉天	1908	19～47	每英亩的平均产量豆为 31.6 斛,地租为 6～15 斛,折合 3.3～8.25 元
奉天		14.3～33.3	视距离港口远近,定租额之高低

资料来源:李文治,《中国近代农业史资料》第一辑,三联书店,1957 年,第 267 页。

表 4-5 1948 年～1950 年各省实物地租的地租率

地区	资料时期	地租率(%)	备注
江苏无锡	1950	50.0	
无锡	1948	76.0	
高淳	1950	67.8	
浙江丽水	1950	57.0	
福建沙县	1950	56.3	

续表

地区	资料时期	地租率(%)	备注
沙县	1950	61.7	
沙县	1950	96.0	外加牛租2斗
湖北麻城	1950	33.3	
远安	1950	50~58	
江西永新	1950	52.0	
遂州	1950	66.7	
万安	1950	40.0	
临川	1950	65.0	
赣县	1950	62.5	
陕西竹谿	1949	75.0	
甘肃皋兰	1950	48.0	水田
皋兰	1950	66.7	旱地

资料来源:严中平,《中国近代经济史统计资料选辑》,科学出版社,1955年,第306页。

就货币地租而言,地租率一般都在底价的1/10以上,根据陶直夫1930年对全国22省的统计,水田的地租率分别为:上等田10.3%,中等田11.3%,下等田12%;旱地的地租率分别为:上等田10.3%,中等田11%,下等田11.5%。[①]另据国民党主计处调查,1934年各主要省份的地租率,虽然差距较大,其中最高为江西省19.2%,最低为察哈尔2.9%,但是总计平均仍为11%。详见表4-6所示。

表4-6 各省货币地租的地租率

省别	地租率(%)	省别	地租率(%)	省别	地租率
察哈尔	2.9	江苏	8.7	湖北	8.3
绥远	6.4	安徽	9.4	湖南	17.4
甘肃	11.4	浙江	9.6	四川	11.4
陕西	10.1	福建	17.8	云南	13.9
山西	6.2	广东	17.0	贵州	6.2
河北	7.3	江西	19.2	总计平均	11.0
山东	16.0				

资料来源:严中平,《中国近代经济史统计资料选辑》,科学出版社,1955年,第309页。

---

① 陶直夫,《中国地租的本质》,《中国农村经济论》,上海黎明书店,1934年,第266页。

三、雇佣劳动制度

在中国，私有土地的传统经营方式是主要以家庭为单位，由土地所有者的家庭成员自行耕种，或者将土地分成小块，分租给多个农户（即佃户），由佃户的家庭成员耕种，我们称这种经营模式为家庭农场。其规模仅限于该家庭的耕种能力，土地收获物也主要用于家庭消费、缴纳地租或者赋税，很少作为商品出售。与这种家庭农场经营模式相对应的就是资本主义农场式经营模式，后者区别于前者的本质特征就在于：经营规模不再仅仅局限于一个家庭的耕种能力，雇主提供生产资料，雇用农业工人从事直接生产，支付工人工资，并对农场经营作出决策，监督指挥生产，产品的大部分作为商品出售。由家庭农场经营模式向资本主义农场式经营模式的转变，推动了农业生产力的巨大进步，是一次质变性的制度变迁。就近代中国来讲，伴随着自然经济的逐步分解和商品经济的不断发展，19世纪末期20世纪初期，农业中也出现了资本主义生产关系的微弱发展，主要表现就是雇佣劳动制度的采用。具体来讲，农业中雇佣劳动制度的采用主要表现在三个方面，即地主雇工经营、[①] 富农雇工经营和新式农垦公司兴起。

（一）地主雇工经营

地主雇工经营与把土地出租给农民以收取地租的经营方式不同，它是指地主购置牲畜、农具等，雇工经营其部分土地的一种经营方式。缘何会产生这种经营方式？商品货币经济的发展，是其中一个条件，但并非决定条件，更为主要的原因，还在于地主雇工经营比出租土地更为有利。

至于地主雇工经营方式的发展状况，以地主雇工经营的土地面积占地主所有土地面积以及占总耕地面积的比重为指标，大致可作如下描述：19世纪末20世纪初，在一些地区已有部分地主对其所有的土地的一部分或者大部分甚至全部，采取自己雇工耕种的经营方式；从20世纪初到20世纪20年代，这种地主雇工经营的方式有了一定的发展；

[①] 把这种雇工经营其部分土地的地主称为经营地主。

到了 20 世纪 30 年代中期,即抗日战争前夕,地主雇工经营的土地面积约占其所有土地面积的 10% 左右,占总耕地面积的 5% 左右;此后直到 1949 年左右,基本上没有什么变化。①

地主雇工经营方式的出现,使地主的社会性质有所变化,其既不再是完全的封建地主,又尚不足以称纯粹的农业资本家,而是带有资本主义性质的地主。具体来讲,其资本主义性质主要表现在:一方面,这种经济拥有较充裕的生产资金,雇用较多的雇工,使用较为先进和完备的农具,在面积较大、质量较好的土地上从事较大规模的农业经营,所生产的产品较大部分是作为商品出售;另一方面,生产目的还带有相当部分的自给自足性质,所使用的雇工还带有封建奴役性质,其经营规模虽然较大,但是并没有新型农业组织的出现,所积累的财富往往用于购买土地以扩大地租剥削,或者从事高利贷活动,而并非用于购置新式农具与肥料以改进耕作方法、改良土壤,进行农田基本建设,以扩大再生产。

(二) 富农雇工经营

富农是由农民内部分化出来的富裕农民,在经济上具有区别于其他农民的显著特点,比如富农拥有较多、较好的土地,且家庭人口和劳动力较多,拥有生产工具和活动资本,有些富农还购置并使用改良工具,甚至使用农业机械等,其中最为主要的一点,就是富农经常依靠剥削雇佣劳动为其生活来源的一部分或者大部分。与经营地主相比,富农家庭人口数量相对较少,但是参加生产的劳动力数量却要多于经营地主,即在劳动力的构成中,其参加劳动的家庭成员所占比例较之经营地主经营方式中的比重要大,而雇工所占比重则较之经营地主经营方式中的比重要小。

富农雇工经营方式自 20 世纪末期开始走向衰落,表现为富农人口在全国农村总人口中所占的比重有所下降以及富农使用的土地面积相对减少等。从抗日战争前夕到 1949 年前,富农人口在全国农村总人口中所占比重进一步由 6% 下降为不足 5%,拥有的耕地面积占全国总

---

① 丁长清,《试论中国近代农业中资本主义的发展水平》,《南开学报》1984 年第 6 期。

耕地面积比重由18%下降为12%左右，呈现出持续衰败的趋势。①

富农雇工经营方式与地主雇工经营方式的性质相类似，一方面因雇工生产而表现出资本主义的性质，另一方面却又继续出租土地、放高利贷直接向封建地主转化。

(三)新式农垦公司兴起

新式农垦公司的兴起，是近代中国农业资本主义发展中最为值得一提的新型经营方式。新式农垦公司主要可以分为三类：一是非生产性的垦务组织，一般由官僚、豪绅、巨贾或者地方垦务机关组成，承揽大面积官荒，或者转手买卖，或者由公司稍加整理后边垦边卖，卖完后即行解散，这类农垦公司纯属土地投机组织；二是兼有自垦和出租双重业务，主要由商人投资，承揽土地，进行一定的水利、交通工程建设后，部分由公司雇工垦殖，而大部分则出租给农民，或者就直接分给股东再自行出租，这种类型的垦殖公司数量最多；三是主营园艺、果树以及饲养等业务的公司，由商人出资，雇工经营，专供城市所需，此类垦殖公司的规模一般较小。

新式垦殖公司的兴起，始自20世纪初期，自1912年到1920年间有较大发展，投资额由600多万元增加到4 000多万元，增长约5.5倍之多。此后，1920年到1928年间呈现衰落态势，不仅原有垦殖公司纷纷破产，而且新注册公司的数量以及资本额也大为减少。此后直到抗日战争前夕，农垦公司数量都没有大幅增加。从1937年到1945年间，由于日本侵略我国，华北和东南沿海地区的农垦公司或被霸占，或遭破坏，或荒废，仅在西南和西北内陆地区又新建了一些。抗战胜利后，截至1948年，垦殖公司所有垦地仅占全国总耕地面积的1%左右，其中官营占地95%，民营仅占5%。②

从总体来讲，尤其是20世纪初到抗战以前所兴办的农垦公司，具有明显的资本主义性质，主要表现在：第一，其所从事的是一种商业性农业，而非自然经济；第二，公司的经营者多为工商业资本家，他们把工

---

① 丁长清，《试论中国近代农业中资本主义的发展水平》，《南开学报》1984年第6期。
② 丁长清，《试论中国近代农业中资本主义的发展水平》，《南开学报》1984年第6期。

商业中的新型劳动组织、经营方法引入农业进行资本主义生产;第三,在生产中,普遍使用雇佣劳动,而且雇佣工人的数量多者达到百人以上;第四,个别农垦公司开始购置和试用新式农机具,甚至将电力应用到农业生产中。

第二节 农业生产力的综合考察

中国是一个古老的农业大国,在历史上曾经创造出高度的农业文明,就农业生产力发展水平而言,中国也曾经长期领先于世界,而到了近代,农业生产力的发展却远远落后于西方资本主义国家,这已成为共识。但是,对于这种落后的农业劳动生产力,就其自身的发展变化来说,应该如何看待?下面我们从农用生产工具、农业生产技术和农业劳动生产率等几个方面对其作一综合考察。

一、农用生产工具

农用生产工具是农业生产力的重要标志之一,因此探讨农业生产力离不开对农业生产工具发展状况的考察。

中国是较早使用铁制农具的国家,早在春秋时代就已经进入了铁器时代。但是自从明清时代起,中国的农具发展就甚为缓慢,在质量和种类上几乎没有什么重大的改变,只是数量和使用强度有所增加而已。综合日本学者所总结的近代中国使用的36种农具、《中国农村惯行调查》所列举的32种农具和《阳原县志》所总列举的28种农具,近代中国所使用的农具主要可以归纳为以下几种类型:第一,铁器类,包括犁、锹、锄、耙、铁扒、铡刀、镰刀、铁凿等;第二,木器类,包括升、斗、扇车、扫帚、杈、木扒、木锨、筛、簸箕、连枷、木狼头、木磨、木刮子等;第三,石器类,包括石磨、石碾、碌碡等。总体说来,近代中国所使用的大部分农具都具有以下特点:第一,结构简单,多为木制,仅重要部分用铁制造;第二,规模极小,价值极其低廉;第三,使用人力或者畜力为动力;第四,效率极其低下。

随着外国资本的进入,新式农机具也开始引入中国,并部分投入使用。但总体来讲,使用并不普遍,仅在少数口岸地区可以看到一些小型新式农机具,如水磨、抽水机、碾米机、刈草机等,而且数量很少,至于拖拉机、播种机、打谷机等大型农用机械,则更是凤毛麟角,仅见于新垦区的个别大农场或者外资农场。据海关报告载,1922年到1931年间,各地农民依旧靠的是胼手胝足的劳动,并辅以祖传的极其简陋的农具。另据海关报告显示,西洋农具在中国的销路普遍都不乐观,即使是在辛亥革命后西洋农具输入较多的年代,农具在各类机器和工具输入总额中所占比重依旧极小,最高年份为2%,最低仅为1%,详见表4-7所示。

表4-7 每五年平均机器和工具年进口值　　　　单位:海关辆

年份	各种机器和工具 (A)	农机具 (B)	B/A (%)
1912~1916	15 956	118	0.74
1917~1921	39 269	798	2.03
1922~1926	43 074	390	0.91
1927~1931	55 192	998	1.81

资料来源:根据中国海关总税务司《中国海关十年贸易报告(1912~1921)》和《中国海关十年贸易报告(1922~1931)》计算。

除从外国进口新式农用工具外,近代中国自行制造的农用工具数量很少,农业机械制造业几乎就是一个空白。国内创办的农业机械厂,仅有常州厚生机械厂、上海中华新农具推广所、江苏省立农具制作所以及上海几家生产抽水机的小厂。不仅数量少,而且这些农机厂的产量和产品也极为有限,仅能生产一些小型农机具和抽水机。

因此,总体来讲,不论是旧式农具的改进,还是新式进口农具或者新式自制农具的使用和推广,虽然并非毫无发展,但也是发展极为缓慢。究其原因,一方面是因为农民囿于成规,默守旧法;但是另一方面,也是最为主要的方面,就是因为新式农具或者价格较之农村劳动力价格昂贵得多,或者质量低劣,不易使用。

二、农业生产技术

除农用生产工具之外,农业生产技术也是农业生产力发展的重要标志之一。下面分别从选种育种、引进化肥以及水利设施建设三个方面对近代中国农业生产技术的发展状况作一考察。

(一)选种育种

改良种子、引进新品种和改进种植方法是农业增产的一个重要途径。自20世纪初期以来,尤其是自20年代以后,全国各地纷纷兴办所谓的农事试验厂,意在倡导改良种子,改进种植方法。但是,总体来讲,却是收效甚微,广大农民所使用的大部分种子仍然是当地多年来传下来的,他们不知道选种的重要性,即使是选种,也不过是沿袭过去留良去劣或者"一穗传"的方法。

相对来讲,棉花、水稻、小麦、花生和烟草等作物在引进和选育良种方面是较为成功的。比如棉花,20世纪20年代,上海华商纱厂联合会在南京、上海、郑州等七处设立棉花试验场,进行了美种棉花的试验和驯化工作,得出"脱字棉"、"爱字棉"两种最适宜在中国栽培,此后到1935年,经过多次试验后又选出"德字棉531号"、"斯字棉4号"两种。又如水稻,从1923年东南大学育成"帽子头"水稻良种开始,此后的20年间,全国选育的水稻良种共有300多种,其中已经推广且收到实效的有120余种。再如小麦,据统计,抗战以前,经过培育和推广的小麦优良品种有9种,到1944年就增加为37种。

但是,总体来讲,引进或者改良的新品种仍然没有取代中国自有品种的支配地位,只是少数在个别地方略见成效。比如从美国引进的花生品种,从山东口岸地区或者铁路沿线开始引进后,逐渐传播到北方几省,但都是仅仅限于少数地方。又如从美国引进的烟草品种,也仅仅是在河南许昌、安徽凤阳和山东潍县有所推广。至于从美国引进的棉花品种,虽然大力推广,但不是因忽视风土条件而失败,就是因为输入的品种未加选择、不加驯化而使棉质迅速退化。虽然也有成功的例子,但是并不普遍。

(二)引进化肥

肥料是保持和更新土壤肥力的重要手段。化肥的引进是近代时期农业生产技术方面出现的一个新的因素,但是,取得成果的仅仅是个别项目和个别地区,比如硫酸铵在东南沿海地区就取得了一定的成绩。就总体而言,其成果并不显著。一般来讲,多数农民依旧主要依靠传统农家肥,有的甚至根本就不施肥。

当时所使用的化肥几乎全部来自进口,从化肥的进口量来讲,根据各埠报告载,西洋化学肥料和新式农机具大体相似,一直都没有在中国打开销路,即使是在1927年到1931年间化肥进口的高峰时期,年均输入量也不到266万担,约合317万市担。而当时全国耕地总面积约为15亿市亩,每亩平均的话,仅为0.2市斤,而且,从1931年开始,化肥进口量又开始下降,1932年到1936年间,平均还不到158万担,约合188万市斤。因此,化肥的进口对于农业生产所起的作用依然无足轻重。化肥年均进口量详见表4-8所示。

表4-8　1912年～1936年间的化肥年均进口量

年份	化肥年均进口量(千担)	指数(%)
1912～1916	774	100
1917～1921	898	116
1922～1926	1 064	137
1927～1931	2 659	344
1932～1936	1 579	204

资料来源:根据中国海关总税务司《中国海关贸易报告》计算。

(三)水利设施建设

水利设施是农业的命脉,所谓"欲田之垦,在兴水利"。而就近代中国来讲,除20世纪初期,在北方少数植棉地区的井灌有所发展外,没有修建任何大中型水利灌溉设施。在海关报告中,也根本找不到任何值得一提的水利工程的兴建。反之,倒是不断有各埠周围出现水旱灾情的报道,这说明,就连原有的水利设施也因年久失修或者遭人为破坏而不能利用了。

水利条件不断恶化,带来了一系列的严重后果。比如全国耕地灌溉面积,尤其是水田面积不断减少,根据1932年的估计,除广西、青海、西藏以外,全国水田面积仅为 2.79 亿亩,仅占全国耕地总面积的 24.2%。此后,南方稻田区面积减少的幅度更加明显,到1949年,安徽、湖北、湖南、福建、江西、云南、贵州等省的农田灌溉面积比20世纪初期下降了30%~80%。又如,水利失修和森林被毁,加大了水旱灾荒的发生频率、影响范围以及破坏程度,黄淮河流域和西北地区,水旱灾荒尤为频繁,仅以江苏、浙江、安徽、湖北、湖南六省计,10年年均受灾州县数,1846年到1855年间为201个,1896年到1905年就增加为426个,50年间增加了一倍多,① 而1928年到1931年间以及1933年到1935年间,接连发生全国性的水旱大灾。水利失修、灌溉面积不断减少以及灾荒不断,直接导致了最为严重的后果,就是土地产量和农业收成的下降,根据各省历年呈报的夏秋两季农业收成表,以10年平均计算,鸦片战争以前的30年代,大多为六七成以上,少数可以达到八成以上,到了太平天国失败以后的60年代,大多降到六成以上,少数五成或者七成以上,到了清朝晚期的10年间,多数降到仅有五成以上了,80年间降低了二成到三成。②

三、农业劳动生产率

通过以上对农用生产工具、农业生产技术的考察,我们可以看到,近代中国的农业生产力虽然有所发展,但是极为缓慢。下面我们再从农业劳动生产率的变化方面,对此作进一步的考察。

(一)农业劳动生产率的综合考察

农产品可以大致分为两类,一类为粮食作物,一类为经济作物。下面我们考察其生产的发展变化情形。

首先来看粮食作物。根据统计,就粮食总产量而言,20世纪20年代期间,是近代中国农业发展的最好时期,达到了发展的顶峰,而此后的30年代和40年代,却都呈明显的下降趋势,详见表4-9所示。

---

① 李文治,《中国近代农业史资料》第一辑,三联书店,1957年,第720~722页。
② 李文治,《中国近代农业史资料》第一辑,三联书店,1957年,第755~760页。

表 4-9　1914 年到 1947 年主要农产品总产量的变动　单位：千市担

年份	稻	麦	杂粮	总计
1914～1918	988 094	282 881	590 060	1 861 035
1924～1929	1 196 304	492 863	860 307	2 549 474
1931～1937	984 302	444 462	766 542	2 195 306
1938～1947	947 115	394 587	719 676	2 061 378

资料来源：许道夫，《中国近代农业生产及贸易统计资料》，上海人民出版社，1983 年，第 339 页。

农业劳动力人口数量是在变化的，对粮食总产量也会产生影响，如果排除农业劳动力人口数量变动对粮食总产量变动的影响，即就每一农业劳动力生产的粮食数量而言，可以看到，20 世纪 20 年代，仍然是近代中国农业生产发展的最好时期，此后 30 年代和 40 年代，仍呈明显下降趋势，详见表 4-10 所示。

表 4-10　1914 年到 1947 年每一农业劳动力生产粮食数　单位：市斤

年份	谷物				豆类	甘薯	合计
	稻	小麦	杂粮	合计			
1914～1918	759	217	454	1 430			
1924～1929	819	337	589	1 745	72	229	2 046
1931～1937	610	276	475	1 361	76	231	1 668
1938～1947	530	221	402	1 153	67	236	1 456

资料来源：许道夫，《中国近代农业生产及贸易统计资料》，上海人民出版社，1983 年，第 341 页。

近代中国人口总数也是在变化的，其对农业生产也会产生影响，如果扣除人口变动这一影响因素，即就人均粮食产量而言，可以看到，20 世纪 20 年代依旧是农业生产发展最好的时期，此后的 30 年代和 40 年代都呈衰落态势，详见表 4-11 所示。

表 4-11 1914 年到 1947 年平均每人分得粮食数   单位：市斤

年份	谷物				豆类	甘薯	合计
	稻	小麦	杂粮	合计			
1914～1918	272	78	162	512			
1924～1929	277	114	199	590	24	77	691
1931～1937	206	93	160	459	26	78	563
1938～1947	179	74	136	389	23	79	491

资料来源：许道夫，《中国近代农业生产及贸易统计资料》，上海人民出版社，1983 年，第 341 页。

其次来看经济作物。根据统计，经济作物的发展变化情形与粮食作物相类似，无论是就每一农业劳动力生产的油料作物及棉花数而言，还是就每人分得的油料作物及棉花数量而言，均以 1924 年～1929 年间的产量最高，此后都呈下降趋势。详见表 4-12 和表 4-13 所示。

表 4-12 1914 年到 1947 年每一农业劳动力生产的油料作物及棉花数

单位：市斤

年份	大豆	花生	芝麻	油菜籽	棉花
1914～1918	66				
1924～1929	188	35			13.1
1931～1937	127	33	10.4	29.8	10.0
1938～1947	93	23	5.7	33.4	5.3

资料来源：许道夫，《中国近代农业生产及贸易统计资料》，上海人民出版社，1983 年，第 341 页。

表 4-13 1914 年到 1947 年每人分得油料作物及棉花数   单位：市斤

年份	大豆	花生	芝麻	油菜籽	棉花
1914～1918	24				
1924～1929	64	12			4.4
1931～1937	43	11	3.5	10.1	3.4
1938～1947	31	8	1.9	11.3	1.8

资料来源：许道夫，《中国近代农业生产及贸易统计资料》，上海人民出版社，1983 年，第 341 页。

另据台湾学者刘克智和黄国枢的统计，无论是就近代中国农业生产的增长率而言,还是就平均土地生产率或者劳动的边际生产率而言,亦或是就土地的边际生产率而言,都是以19世纪20年代为最高。这与前面得出的结论是一致的。同时,我们还可以进一步看到,就农业生产的总量及其增长率而言,近代农业生产是有一定程度的发展,但就人均来讲,增长十分缓慢,甚至没有什么增长,相应的土地和劳动的边际生产率也几乎没有什么增长。详见表4-14所示。

表4-14 1840年到1957年中国大陆的农业生产、人均和边际劳动生产率(低估值)

	农业生产		平均劳动生产率(100卡路里/人)	平均土地生产率(100卡路里/亩)	劳动的边际生产率	土地的边际生产率
	数量(10亿卡路里)	增长率				
1840	264 503	4.52	642.00	226.46	256.80	135.87
1850	272 282	2.94	660.88	225.03	264.35	135.02
1860	268 346	−1.45	711.79	216.93	284.72	130.16
1870	260 316	−2.99	727.14	216.57	290.86	129.94
1880	261 353	0.40	710.20	222.81	284.08	133.68
1890	275 070	5.25	723.87	222.73	289.55	133.64
1900	281 638	2.39	704.10	229.72	281.64	137.83
1910	306 220	8.73	723.92	228.35	289.57	137.01
1920	334 729	9.31	709.17	234.57	283.67	140.74
1930	353 368	5.57	722.63	234.48	289.05	140.69
1957	424 915	7.50	656.75	253.23	262.70	151.94

资料来源:Paul K. C. Liu and Kao-shu Hwang, Population Chang and Economic Development in Mainland China Since 1400. 载《中国近代经济史会议论文集》(台北),第116页。

(二)农业劳动生产率的国际比较

近代中国与日本在近代化早期阶段具有诸多相似之处,[①] 但是,在此后的发展过程中,尤其是自19世纪末期起,中日两国的近代化结果开始出现巨大差异,日本已经以一个新兴资本主义国家的姿态加入到了西方资本主义国家的行列,而中国却日益陷入更为深重的危机之中。究其原因,两国农业发展状况的差别也是重要因素之一。因此,我们将

---

① 朱荫贵,《国家干预经济与中日近代化》,东方出版社,1994年,第4~6页。

近代中国与日本的农业劳动生产率变动作一比较。

根据20世纪50年代以来的学者对日本农业大量统计资料进行系统分析的结果显示,自19世纪80年代起到20世纪30年代中期止,日本的农业劳动生产率有了大幅提高,而中国则与之相差甚远。各项指标详见表4-15所示。

表4-15 近代中国和日本农业劳动生产率比较

	日本*			中国**		
	1883~1887	1933~1937	年率%	1883~1887	1933~1937	年率%
农业净产值(亿元)	9.74	28.62	2.18	99.85	166.41	1.03
每公顷耕地产值(元/公顷)	215.29	476.13	1.60	158.37	177.25	0.23
农业人口人均产值(元/人)	58.16	194.85	2.45	62.38	92.39	0.79

注:*为1928年~1932年日元,**为1936年元。

资料来源:王玉茹,《在近代化过程中日本和中国农业发展的比较研究》,《南开经济研究》,1992年第2期。

下面再把比较范围扩大,将近代中国的农业劳动生产率与西欧和北美国家作一比较,从中可以发现,中国的农业劳动生产率确实是很低的,1913年中国的人均产值比发展中国家的平均水平还要低近1/3,到1950年,虽然中国的农业劳动生产率有所提高,但是与世界其他国家相比,反倒差距更大,人均产值比发展中国家平均水平低1/3还要多。由此可见,中国的农业发展是极为缓慢的。详见表4-16所示。

表4-16 世界各国农业劳动生产率增长比较(1913、1950)

国家或地区	农业劳动力(万人)		人均产值(美元)	
	1913年	1950年	1913年	1950年
中国	13 500	17 500	340	405
美国	1 150	880	6 100	19 650
日本	1 450	1 530	1 300	2 125

续表

国家或地区	农业劳动力(万人)		人均产值(美元)	
	1913年	1950年	1913年	1950年
西欧	3 850	3 250	3 625	5 550
前苏联	3 500	3 210	1 000	1 560
发达国家	12 400	11 250	2 475	6 536
发展中国家	34 600	54 250	440	525

资料来源:王思明,《工业化、城市化和农业变化》,《中国经济史研究》,1995年第3期。

第三节 农村商品化程度的考察

农村商品经济发展的必要条件,除交通运输事业发达以保证"货畅其流"和商品市场要达到一定规模以外,最为重要的条件,就是农业生产力的不断发展,使作为交换对象的农作物不断增多。就近代中国来讲,农业生产力发展缓慢,在此背景之下,农村的商品经济究竟发展到了何种程度?下面我们就从不同角度,对近代中国农村商品化的发展程度作一详细考察。

一、农村商品化程度的纵向考察

(一)几种主要农产品的商品值和商品率

在中国传统农业中,以粮、棉和油料作物为主的种植业始终占有绝对比重,因此粮、棉、油料等几种主要农产品的商品化程度,是衡量近代中国农业商品经济发展程度的一个重要指标。

根据已有研究,粮、棉、大豆、烟叶、茶叶、柞蚕茧、桑蚕茧、土丝等几种主要农产品的商品值,从1840年到1894年间,增长了近2倍,年均增长率为1.5%;从1894年到1919年间,商品值增加了1.76倍,年均增长率约为5%;从1919年到1936年间,商品值增加了1.07倍,年均增长率依旧约为5%。① 几种主要农产品的商品值变化详见表4-17所示。

表4-17 1840年到1936年几种主要农产品的商品值　　单位：万元

	1840年	1894年	1919年	1936年
商品值	24 987.2	78 574.9	217 171.9	450 000.0

资料来源：丁长清、慈鸿飞，《中国农业现代化之路》，商务印书馆，2000年，第182页。

商品率的变化可以排除物价变动因素的影响，我们以粮食和棉花为例，计算其商品量在各自总产量中所占的比重，即商品率，可以看到，1840年～1894年间，粮食和棉花的商品率都有所增加，即增加了6个百分点，而从1894年到1936年间，商品率增加的百分点较之以前稍有提高。详见表4-18所示。

表4-18 粮食和棉花的商品率　　单位：%

年份	粮食	棉花
1840	10	27
1894/1895*	16	33
1920	22	42
1936	30	51

注：*粮食为1895年值，棉花为1894年值。

资料来源："粮食"，吴承明，《近代中国国内市场商品量的估计》，载于《中国的现代化：市场与社会》，三联书店，2001年，第291页。

"棉花"，许涤新、吴承明，《中国资本主义发展史》第二卷，人民出版社，1990年，有关章节。

因此，无论是对几种主要农产品商品值的纵向考察，还是对粮食、棉花商品率的纵向考察，都可以看到，从长期来讲，农产品商品化的程度是在不断提高的，但是同时也应该看到，农产品商品化的速度是较为缓慢的。具体分阶段来讲，从1840年到1894年间，增长极为缓慢，1894年到1936年间与前期相比有所提高，但是幅度并不很大。

(二)农产品商品值在国内商品市场中的地位

---

① 丁长清、慈鸿飞，《中国农业现代化之路》，商务印书馆，2000年，第182页。

以上对几种主要农产品商品值和商品率的考察,仅仅是就农业自身的商品化而言,下面我们再进一步扩展视野,将其放到整个国内商品市场中,考察一下农产品商品值在国内商品市场中的地位。我们以秦皇岛港等40个口岸输出贸易中农产品值在输出贸易总额中所占比重为指标。详见表4-19所示。

表4-19 秦皇岛港等40个口岸输出贸易中的农产品值统计　　单位:元

品　别	1936年	1940年
动物及其产品(生皮、熟皮、皮货及鱼蚧海产品除外)	30 112 371	49 579 929
生皮、熟皮、皮货	13 892 379	11 775 866
海蚧海产品	6 375 834	11 002 866
豆	19 481 096	32 607 238
杂粮及其制品	142 554 512	142 853 510
植物性染料	1 375 563	462 533
鲜果、干果、制果	16 740 842	14 851 550
药材香料(化学产品除外)	12 124 258	12 667 050
子仁	43 584 907	22 656 008
糖	38 168 729	6 084 473
茶	40 769 314	15 226 646
烟草(纸烟除外)	31 842 824	95 116 329
菜蔬	9 882 525	8 270 886
其他植物产品	7 392 540	12 711 251
竹	1 367 528	3 192 125
柴	2 588	68 832
藤	123 309	65 847
木材、木及木制品	7 019 529	3 102 671
纺织纤维	85 460 649	53 667 665
小计	508 271 695	495 564 399
总计	1 184 700 449	1 494 758 784
输出农产品值占输出总额的比重(%)	42.9	33.2

资料来源:韩启桐,《中国埠际贸易统计(1936～1940)》,中国社会科学院社会研究所,1951年,第34～39页。

从表4-19中可以看到,1936年到1940年间,输出农产品值在输出贸易总值中所占比重下降了近10个百分点,究其原因,在输出贸易总额增长的同时,农产品输出贸易自身却有很多品种在下降,比如木材、木及木制品、纺织纤维、藤、菜蔬、茶、糖、子仁、植物性染料、鲜果、干果制果、生皮、熟皮、皮货等。

另据吴承明先生的统计,农产品在国内市场商品总值中所占比重,1920年为42.3%,1936年为44.8%,1947年为45.8%,① 与上述结果有所不同,其原因就在于二者统计口径不同,前者为40个口岸的统计,而后者为全国统计。但是,从二者的统计中,我们可以看到,即使是农产品商品化程度有所提高,但提高的幅度不大,与此前对几种主要农产品商品值和商品率的考察得出的结论基本相同。

二、农村商品化程度的横向考察

农产品商品化不仅具有纵向发展的阶段性,而且表现出横向发展的区域差别性。农产品专门化区域的形成,加速了农村商品生产的发展,因此,对农产品专门区域的考察也是对农村商品化程度进行横向考察的重要方面。

(一)农业生产专门化区域的形成

农村商品经济的发展,还表现在农业生产的专门化上。所谓农业生产的专门化,即在一些区域专门生产一种市场生产品,而另一些区域又专门生产另一种市场生产品,而且农业的其他方面也都适应这种主要的生产品。

中国农业生产在区域上表现出来的专门化,在封建社会末期已经相当明显,鸦片战争以后,尤其是19世纪末期以后,随着农业生产商品化进程的加快,农业生产专门化趋势也发展很快。截至20世纪二三十年代,农业生产专门化已经表现得很突出了。下面就对几种主要农产品的生产专门化趋势作一详细介绍。

1.棉花。在鸦片战争以前,江苏、河北等省已经成为重要的棉产区。鸦片战争以后,棉花的种植有所扩展,但是仍主要集中在以江苏为中心区域的省份。据统计,1922年~1926年,江苏省的棉田面积占十省棉田

---

① 许涤新、吴承明,《中国资本主义发展史》第三卷,人民出版社,1993年,第733页。

面积的28.2%,江苏省的棉花产量占十省棉花总产量的29.3%。①

2. 大豆。大豆的主要产区在东北。据统计,1914年～1918年,东北大豆的种植面积占全国大豆种植面积的41.4%,东北大豆的产量占全国大豆总产量的36.6%。1924年～1929年,东北大豆种植面积占全国大豆种植总面积的比重稍有下降,为31.1%,但是产量所占比重却有所上升,为37.1%。1931年～1937年,东北大豆种植面积所占比重又有所回升,为41.8%,产量所占比重继续上升,为41.4%。1938年～1947年,东北大豆种植面积所占比重继续上升,高达全国总面积的51.7%,产量也继续上升,为48.3%。由此可见,大豆生产的专门化趋势非常显著。②

3. 花生。花生的种植主要集中在山东、河北、河南等省。据统计,1914年～1918年,山东、河北、河南三省的花生平均种植面积相当于包括山东在内的十七省种植总面积的33.8%。1924年～1929年,这一比重增加为50.1%,产量占十七省总产量的54.5%。1931年～1937年,三省花生种植面积占十七省种植总面积的比重有所下降,为46%,产量也稍有下降,为49.2%。1938年～1947年,种植面积所占比重和产量所占比重都有所下降,但是仍分别达35.5%和38.7%。③

4. 芝麻。芝麻的主要产区在河南。据统计,1931年～1937年,河南省的芝麻种植面积占全国芝麻种植总面积的比重为27.2%,产量占全国总产量的27.7%。1938年～1947年,种植面积有所增加,所占比重增加为29.5%,产量也有所增加,为29.4%。④

5. 烟叶。河南、山东和四川是烟叶的重要产区。据统计,1936年,河南、山东和四川三省的烟草种植面积占全国烟草种植总面积的比重为

---

① 章有义,《中国近代农业史资料》第二辑,三联书店,1957年,第221页。
② 许道夫,《中国近代农业生产及贸易统计资料》,上海人民出版社,1983年,第182页。
③ 许道夫,《中国近代农业生产及贸易统计资料》,上海人民出版社,1983年,第195～196页。
④ 许道夫,《中国近代农业生产及贸易统计资料》,上海人民出版社,1983年,第201页。

43.6%,产量占全国总产量的 45.1%。①

6. 蚕丝。中国生产蚕丝的历史悠久,近代时期,蚕丝的生产主要集中在浙江、江苏、广东、四川等省。据统计,20世纪20年代,浙江省的鲜茧产量占全国鲜茧总产量的比重为30%,广东为30%,四川为18.1%,江苏为10.5%,四省合计占全国总产量的90%左右。②30年代四省生丝产量占全国生丝总产量的比重也高达90%左右。③ 从而使华东地区的太湖流域和华南地区的珠江三角洲地区成为蚕丝生产高度集中的区域。

7. 茶叶。茶叶的生产分布主要集中在浙江等东南省份。据统计,1914年,浙江、湖南、福建、江西、江苏、安徽等省的种茶农户占全国种茶农户总数的比重高达79.3%,茶叶产量占全国茶叶总产量的比重为45.9%。④ 1919年,浙江、福建和安徽三省种茶农户占全国种茶农户总数的比重为24.6%,产量占全国总产量的比重为25.9%。到30年代中期,仅浙江一省的茶叶产量占全国茶叶总产量的比重就高达52%。⑤

(二)农产品商品化的区域差别

由于自然条件、经济发展进程、政治历史条件以及人文环境的差异,全国农产品商品化区域的形成表现出不同的特点。不同学者根据不同的标准,将全国划分为不同的经济区域。⑥ 总结各方观点,农业生产在区域上表现出来的特点,主要可归纳为以下几点:⑦

---

① 许道夫,《中国近代农业生产及贸易统计资料》,上海人民出版社,1983年,第214~219页。
② 《中华年鉴》,1926年。
③ 《申报年鉴》,1934年。
④ 《第四次全国农商统计表》。
⑤ 许道夫,《中国近代农业生产及贸易统计资料》,上海人民出版社,1983年,第239~241页。
⑥ 详细可参考(美)施坚雅,《19世纪中国区域城市化》,《中华帝国晚期的城市》,斯坦福大学出版社,1977年;许檀,《明清时期区域经济的发展——江南、华北等若干区域的比较》,《中国经济史研究》,1999年第2期;丁长清,《试论近代中国经济发展中的三个世界》,《近代中国经济史研讨会1999年论文集》,香港新亚研究所,1999年。
⑦ 丁长清、慈鸿飞,《中国农业现代化之路》,商务印书馆,2000年,第195页。

1. 东部地区农产品商品化程度较高。

东部沿海地区自然资源比较丰富,对外贸易也较为发达。鸦片战争以后,外国资本以这里为基地,向中西部地区推销商品,收购农副土特产品,以及南粮北调、北煤南运,使这里成为东西南北商品交流的中心。尤其是蚕桑、棉花、茶叶、烟草、花生等专业化种植区域和专业户的出现,大中城市的崛起和农村镇集的涌现,更反映出东部地区较高的商品化程度。

2. 江南较之华北农产品商品化程度要高。

江南早在清朝前期就形成了濒江沿海以棉为主或者棉稻并重的棉—稻产区、太湖南部以桑为主或者桑稻并重的桑稻产区、太湖北部和运河东北部的水稻产区等,而且江南丝棉纺织业发达,以流通为主的市镇经济发达。与之相比,华北的农场专门区域出现的较晚,而且集中程度不如江南,农副产品加工业发展和市镇经济发达程度都略逊于江南。

3. 沿江地区和铁路沿线农产品商品化程度较高。

长江是东西贸易的大动脉。长江上游(从宜宾到宜昌段)一段,由于川江主要支流都在粮食和棉花、糖、盐产区,因此这些农产品可以顺流而下,汇集到宜宾、泸州和重庆;长江中游(从宜昌到汉口段)一段,由于洞庭湖流域的开发,从而使长沙成为四大米市之一;在农产品顺流而下的同时,其他工业品则可以沿江逆流而上,由此形成了强大的商品流通流,使长江沿岸地区成为全国最大的农产品输出基地。与长江的作用相似,铁路也在商品流通中发挥着日益重要的作用,同时促进了铁路沿线农产品商品化的发展,比如陈伯庄先生在对平汉沿线农村经济作了调查之后,写道"农村的作物商品化,似已达极度,交通之赐,可谓利用无遗"。①

4. 经济作物集中种植区比粮食作物集中种植区农产品商品化程度高。

李文治先生把明清各地区的农户分为四类,并具体估算了各自的

---

① 陈伯庄,《平汉沿线农村经济调查》,交通大学研究所社会经济组专刊第四号,1936年,第40页。

商品率。买布而衣地区农户,出售产品约占农副产品总值的 30%~35%;以粮为主兼事植棉纺织类型农户,售麦、售棉、售布三者合计约占总产值的 35%~40%,其中只出售麦类或者只出售棉布的农户,出售部分仅为总产值的 20%~30%;植棉纺织专业区和专业户,出售棉花和棉纺织品占总产值的比重则约在 60%~70%,甚至高达 80%;而棉、蚕外其他经济作物同粮食作物混合种植类型区,则一般在 30%以上,50%~60%者占大多数,高者达 80%。① 从中可以看到,经济作物种植区比粮食作物种植区农产品商品化的程度要高很多。

5. 城市尤其是大中城市的郊区商品化程度较高。

根据 1951 年华东军政委员会土地改革委员会对华东地区的上海、南京,苏南的无锡、镇江、苏州、常州,苏北的南通、扬州、泰州,山东的济南、青岛、徐州,浙江的杭州、宁波、温州,皖北的合肥、蚌埠、安庆,皖南的芜湖,福建的福州、厦门等各大中城市郊区所作调查结果显示,② 在城市郊区,普遍种植蔬菜、园艺作物,以供给城市日益增长的需要,而其他农产品的种植,也主要是为供给城市需要,如杭州郊区绝大部分土地种植棉、麻、茶,苏州郊区则多种植花,山东济南郊区也是以园艺作物的种植为主。由此可以表明,在城市尤其是大中城市的郊区商品化程度相对较高。

三、农村商品化程度的其他考察

(一)经济作物在种植业中所占比重

一般来讲,经济作物的商品率比粮食作物的商品率要高,因此,种植业中经济作物面积的扩大、所占比重的增加,也可以作为衡量农村商品经济发展的一个指标。根据统计显示,1840 年到 1946 年间,经济作物在种植业中所占比重有所增加,但是经济作物所占比重始终都没有超过 20%。因此,该指标表明,近代中国农村商品化程度有所提高,但是幅度不大。详见表 4-20 所示。

---

① 李文治,《论明清时代农村经济商品率》,《中国经济史研究》,1993 年第 1 期。
② 华东军政委员会土地改革委员会,《华东各大中城市郊区农村调查》1951 年。

表 4-20 经济作物在种植业中所占比重

年份	比重(%)
1840	10.0
1914	11.1
1934～1935	12.6
1937	17.0
1938	19.0
1939	17.0
1940	19.0
1941	19.0
1942	18.0
1943	18.0
1944	18.0
1945	19.0
1946	19.0

资料来源：丁长清、慈鸿飞，《中国农业现代化之路》，商务印书馆，2000年，第204页。

(二)农产品流通市场的考察

以长距离贩运贸易路线为主构成的农产品流通市场，也是农村商品经济发展的一个重要方面，因此在考察农村商品化程度时，也必须对此作一介绍。

清代时期，在农产品的贸易中，以粮食的长距离贩运贸易最为典型，并且形成了比较固定的贸易路线。吴承明先生将粮食的长距离贩运路线归纳为以下10条：[1]

1. 南方六省漕粮（包括商运）经由大运河北至京畿、山西、陕西。
2. 奉天麦豆海运天津、山东。
3. 奉天豆麦海运上海。
4. 河南、天津麦粱运山东临清。
5. 汉口麦谷经汉水运陕西。
6. 安徽、江西米运江苏、浙江。

---

[1] 吴承明，《中国资本主义与国内市场》，中国社会科学出版社，1985年，第255～263页。

7. 湖南、四川米经长江运江苏。

8. 江浙米由上海运福建。

9. 台湾米海道运福建。

10. 广西米经西江运广东。

19世纪末期以后,农产品贸易规模有所扩大,贸易品种也有所增加,因此在原有贸易路线的基础上,又出现了一些新的贸易路线。大致归纳如下:①

1. 四川、浙江、江苏、山东等地的丝向上海集中。

2. 汉口、安徽、江浙、福建等地的茶叶向上海集中。

3. 江苏无锡、常熟、江阴、松江等地的棉花销往上海。

4. 河北、鲁北的小麦和棉花向天津集中。

5. 东北大豆经由大连出口。

6. 河南、鲁南、两淮的小麦运往上海。

清代长距离贩运贸易的粮食总量较之明代已经大为发展,仅以上10条路线,总计运销粮食年约3600万石,除漕粮外,亦在3000万石以上,即为明代的3倍有余。因此,粮食长距离贩运贸易路线的形成与发展,标志着清代时期农村商品经济已经有所发展。但是,另据吴承明先生的估算,在粮食的总商品量中,长距离运销所占比重仍很有限,仅为国内商品粮总量的21.6%,且还有部分是用于与手工业品或者经济作物调剂余缺,并不属于真正的商品流通。因此,这就从一个方面反映出清代农产品流通市场的狭隘性,而这种农产品流通市场的局限性和狭隘性又形成了农村商品经济发展迟缓的重要原因。②

(三)农村各阶层对市场的依赖程度

农村各阶层对市场的依赖程度也可以作为衡量农村商品经济发展程度的指标。具体来讲,我们以货币在农村各阶层经济收支中所占的比重的变化和城市人口在总人口中所占的比重的变化作为衡量指标。

---

① 丁长清、慈鸿飞,《中国农业现代化之路》,商务印书馆,2000年,第304页。
② 吴承明,《论清代前期我国国内市场》,《中国资本主义与国内市场》,中国社会科学出版社,1985年,第259页。

1. 就货币在农村各阶层经济收支中所占比重的变化而言,虽然各地区、各类农户的货币支出和货币收入在其全部支出和全部收入中所占比重不同,但总体来讲,根据统计结果显示,一般都在50%左右。1950年7月,中央人民政府农业部编印的《华北典型村调查》(1949年度),对20世纪40年代末期华北地区农家所需日用品、生产投资、农民负担和其他支出中的自给与购入部分作了系统调查,可以看到,除日用品和家具、婚娶、送礼、医药、教育、娱乐、酒等项的支出以购入为主外,农民生产投资和农民负担自给部分所占比重仍保持在65%以上。因此,农民生活在很大程度上还基本保留着自然经济的特征,对市场的依赖程度还极为有限。详见表4-21所示。

表4-21 农家所需日用品、生产投资、其他支出和负担中的自给与购入比较表

单位:%

类别	自给部分所占比重	购入部分所占比重
日用品*(每人每年平均折米)	28.41	71.59
生产投资**(每人每年平均折米)	65.75	34.25
农民负担***(每人每年平均折米)	92.00	8.00
农民其他支出****(每人每年平均折米)	30.32	69.78

注:*包括布、棉花、线、麻皮、针、火柴、食油、盐、酱、醋、肉、糖、碱、烟草、灯油、煤柴和其他等项,是对华北84县191村农家所作的调查。**包括种子、肥料、农具、修理、工时、工资、买地、买牲口、买猪、买羊、饲料、牧草、商业投资、工业投资等项,是对81县187村所作的调查。***包括粮食部分和其他部分,是对华北81县177村30 981个农民所作的调查。****包括家具、婚娶、送礼、医药、教育、娱乐、酒及其他等项,是对华北81县191村32 947个农户所作的调查。

资料来源:丁长清、慈鸿飞,《中国农业现代化之路》,商务印书馆,2000年,第210～221页。

2. 就城市人口在总人口中的比重而言,根据徐新吾先生的统计,从1840年到1952年,中国近代市镇人口在全国总人口中所占的比重由5%提高到12%左右,相应地,乡村人口所占比重则由95%减少到88%。虽然总体来讲,城市人口所占比重有所提高,农村人口所占比重有所降低,但是变化的比例却很小。到1952年,农村人口所占比重仍然高达88%。详见表4-22所示。

表 4-22　1840年～1936年城市人口在全国人口中所占比重　单位:%

年份	城市人口所占比重	农村人口所占比重	总计
1840	5	95	100
1860	6	94	100
1894	8	92	100
1913	9	91	100
1920	10	90	100
1936	12	88	100

资料来源:许涤新、吴承明,《中国资本主义发展史》第二卷,人民出版社,1990年,第313页。

货币在农村各阶层经济收支中所占比重以及城市人口在总人口中所占比重的变化情况,反映出近代中国农村商品经济是有所发展的,但是发展程度依旧不高,农村经济仍然保持着半自给的状态。

思考题

1. 简述近代土地制度的变化。
2. 简述近代农业生产力的发展变化。
3. 试从不同角度论述近代农村商品化发展的程度。

参考文献

1. 李文治,《中国近代农业史资料》第一辑,三联书店,1957年。
2. 许道夫,《中国近代农业生产及贸易统计资料》,上海人民出版社,1983年。
3. 严中平,《中国近代经济史统计资料选辑》,科学出版社,1955年。
4. 丁长清、慈鸿飞,《中国农业现代化之路》,商务印书馆,2000年。
5. 许涤新、吴承明,《中国资本主义发展史》第二卷,人民出版社,1990年。
6. 许涤新、吴承明,《中国资本主义发展史》第三卷,人民出版社,

1993年。

7. 刘佛丁、王玉茹、赵津,《中国近代经济发展史》,高等教育出版社,1999年。

8. 刘克祥、陈争平,《中国近代经济史简编》,浙江人民出版社,1999年。

9. 吴承明,《中国资本主义与国内市场》,中国社会科学出版社,1985年。

10. 施坚雅,《中华帝国晚期的城市》,斯坦福大学出版社,1977年。

11. 丁长清,《中国古代的市场与贸易》,商务印书馆国际有限公司,1997年。

12. 朱荫贵,《国家干预经济与中日近代化》,东方出版社,1994年,第4~6页。

13. 许檀,《明清时期区域经济的发展——江南、华北等若干区域的比较》,《中国经济史研究》,1999年第2期。

14. 章有义,《海关报告中的近代中国农业生产力状况》,《中国农史》,1991年第2期。

15. 章有义,《本世纪二三十年代我国地权分配的再估计》,《中国社会经济史研究》,1988年第2期。

16. 丁长清,《试论中国近代农业中资本主义的发展水平》,《南开学报》,1984年第6期。

17. 丁长清,《试论近代中国经济发展中的三个世界》,《近代中国经济史研讨会论文集1999》,香港新亚研究所,1999年。

18. 陈廷煊,《近代中国地主土地所有制下的租佃关系》,《中国经济史研究》,1991年第4期。

19. 刘建中,《近代中国农业生产力的综合考察》,《历史教学》,1992年第11期。

20. 王玉茹,《在近代化过程中日本和中国农业发展的比较研究》,《南开经济研究》,1992年第2期。

第五章

工业的发展道路

近代中国历史充满了动荡与变革,而中国工业化道路上的第一次尝试正是这乱世中一段精彩而悲壮的旋律。19世纪,大机器生产和新的社会组织结构席卷全球,美、英、德等国迅速进入工业化阶段,聚敛了大量的财富,成为工业强国。当中国面对紧随着鸦片和枪炮而来的大量机器工业制品时,历届政府、民族商人以及手工业劳动者都不得走上机器生产的工业化之路。然而,在那段内忧外患、战乱不断的时期,轰轰烈烈的洋务运动、几起几落的民族工业甚至国家扶持的垄断资本都难以取得全面和长足的发展,更无法承担起完成中国工业化的历史重任。

第一节　近代工业的兴起(1840～1894)

工业及工业化一直是近代以来经济史学和现代经济理论所关注的重要问题。而中国的近代工业,是在半殖民地半封建的特殊历史条件下发生和发展的,从无到有,经历了一个复杂、艰难而缓慢的过程,但仍仅仅完成了工业化过程中的开端,中国工业化的实现任重而道远。

与人力手工小规模的传统生产方式相区别,近代工业通常是指采用动力和机器进行生产,并雇用三十人以上工人的工厂。本章所讨论的近代工业,除包括机器生产的制造业、矿业和公用事业外,还包括新式的交通运输业,如铁路、轮运和公路等。

一、外资在华经营的近代工业

在特殊的历史条件下,近代中国机器工业并非由本国原有手工业进化发展而来,而是在"外国资本主义的刺激"下从西方引进的。不论是在中国近代工业产生的 19 世纪 70 年代之前还是之后,大多数部门中原有的手工业,并没有发展成为使用机器生产的近代工业。① 机器工业是 19 世纪上半期西方工业革命的产物,虽然也包含了在手工作坊里使用的雇佣劳动,但是从生产力和生产组织形式上看,代表明清资本主义萌芽的工场手工业与近代的工厂式企业有着本质差异。强调中国近代工业不是明清时期资本主义萌芽直接发展的结果,但不等于说,19 世纪六七十年代出现的近代新式企业同之前的资本主义萌芽毫无联系。历史地看,资本主义萌芽是近代工业产生和发展的重要的社会环境与前提条件。汪敬虞先生认为,资本主义萌芽为近代机器工业准备了雇佣劳动的条件,并提供了熟练工人。西欧的机器工业其实也是在长达 250

---

① 详见《论中国资本主义两个部分的产生》,《汪敬虞集》,中国社会科学出版社,1999年,第 42～57 页。

年的工场手工业的基础上建立的,除了大量的熟练技术工人外,组织安排、意识形态和社会环境都有了一定的基础和准备。另外,资本主义萌芽为近代工业的建立准备了市场和运输前提,即突破区域限制的大市场和长距离贩运网络。①

19世纪中叶,西方资本主义国家的机器工业中已经广泛推行标准部件的生产方法,价格相对低廉的工作母机被大量生产。鸦片战争后不久,到19世纪60年代外国商人为了贸易和航运的需要,先后在香港、广州、上海等地开办了船舶修造厂,修理和制造配备蒸汽动力的轮船。船舶修造业是外国资本最早在中国经营的近代工业。

19世纪60年代中期外资茶叶加工业兴起,当时外资出口商品加工业中最为兴盛的就是砖茶制造业。俄国商人在汉口、九江、福州等地相继建立茶厂,几乎垄断了这些地区的砖茶制造业。随着上海等口岸租界的扩张,外国资本还在中国开办了打包、铁工、炼钢、印刷、榨油、自来水厂等新式企业。据不完全统计,从1845年英商在广州开办修理船舶的柯拜船坞起,到1895年列强正式取得在中国的设厂权,外国资本在中国非法设立的工厂至少已有100多家,其中英商开办的约63家,美商开办的约7家,俄、法、德商开办的约33家。② 甲午战争前,外国对华工业投资额达到1 424.5万美元。③ 工业资本中估计的中外资本比例见表5-1所示。

表 5-1　中国工业资本估计

(1894年)　　　　　　　　　　　　　单位:万元

	合 计	外国资本	本国资本
制造业	4 461.0	2 791.4	1 669.6
矿业	598.6	—	598.6
交通运输业	3 893.0	2 642.1	1 250.9
合 计	8 952.6	5 433.5	3 519.1

资料来源:吴承明,《中国资本主义与国内市场》,中国社会科学出版社,1985年,第51～55页。

---

① 徐涤新、吴承明,《中国资本主义发展史》第一卷,人民出版社,1985年,第738页。
② 孙健,《中国经济通史》,中国人民大学出版社,2000年,第708页。
③ 吴承明,《中国资本主义与国内市场》,中国社会科学出版社,1985年,第16页。

西方列强在华投资建厂，客观上不可避免地引起中国经济和社会性质发生某些的变化。首先，列强在华开设新式企业，为封建社会的中国注入了新的生产方式，并以其先进的生产技术、管理方式和高额的利润、优质的产品，逐步引起中国人的注意，乃至直接仿效，从客观上为近代中国工业的兴起起到了示范和带动的作用。上海地区原有的锻铁、冶铸、铜锡器以及其他一些手工业不少与外资工厂发生业务联系，开始引进外国设备，逐渐由手工作坊向机器工业转化。

其次，外资企业聘用中国商人为买办和职员，或出任董事参与企业经营，使这些旧式商人逐渐转变为精通业务的新式企业经管人员，而且这些买办也由此积累了大量的商业资本，后来有不少人成为自办近代工业企业的创办人和经营者。如洋务派所办的各民用企业，几乎全部由买办担任经营管理之职，在1911年前创立的商办企业中，由买办创办和管理的至少有50家之多。①

最后，外资企业雇用大量的中国工人，不仅使中国产生了第一代产业工人，而且为后来华资企业的产生和发展提供了部分技术工人来源。如在广州、上海外资船舶修造厂中成长起来的中国工匠，从19世纪60年代起不断受聘于中国的官办和商办企业。洋务派代表人物之一的张之洞曾指出："粤工多习洋艺，习见机器，于造枪、造弹、造药、造雷，皆知门径；香港素多铁工，尤易招致。"②

二、洋务运动中的近代工业

虽然西方资本主义的冲击对近代中国工业化的启动有着关键的作用，近代中国工业化的真正动力还是来自以"富国强兵"为起点的内在追求。产生于洋务运动时期的工业企业是中国走上工业化道路的标志。洋务运动起自19世纪60年代，止于1894年甲午战争。它以"富国强兵"、维持旧的封建统治秩序为目标，内容十分庞杂，涉及军事、经济、政

---

① 汪敬虞，《中国近代工业史资料》，中华书局，1962年，第979～981页。
② 张之洞，《张文襄公奏稿》(1928年刊)，第11卷，第21页。转引自孙毓棠，《中国近代工业史资料》，第1辑，下册。

治、外交等。单就其与近代工业有关的军事和经济方面,主要是以购买西方新式设备,制造武器、船舰,创办近代军用工业为发端,进而发展到近代民用工业的初步建立。从时间上,在19世纪70年代~80年代以前,它大致侧重于"自强",即以军事、造船为重心的官办军用工业;到了80年代以后,它又运用"官督商办"的组织形式,创办了一些民用工业。

(一)军用工业

从历史的发展来看,生产技术的发展和社会前进的跳跃,常常归因于不惜一切代价寻找新式的更为有效的先进军事技术。中国工业化道路正是从被迫向西方购置和学习制造先进武器和制造技术而开始的。1860年《北京条约》签订后的十几年中,引进西方军事技术成了清政府的一个主要课题。1861年,曾国藩首先在安徽设立了安庆内军械所。李鸿章1862年在江苏苏州设立制炮局,1865年在上海创立江南制造局,后者既能生产新式装甲快艇,也能制造步枪、火炮、火药和子弹等武器,它是洋务运动中规模最大的军用企业。从1864年以后的30年间,由清政府直接拨款到各省督抚自筹经费,李鸿章、曾国藩和左宗棠等人在福州、南京、天津、西安、昆明、广州等地,先后耗资5000多万白银,[①]共建立了规模不同的近代军用企业达24个之多,江南制造总局、金陵制造局、福州船政局和天津机器局是四个规模最大的新式军用企业,它们在1865年以后的短短3年中相继建成。张之洞的湖北枪炮厂,1890年并入1885年于广州设立的广东枪弹厂后,成为另一个在规模上与江南制造总局不相上下的大型制造局。

清政府的官办军用工业并非资本主义性质的商品生产,其目的是为了给清军提供新式装备,产品并不投入市场,基本上由清政府无偿调拨给各地清军。例如,天津机器局供应各地清军军火一向不按价值计算,"外省各路请拨者,统计还价无几,皆由津局竭力应付"。[②]但引进这些西方资本主义国家的机器设备和生产技术,使用雇佣劳动,在本质上已不同于封建时期传统的官府手工业。更重要的是,官办军用工业开启

---

① 陈争平、龙登高,《中国近代经济史教程》,清华大学出版社,2002年,第69页。
② 中国史学会主编,《洋务运动》,第四册,上海书店出版社,1961年,第272页。

了中国近代工业发展的历程,也引发了官办、官督商办和商办新式工矿企业的产生。同时,随着时间的推移,官办军用工业也部分地向民用企业转化,开始进入市场。

(二)民用工业

"自强"不仅仅需要武器。经济中任何产业都不是孤立的,各个产业之间的前向后向联系是很自然的。首先,军用工业需要大量的铜、铁原料和煤炭燃料,靠原有手工生产方式或者进口原料,都很难满足需求;其次,交通运输问题,新式军用工业无论原料燃料还是成品的及时运送都需要新式运输工具;最后,新式军用工业的经费拮据问题,对于财政困难的清政府来说,必须另辟财路,才能长久维持军工生产。

洋务派创办民用工业的活动是从受到西方冲击最大的航运业开始的。李鸿章等清末官员,一方面为了解决漕粮运输问题,另一方面又目睹新式轮船运输可获得优厚的利润,因此招商集资,拨垫官款进口轮船,1872年在上海成立了轮船招商局。此后,开平煤矿、天津电报总局、上海机器织布局以及汉阳铁厂等6个大型民用工业企业相继创立。同一时期,洋务派还创办和支持了40余个中小型民用企业。总的来说,洋务派所创办和支持的民用工业已涉及航运、采矿、电信、铁路、纺织、冶铁等部门,而且规模巨大。到1894年,民用工业资本总额达3 961万元,加上军用工业资本总额1 071万元,合计达5 032万元,占当时中国工业资本总数6 749万元的74%以上,[①] 成为当时中国近代工业的主体。

洋务运动中创办的近代工业,标志着新的生产力在中国自己的企业中诞生,构成了中国工业史上的一个重要开端。洋务运动还培养了中国最早的一批外语和科技人才,到1896年为止,洋务派创办的外语、科技学校约有21所,著名的有同文馆、广方言馆等,译介了一批西方自然科学及近代生产技术的书籍。这些官办企业和学校培养了大量的科学技术专家,如著名的铁道工程专家詹天佑、翻译家严复、数学家华蘅芳等。另外还培养了一大批掌握近代机器生产的技术工人,在这些工业企

---

① 徐涤新、吴承明,《中国资本主义发展史》,第二卷,人民出版社,1985年,第1057~1058页。

业中有近 4 万名生产工人。

三、商办近代工业

在洋务派以官督商办、官商合办的形式开办的民用工业中,一些官僚、绅士、买办、商人投资认股,成为企业的股东、董事,有的还直接主持或参与企业的策划、筹建和经营管理,在企业充当督办、总办、合办、帮办等职。正是在外资企业和这些官督商办企业的投资与经营管理中产生了中国第一代工业资本家。19 世纪 70 年代以后,商人独立投资的工业企业开始兴起,投资近代机器工业的人数明显增加,不仅越来越多的买办、商人、华侨独立兴办企业,而且部分手工作坊也开始使用机器生产,传统的手工作坊发展为近代工业。

商人资本经营的近代工业,以机器缫丝业出现得最早。1872 年,广东南海侨商陈启源回国,在家乡创办了国内第一家机器缫丝厂——继昌隆缫丝厂。陈启源仿照法国式丝车对广东丝车作了改进,新车比旧式车劳动生产率有所提高,质量也好,以后又改用蒸汽动力缫丝。继昌隆缫丝厂"出丝精美,行销欧美两洲,价值之高倍于从前"。由于继昌隆获利丰厚,因而带动了当地新式缫丝业的发展。上海从 1882 年以来,民间资本也设立了几家缫丝厂,如 1882 年,公和洋行买办黄佐卿开设了公和永丝厂,此后,上海华商丝厂不断增加,上海丝厂资本额都比广东高,且都使用蒸汽动力,丝车也采用较为先进的意大利式。

紧随其后,在 19 世纪 70 年代～80 年代,国内已形成一个私人办厂的小高潮。比如,棉纺织业中的上海机器织布局(后因故改为华盛纺织总厂),上海和广州两地的船舶修造业的代表陈联泰机器厂,自 1875 年李鸿章等奏准在直隶、台湾试办采矿以后大量兴起的民间采矿业等。另外,面粉、火柴、造纸、印刷等业的经营也相当早。

在鸦片战争以后,中国成为了一个半封建半殖民地的社会。在这样的一个社会里,出现近代机器工业,不可避免地带来了生产的变革与社会的变革,促进了生产力在某些方面的新发展。但是,近代工业的发展,因其所处的时代背景、社会环境和技术制度基础,毫无疑问是一个身临内忧外患而艰难坎坷的缓慢发展的过程。在政治上,有列强的激烈竞争和封建社会的执拗顽抗;在经济上,既有技术和生产力的全面落后,又有传统小农经济生产结构的坚韧阻碍。因此,近代中国的工业企业自然有其不同于西方工业国家的特点。

首先,早期的商办新式企业,主要是由官僚、买办、商人三部分人组成,此外还有少部分的地主、手工业作坊主和归国华侨等,大部分投资较少,规模小,无法与资本主义国家的企业包括在华投资的一些企业相比,即使比起中国官办和官商合办的企业来说,也相差甚多。

1872年～1894年间,包括商办、官办或官商合办以及中外合办在内的三类企业中,资本在1万元以上的共有74家,平均资本为88 970元;而19个官办或官商合办的企业却有资本16 203 098元,平均每个企业有852 794元,为商办企业资本的九倍以上。①商办船舶机器厂有一个共同的特点是:资本薄弱,设备简陋,经营范围十分狭窄。在市场竞争中,他们同外资船坞和设备齐全的船厂相比,差异悬殊,无法与之进行较量,而只能从外国船厂分取一些零星的舱面修理业务,或为他们加工某些零部件。他们在与外资船厂的关系上,始终处于一种从属地位。

在早期,大多数买办商人的资本活动仍以地产和商业流通等旧式产业为主,只是把小部分的资金投入近代工业。比如,买办叶澄衷,以独家经销美孚石油公司的美孚火油而积资巨万,除以一部分资本扩大买办商业活动外,大部分资本投资于房地产、钱庄和经营船舶运输业。此外,他还以一部分资本在汉口、苏州创设燮昌火柴厂,在上海组设纶华丝厂等。但他在近代工业方面的投资,还不到其资产总额的1/7。

其次,中国近代机器工业的产生有其独特的道路。商办工业是从轻工业和小规模的采矿业开始的。这本来是工业发展的一般规律,因为轻工业投入较少,资金回收快,利润较高。但是中国商办工业的发展道路还是与中国社会的半殖民地半封建的性质息息相关。此时,自给自足的自然经济结构是在棉纱、棉布、火柴等外国产品的冲击下开始解体,同时,列强的原料掠夺也增加了对某些产品如生丝、茶等的需要,而更广大的农村仍然还维持着家庭手工业和农业结合的自给自足的生产,未

---

① 严中平,《中国近代经济史统计资料选辑》,科学出版社,1955年,第93页。

能形成工业产品市场，所以只有生产这些产品的轻工业才是比较有利可图的。这就使得这些新式工业企业，不得不面临来自国外的同类产品的激烈竞争和各种手段的倾销。

第二节 近代工业的曲折发展(1894~1949)

中日甲午战争前，各资本主义国家在经济上对中国的侵略方式，主要是商品输出。这一时期，它们在中国所设立的工厂并不多，规模也很小，基本上都是为了商品输出服务。甲午战争之后，一方面西方各国侵华特权进一步扩大，取得了在华设厂制造的合法权利，它们对中国实行疯狂的经济侵略，从商品输出阶段进入资本输出阶段；另一方面中国政府和民众都进一步意识到民族的生存危机，对工业化的主观追求日益强化，逐渐形成寻求官民合作谋求国家富强的潮流。因此，1895年~1898年，大量工业企业创立，形成甲午战争后工业发展的第一个高潮；1900年以后由于受外资和外货的压迫，设厂出现低落现象；1905年左右，由于日俄战争的关系，某些工业得到了一定的发展空间。

中华民国建立后，尤其是从第一次世界大战后期开始，工矿交通业发展速度加快，据叶孔嘉的估算，1914年~1936年间，中国工矿业的年增长率为7.7%，新式运输业的年增长率为4%。工矿交通业在第一次世界大战期间经历了发展的黄金时代，战后虽然一度遭遇了经济萧条和30年代初期的经济危机，但从总体上看，这22年间其发展取得了较为显著的成绩。到1936年时，中国工业的产值增加为801.733百万元，较1914年增加了4.1倍。交通运输业产值为316.321百万元，较1914年增加近1.4倍。[①]

从工业本身看，这一时期发展迅速，但中国经济作为一个整体，直

[①] 刘佛丁、王玉茹、赵津，《中国近代经济发展史》，高等教育出版社，1999年，第135~138页。

至解放前仍然是很不发达的,工业的增长对其他部门的冲击很小,并未使整个经济结构得到改造。农村一家一户的自然经济结构根深蒂固,即使没有受到日本入侵的打断,近代工业在原有的轨迹上继续运行下去,也很难能实现国家的工业化。

一、清末民初的近代工业(1895～1927)

面对帝国主义列强侵华的加剧,清政府被迫实行了多项"振兴实业"的重要举措,以挽救自己生存的危机,要求各级官员劝工兴商,号召民间兴办实业。为了适应振兴实业的需要,清政府于1898年设立了矿务铁路总局和农工商总局,于1903年设立了商部,1906年又改商部为农工商部,并设立邮传部主管铁路和电报事宜。除了这些政策和机构改革之外,清政府还各方筹借款项,扩充旧有官办企业,开办新设企业,并将一些官办企业改为官督商办企业,以改变其亏损的局面。与此同时,在日益疯狂的外国侵略的刺激下,在清政府鼓励商办企业政策的影响下,民众投资兴办实业逐渐形成一股热潮,使商办工业得到了长足的发展,开始成为中国工业化的主导发展方向。

工矿企业数量增加、规模扩充和产业种类扩大,就工矿企业数量的增加而言,在1895年至1913年间,资本在1万元以上的新式工矿企业,共设立了549个,资本总额为12 029.7万元,其中以官办、官督商办、官商合办的形式新建工厂86家,资本额2 949.6万元,约占新增加厂矿资本总额的1/4。① 这些新建的工矿企业,包括军用和民用工业两个方面。在建立新的军用工厂方面,清政府不遗余力,先后新建了山西制造局、江西子弹厂、河南机器厂、湖南枪厂、北洋机器局等5家。在地区分布上比甲午战争前更为广泛,除了新疆、西藏等少数地区外,几乎各省都有了相对独立的军火生产厂。不过这些新设工厂规模都很小,除了北洋机器局外,其他几乎雷同于机器修理厂。除了新建企业外,这次工业化热潮还包括对原有企业规模的扩充,主要是对原有军用企业的扩充。

---

① 汪敬虞,《中国近代工业史资料》,第2辑,下册,中华书局,1962年,第869～919。

另外,丝纺织、制革、水泥、印刷等一些新的产业出现了,诸如湖北织布、缫丝、制麻、纺纱四局,苏州的苏纶纱厂和苏经丝厂,武昌毛呢厂、皮革厂、度支部印刷局,广东水泥厂、启新洋灰有限公司,南洋印刷官厂,汉口度支部造纸厂等。

北洋军阀统治时期,民族工业发展迅速。据农商部注册的顺序号码统计,自1912年至1927年11月止,批准注册的工商企业共1627家,平均每年102.8家。① 从所注册的企业内容来看,纺织、矿业、化工、机械、电业、航运、火柴、医药以及农、林、牧、渔、水利等企业,均得到发展。工商注册虽不能完全反映出这一时期民族工业的发展状况,但从中可以看到,辛亥革命后中国的民族工业确实有了比较大的发展。

这一时期发展速度最快、幅度最大的当推轻工业。纺织工业、食品工业等各个部门都有相当进步,特别是纺织和面粉工业,成为民族工业的两大支柱。辛亥革命后,特别是第一次世界大战期间,由于各帝国主义国家忙于战争,外国棉纺织品的输入大大减少,华裔纱厂普遍盈利,因而在第一次世界大战爆发后,国内掀起一个棉纺织建厂高潮。据统计,从1890年~1911年国内设厂31家,而1912年~1928年间,新建棉纺织厂达71家之多,建厂速度大大加快。另外,由欧美输入中国的面粉大为减少,而日本、俄国等国家转而从中国进口面粉,从而刺激了中国面粉工业的发展,1912年~1928年间国内新建立的面粉厂达到177家,平均每年有11家之多。② 由于面粉工业的发展,中国的面粉远销英、法、土耳其、日本、俄国及东南亚等地。除上述两大支柱外,榨油工业和火柴工业的发展也十分突出。轻工业方面发展较快的还有造纸业、丝织、制碱、橡胶、卷烟、针织、皮革、制糖、制烛及食品罐头等行业。北洋军阀政府还相继兴办了一批军火工厂以及扩充整顿了原有的船舶制造厂,又陆续兴办了一批煤、铁公司。一战爆发后,由于列强放松了对华侵略,民族资本积累增加,也逐渐转向重工业领域投资。然而在这方面民族资本的力量很微弱,外资企业在重工业领域仍占绝对优势。

---

① 陈真,《中国近代工业史资料》,第1辑,三联书店,1957年,第14页。
② 严中平,《棉纺织史稿》,科学出版社,1955年,附录一。

北洋军阀统治时期是中国工业发展的第一次高峰,存在下述几个特点:第一,大小企业并举,以中小企业为多,技术落后、竞争力低下。工商业已开始出现资本相对集中和两极分化的现象,这也说明企业资本力量的薄弱。第二,企业集团的出现。这一时期,随着资金相对集中的大企业的发展,以它们为中心的企业集团开始出现。比如,家族性企业集团无锡荣家的三新系统企业集团、南洋华侨郭氏兄弟在上海创办的永安系统企业集团,地区性的以周学熙为主的华北企业集团等。这些企业集团规模巨大,资本丰厚,在其所在的行业和地区内处于骨干和中心的地位。第三,负债经营。这一时期,民族工业虽有较大发展,但是许多大型企业和集团企业是依靠举借大量内外债才得以开办和维持经营的。最典型的如荣家集团,几乎是在借款的基础上建立和发展起来的,其两个主要子系统——富新面粉厂系统和申新纺织厂系统,从一开始建立就大量举债,至1923年,借入资本分别是自有资本的184.2%、177.7%。① 这种负债建厂和经营,除了说明民族工业资本力量的软弱之外,实质上也反映了当时在畸形利润刺激下的盲目发展倾向。

由于上述特点和隐患的存在,第一次世界大战结束后,随着西方资本主义势力卷土重来,许多华资企业又相继陷入困境,或停业,或倒闭,或拍卖。中国工业的发展从1922年、1923年起又转入短暂的停滞期。

二、南京国民政府时期的近代工业(1927～1936)

南京国民政府成立以后,国民政府采取了一些有利于工业发展的法规和措施。比如南京政府颁布了一系列鼓励投资、奖励发明创造、改善市场条件的法规,没收和接办北洋政府企业,建立国家资本工业等。上述政策有利于对工业生产尤是民营企业的奖励与扶植,尽管大多停留在纸上,实际行动较少,但在客观上对工业起了一定的推动作用,使这一时期的工业在艰难曲折的道路上得到了较大的发展。

1. 棉纺织仍然是国内最主要的工业行业。由于1925年"五卅运动"中全国抵制英、日货行动对国货销售的促进,华资棉纺织业也从

---

① 《荣家企业史料》,上册,上海人民出版社,1962年,第113～114页。

1922年以后的萧条中逐渐恢复过来,1927年全国华裔纱厂已达119家,纱锭368万枚,此后不断增加,1929年纱厂增为127家,纱锭增为420万枚,1930年纱厂增为130家,纱锭增为450万枚,棉纱产量由1927年的2 073万包(每包重500磅)增为1930年的2 381万包,净增为450万枚。但不久后,由于30年代农村经济危机,加上国际上主要资本主义国家向中国转嫁经济危机,使银价和银汇率上升,中国国际贸易条件恶化;日本占据东北,使东北市场消失,同时大量日货涌入等,加深了中国棉纺织业市场的困难,从1932年到1935年,主要华资棉纺织厂的资本纯利润快速下滑,机纱产量逐年下降,纱厂机布产量亦降。到1935年11月以后,南京国民政府实行币制改革,1936年国内农业丰收等因素,才促进了纺织品的销售,中国棉纺织工业于1936年出现明显的回升,尤其是机织工业的布机数和产布量都达到了近代史上的最高峰。

2. 缫丝业是纺织业中的另一重要行业。当时国内机器缫丝工业主要集中在上海、无锡、广东三地,其他如浙江、四川、山东、辽宁等省也有一些机器缫丝业,但所占比重极小。在1927年~1930年间,曾经出现机器缫丝工业发展的高潮,上海的丝厂开工数从1926年的84厂增至1930年的111厂,同期丝车数从19 490部增至26 175部;无锡的丝厂开工数也从1926年的24厂增至1930年的49厂。但是,与棉纺织业相同,国内缫丝业工业在1930年~1936年也急剧下跌。[①]

机制面粉工业原来曾是仅次于棉纺织业的华商工业。日本帝国主义发动"九·一八"事变后,东北沦陷,民族面粉工业丧失了近一半的销售市场。加上世界经济危机的影响,华粉外销锐减,从而使大量廉价洋粉入侵,华商粉厂大量停歇。

3. 化学工业。1928年~1937年间,民族化工工业有明显的发展。在近代中国化工企业界,在天津创办的永利制碱公司的范旭东和创办上海天厨味精厂的吴蕴初,当时有"北范南吴"之称。其中,永利公司生产的红三角牌纯碱在1928年美国费城万国博览会上荣获金奖;1937年上半年永利所占国内碱类市场的份额已超过了外商公司,打破了中国

---

① 徐新吾主编,《中国近代缫丝工业史》,上海人民出版社,1990年,第322~327页。

碱类市场初期被外人垄断的局面。

4.冶矿业和军事工业。南京国民政府建立以后,十分重视矿业的发展,于1928年设立了建设委员会专理矿业企业的接管和创立。另外,南京政府于1930年还颁布了《矿业法》,对划归国营的矿产作了更广泛的规定。资源委员会曾于1935年制定了一项三年建设计划,其中包括很多矿业方面的内容,其中有些在战前已经着手进行。这一时期煤炭生产的机械化程度不断提高,新增煤产量绝大部分来自机械产煤。

机器工业是中国近代工业中产生最早的行业之一,但在相当长的一段时期内,主要是为外国在华轮船和各类企业的机器提供修理业务,对于外国资本的依附性很强,竞争力弱,不能从根本上改变对外国资本的依附地位就不可能改变其小型、分散的特点。但是在这10年中,机器工业还是有很大的发展:企业数量迅速增加,一批较大型的企业发展起来了。如大隆机器厂,1937年的资本达到了100万元。根据1933年一个并不十分完整的调查,上海机器工业中资本额在1万元以上的企业有114家,其中资本在10万元以上的有19家。[①]从技术上看,民族机器工业的业务由以修理和制造零部件为主,开始转向仿制一些技术要求不是很高的机器,成本低,售价低,可以满足当地工业的一部分需要。

在1927年~1936年这10年中,民间私人资本有一定的发展,这是北洋政府时私营经济较为自由发展的一种惯性的继续,也是在南京国民政府未及全面垄断经济的条件下取得的成果。私营经济的发展不仅表现为总量和行业的增加,而且表现为资本集中。与靠行政和政策手段实现的政府集中相反,资本集中是随着经济的发展自然而然地出现的,符合经济规律和经济发展的需要。在不利的市场条件和在华日本纱厂的压迫下,华商纱厂在发展过程中很早就出现了集中倾向。荣氏的申新纺织集团,在北洋军阀政府时期就致力于兼并和扩展集团的实力,1927年又投资于上海恒大隆记纱厂,1929年收买英商东方纱厂,1931年收买上海厚生纱厂和三新纱厂;同时还自设工厂,并在原有的纱厂内

---

① 原中国经济统计研究所档案,04-010,上海社科院经济所藏;转引自虞和平,《中国现代化历程》第二卷,江苏人民出版社,2001年,第722页。

增添设备。①申新纱厂的兼并活动增强了它与外国资本的竞争能力。由于企业规模扩大,以及企业管理和纱厂技术的不断改良,申新纱厂的劳动生产率有显著提高。其他华商纱厂迫于日商纱厂兼并的危险和申新纱厂的压力,也纷纷努力提高劳动生产率。

  这一时期,华商企业的兼并除了同行之间,还有各行业的投资活动(比如棉纺织业和面粉业之间企业的兼并),甚至还有产销营一体的纵向联合和兼并,如火柴业中大中华火柴公司在合办7个火柴厂和一个梗片厂之后,为了阻遏以瑞典火柴托拉斯为主的外国资本的气势,组成了一个以刘鸿生为首的中华全国火柴产销联营社。根据联营社的实施办法,瑞典火柴资本难以在中国设厂,私货严格取缔,销售集中进行。②这在当时的形势下无疑有利于华商火柴工厂的生存和扩张。同时,在缫丝、橡胶、造纸等产业中也可以看到明显的资本集中的趋势。

  工业的发展进一步改善了中国的经济结构。据统计,工业在工农业总产值中所占比重,1920年为4.9%,1936年为10.8%;如果加上工场手工业,那么这两个数字分别为10.8%和20.5%。③重轻工业之间的比例也发生显著变化。中国进口轻工业产品的比例从1912年54.7%下降到1936年的14.3%,而重化工业产品进口则从1912年的13.7%提高到1936年的47%。从某种程度上可以说,轻工业产品进口的下降说明中国轻工业设厂的增加;而重化工业产品进口的增加主要是机器生产比重的提高,这也反映了中国工业化水平的提高。由此可以说,在抗战前20多年,中国工业化历程在20世纪20~30年代有加速发展的趋势。④

  1914年~1936年期间中国工业的发展速度与世界各国工业发展的历史相比,应当说是比较快的。比如,美国在1915年~1929年期间工业的增长率年平均4.5%,1912年~1937年期间只有2.6%,除第二

---

  ① 参阅历年《纱厂一览表》;严中平,《中国棉纺织史搞》第203~205,科学出版社,1955年,转引自虞和平主编,《中国现代化历程》第二卷,江苏人民出版社,2001年,第717页。
  ② 青岛市工商局史料组,《中国民族火柴工业》,中华书局,1863年,第100页。
  ③ 吴承明,《中国资本主义与国内市场》,中国社会科学出版社,1985年,第135页。
  ④ 虞和平主编,《中国现代化历程》第二卷,江苏人民出版社,2001年,第728页。

次世界大战期间以外,其历史上发展最快的 1874 年～1890 年间,工业增长率也只有 5.2%。英国 1921 年～1937 年间工业年均增长率为 2.2%,历史上发展最快的 1851 年～1873 年间平均增长率只有 3.3%。德国工业发展史上,增长速度最快为 1921 年～1929 年,平均增长率为 7.1%。法国 1921 年～1937 年间工业平均增长率只有 2.9%。无论是同时期还是历史上相应时期进行比较,这些国家的工业发展速度都低于中国。只有日本的情况不同,日本在 1915 年～1929 年间工业年增长率达 11.9%,是其历史上增长最快的时期,工业增长速度甚至超过 30%,远远超过中国年增长 7.7%的水平。[①]

三、战时工业发展(1937～1949)

抗战前,近代工业有了较大发展,但是整个工业发展和工业布局极不平衡,大部分工商业集中在东北和沿海地区。据国民党经济部的工厂统计,1937 年资本在 1 万元以上的工厂(不包括东北),全国已有 3935 家,创办资本 38000 万元。这些工厂多数集中在沿海及长江中下游地区。关内大约 70%集中在江苏、浙江、安徽三省。全国工厂总数的 60%集中在上海、武汉、无锡、广州、天津等 5 大城市。[②]

"九·一八"事变后,日本帝国主义完全占领了中国东北三省,并继续加紧对中国的侵略。随后集中在上海和沿海地区的工业,遭到了日本帝国主义炮火的轰击和飞机的轰炸,损失惨重。据调查统计,在 1937 年"八·一三"事件之前,华商工厂集中于上海的已达 5200 多家。因"八·一三"事件全部被毁的,在闸北一带有 35%,浦东和南市一带各有 20%,合计被毁工厂达总数的 70%以上。

抗战前期,南京政府采取了一些扶持工业发展的措施,也对大后方工业的发展起了一定的作用。抗战发生后南京政府迁都重庆,把西南地区作为抗战基地,拟定了西南、西北工业建设计划,把西南作为工业建

[①]《主要资本主义国家经济统计集》,第 425～426 页;转引自刘佛丁,《中国近代经济发展史》,高等教育出版社,1999 年,第 136～137 页。

[②] 汪敬虞,《中国近代工业史资料》,第 1 辑,中华书局,1962 年,第 78 页。

设重点地区。

抗战初期,沦陷区工商业进行了大规模内迁。到 1939 年底,内迁钢铁厂 1 家,纺织厂 92 家,机械厂 168 家,食品厂 22 家,电器厂 28 家,化学厂 54 家,文教用品厂 31 家,其他 14 家,共计 410 家。到 1940 年底共迁工厂 448 家,后又增加到 452 家,机器设备 10 余万吨,技术人员 12 000 余人。[①] 内迁的工厂对西南地区的工业发展起了很大的促进作用。内迁工厂多系较大的工厂,无论设备或技术力量都比较强,且机械厂内迁所占比重最大。机械工业是"工业之母",大量机械内迁,为西南地区的工业发展提供了有利条件。

国民政府实行以西南为中心的大后方工业开发,对大后方战时工业体制进行了有力的组织与督导,实行了若干奖励工业发展的政策措施,使大后方工业直至 1942 年前后,有一个蓬勃发展的黄金时代。但由于战时后方工业的发展时间短,能源、动力和原材料工业基础薄弱,特别是民营工业仍未摆脱规模小、资本少、设备简陋等半殖民地半封建经济形态的基本特点,加之国民党工业统治政策的摧残,从 1942 年太平洋战争爆发到抗战后期,国际交通被封锁,使国统区经济的发展急转直下,再加上通货膨胀、粮价飞涨,出现了粮食危机,同时工业生产也开始发生逆转,出现衰落现象。

东北三省是中国重要的矿区,"九·一八"事变之前,全国 79% 的铁、93% 的石油和 55% 的黄金都来自东北。[②] 东北是当时中国唯一出超的地区。日伪政府在东北大肆开展所谓"产业开发"运动,实则是对中国东北工矿交通业的掠夺和统治,使中国东北彻底成为日本经济的附庸。太平洋战争爆发前后,东北工矿业为日本帝国主义进行侵略战争提供了大量的军事物资。据估计,1942 年东北生产的钢材约占日本产量的 1/3 以上,日军需要的钢铁一半以上由东北供给,轻金属铝 44% 由东北

[①] 吴文建,《中国工矿业之内迁运动》,载《新经济》,第 4 卷,第 2 期,1947-01-09,转引自孙健,《中国经济通史》中卷,第 1208 页。

[②] 斯拉德科夫斯基,《中国对外经济关系简史》,郗蕃封等译,财政经济出版社,1956 年,第 203 页,转引自刘克祥、陈争平,《中国近代经济史简编》,财政经济出版社,1956 年,第 558 页。

生产。日本没有石油资源，在东北建立了石化工业，为日本侵略战争提供燃料。[①] 日本侵略者把东北的钢铁、石油、黄金、轻金属、煤、电力、军火等主要工业部门都列入"统制"范围，置于日本垄断资本的统治之下，使中国东北成为日本发动更大规模侵略战争所必需的矿产和动力资源基地。日本帝国主义经济势力在中国东北地区的扩张，使民族工业受到极大打击，几乎无立足之地。

在日本帝国主义的统治下，东北地区工业的发展具有很强的殖民地性质。首先，产业结构畸形，重工业突出，但是重工业中的机械工业特别薄弱，机器设备和技术完全依赖于日本供给。其次，尽管东北地区工业得到了很快的发展，但在许多企业，最困难而费力的操作仍然是用人力来完成的。如采矿工业，煤矿开采几乎没有用过采煤机，坑道运输也是靠人力来做。1939年，日本本土工业中，实用原动机的工厂占总数的83%，但是在东北的工业中，1940年使用原动机的工厂仅占工厂总数的33.1%。在日本帝国主义统治下，中国工人的工资被压得很低，日本垄断资本家宁愿使用大量廉价的中国劳动力，也不愿采用机器。对东北地区的疯狂剥削和掠夺，使日本得到了巨额的利润，1937年～1944年间日本输入东北的资本约为90亿日元，而同时从东北汇回日本的利润，竟达32亿日元之多，相当于资本额的35%以上[②]。

全面侵华战争开始后，日本很快就占领了华北、华中、华南的大片土地，控制和掠夺了大量工业企业。这些地区的经济在战争期间虽然也有所发展，但是这种发展表现为严重的殖民地性质和低水平状态。在华资、日资和中日合办企业中，只有日资的状况最好，华资企业只是在某些日资企业生产短缺的产业和日本侵略者经济统治较弱的行业及地区中，华商才能维持原状，或有所发展。从生产状况上看，新增投资绝大多数集中于交通和重工业，以便于掠夺资源及供其侵略之需。经济呈现畸形发展状态，明显地反映了为日本侵华战争需要而生产的殖民地经济性质，整个沦陷区的大部分工业生产被迫纳入日本侵华战争财物供应

---

① 史全生主编，《中华民国经济史》，江苏人民出版社，1989年，第353～354页。
② 吴承明，《帝国主义在旧中国的投资》，人民出版社，1956年，第93页。

系统之中。据统计,到1943年7月止,包括人口伤亡、工农业及其他财产损毁、资源丧失、财政损失,总计约449.68亿元(1936年币值)。就工商业直接损失而言,包括国家资本和私人资本在内约达50.36亿元,其中工业5.18亿元,交通业4.19亿元,金融业4亿元,矿业0.68亿元,商业36.3亿元。①

第三节 近代手工业的发展

中国手工业具有悠久的历史。到鸦片战争前夕,中国虽然没有大规模的机器工业,但传统的手工业相当发达,民间存在着许多手工业作坊和工场。鸦片战争以后,西方列强的入侵把中国卷入世界市场体系之中。作为社会经济结构中的一个重要部门,传统手工业不能不感受到这种影响而发生着相应的变化。

从鸦片战争到甲午战争的50年间,占主导位置的是西方列强对华商品输出。这一时期进入中国的外国机制工业品的品种越来越多,输入数量和影响范围也逐渐扩大,与中国传统手工业发生了全面的冲突。由于各种商品之间的竞争和替代关系的不同,传统手工业产品遭受着不同程度的竞争,如洋针、洋钢、洋纱等,在效用上几乎可以完全替代土针、土钢、土纱,这些手工产品自然就面临着剧烈的竞争;而煤油只能在照明上替代植物油,不可能在食用上替代,相对而言替代率就要低得多,竞争也就缓和一些;还有一些手工产品,一时间没有相应的洋货来替代和排挤,因而暂时尚未面临竞争,相反还会由于对外贸易的刺激而兴盛起来。

传统手工业更为深刻、复杂的变化,出现在甲午战争之后。19世纪末20世纪初,世界资本主义从自由资本主义阶段进入到垄断资本主义阶段,《马关条约》不仅给予外国人在通商口岸的设厂制造权,而且给予

---

① 韩启桐,《中国对日战事损失之估计》,中华书局,1946年,第83~84页。

其在中国制造的商品和进口洋货以同样的特权和优惠。自此外国商品在中国迅速扩张，其质量、成本、技术乃至管理和推销手段上的各种优势非常突出，很快就盛销一时，对中国幼稚的机器工业和落后的手工行业形成了巨大的压力。除了洋货输入的不断积累和扩散，民族机器工业的逐步壮大也对中国的传统手工业有一定的影响。如机器纺纱业对于农村手纺业，民族缫丝工业对于传统缫丝业，乃至于机器制鞋业对于手工制鞋业，都是更为有利的竞争者和替代品。

在国内国外激烈的商品竞争和先进科学技术的刺激下，手工业生产发生着相应的变化。

一、向机器工业转变的手工行业

国内外生产技术的进步和近代机器工厂的实践，在生产工具、经营管理等方面都为手工业发展起到了示范的作用。一部分传统手工业作坊直接引进新式机器，成为近代机器工业企业。

中国近代机器工业的发生，有其独特的道路。在一般西方工业国家中，近代机器工业的发生，经过了简单协作、手工业工场、产业革命以后出现的机器大工业三个紧密连接的阶段。在鸦片战争以后出现的中国机器工业，并不是由传统手工业自发的发展而来，而是外国列强侵入的结果。在列强的军事侵略和机制商品输入的影响下，以1865年江南制造总局的成立为标志，由洋务派的官办工厂拉开了中国近代机器工业技术和生产方式的序幕。洋务运动产生了中国第一批拥有"制器之器"的近代工业企业，包括江南制造总局、福州船政局、湖北枪炮厂等。

其后兴起的民办机器工业，则有很多是在原有的手工业作坊的基础上引进新式机器而建立的。如规模较小的船舶和机器修造厂大都是在原有手工作坊的基础上添置少量机器设备而转化成的。其他规模中等的机器榨油厂、轧花和棉纺织厂、火柴厂、面粉厂、造纸厂等也基本上是手工生产和机器生产并存。

缫丝手工工场向近代机器缫丝工厂的过渡，就是一个很突出的例子。中国第一家蒸汽丝厂的创办人陈启源，"创设足踏机械，以人力代火力,所织生丝较之法国所产无多逊",① 这种足踏丝车的功效远比旧式手摇丝车优胜,价格又较蒸汽缫丝车便宜,很快就在南海、顺德流行开来。后有商人采取集股公司形式,购买足踏丝车多达几十上百具,设置场所,排列成行,并将炭火热水改为蒸汽热水,俨如蒸汽丝厂。② 这些缫丝工场到了甲午战争后才逐渐发展成为使用机器动力的缫丝工厂。

某些部门虽以手工生产为主,但个别工序开始使用动力机器。新式的工具或机器有些直接从国外引进,然后由国内的厂家模仿制造,有些则是依据现代工厂中的动力机器,将其改造成适于人力操作的机器。③ 随着近代工业的发展,以蒸汽、柴油、汽油和电力为动力的发动机的使用日益广泛,在一些传统手工业部门中,个别工序也开始使用动力机器,一些新的技术也进入了手工业生产。例如缫丝业,近代所谓缫丝工厂中,完全使用动力机器的并不是很多,多数工厂使用足踏丝车,实际上只是手工工场。不过煮蚕工序普遍由炭火烧水改为蒸汽锅炉烧水,一家工场中常可以集中数百台丝车,由锅炉产生蒸汽后,通过管道输往各丝车旁的丝斧,节省了大量烧火工作,降低了工人劳动强度,同时有利于提高生丝质量。在陶瓷业这样传统的工业中也出现了动力机器。比如在河北省已经有一部分开始在碾料、和泥等工序中应用柴油机作为动力,少数瓷窑成型工序也使用机器带动轮盘,用机器生产,其生产成本比用手工减少 1/3。

除了工具机和动力外,新的原料、辅助材料和新工艺的使用也有助于手工业生产技术的发展。如纺织业中用机纱、人造丝作原料,用化学染料印染,用化学药品处理蚕茧;造纸业中用化工原料处理纸浆;铸铁业中改泥模浇铸技术为翻砂冷模铸造等。总之,新技术的引进和发明,大大降低了劳动成本,工作效率明显提升,对手工业的发展起到了积极的推动作用。

---

① 马君武,《三十年来中国之工业》,彭泽益编,《中国近代手工业史资料》卷 2,三联书店,1957 年,第 44 页。
② 吕学海,《顺德丝业调查报告》,彭泽益编,《中国近代手工业史资料》卷 2,三联书店,1957 年,第 51 页。
③ 虞和平主编,《中国现代化历程》,第二卷,江苏人民出版社,第 536 页。

二、趋向没落的手工业

一些手工行业无力抗拒洋货的竞争,生产急剧萎缩,终至销声匿迹。鸦片战争后随着外国商品的输入日益增多,尤其是棉纱、棉布、鸦片、煤油、金属制品、食用糖等大量涌入,逐渐破坏了传统家庭手工业和城市手工业,使中国固有的纺织、榨油、冶铁、制糖、蜡烛、染料等手工行业受到了沉重的打击。其中尤以传统棉纺织手工业最为典型。

当英国的棉纺织业进入到机器生产阶段后,中国手工棉纺织业在国际贸易和中国市场上的竞争力便相形见绌。洋纱在中国销量增长的速度和势头非常快,引进洋纱代替土纱进行手工织布已经成为大势所趋。其原因很简单,因为洋纱便宜。1894年,闽粤地区的农家手织布已经基本上是洋经洋纬了,手纺业"已有如风流云散",以至"觅一纺纱器具而不可得"。[①] 随后,洋布在中国的销量越来越多,范围越来越广,缓慢地但是逐步地克服了小生产者的执拗偏见和顽强抵抗。洋纱洋布已经开始由沿海城市向边远腹地扩散。19世纪90年代上半期,华中9个港进口的洋纱已占年输入量的27.38%,销往四川、湖南等省份。[②] 60年代后期,洋纱在中国土布生产中的使用率只占0.56%,90年代中已经上升到18.94%。洋布在中国年用布总量中的比率,也从60年代的3.2%上升到90年代的13.39%。[③] 正所谓"洋纱出而纺事渐疏,洋布兴而织工并歇",[④] 洋纱洋布的大量涌入对传统的棉纺织业产生了严重的影响。

铁制品在中国一直是手工生产,在国内销售甚好并有所出口。19世纪60年代以后,洋铁代替土铁日益增多。外国商人运来的多是旧铁、铁条、铁片,品质常不及中国的土铁,但是洋铁的价格便宜,使用方便,易于加工,所以占领了一部分市场,甚至全部排挤了土铁。与之相关联的许多铁器制造业,比如制钉业、制针业等也逐渐衰落。制烛业是中国传

---

① 丁仁长等,《续禺县续志》卷12,转引自汪敬虞,《中国近代经济史(1895~1927)》下册,人民出版社,2000年,第1759页。
② 汪敬虞,《中国近代经济史(1895~1927)》下册,人民出版社,2000年,第1760页。
③ 徐新吾主编,《江南土布史》,上海社会科学出版社,1992年,第223页。
④ 彭泽益编,《中国近代手工业史资料》卷2,三联书店,1957年,第224页。

统的手工业之一,鸦片战争以后,洋油、洋烛倾销于中国,在价格和照明度方面,土烛都无法与之竞争,手工烛坊大量闭歇。苏州在1909年还有烛坊50多家,到1920年就只剩下20多家,而且生产规模已大大缩小。

三、延续于传统轨道的手工行业

一些既不与西方机器制造工业产品争夺市场,又未与国际市场发生联系的传统手工业,大多仍旧沿着传统轨道运行。

手工工具发展最快的是手工棉织业。中国传统的棉织机称为投梭机或者抛梭机,一般1天只能织幅宽1尺的幅布20尺左右。清代末年,棉织业中出现了拉梭机,布幅加宽到2尺左右,工作效率也比原来使用的投梭机提高了1倍以上。拉梭机出现不久,铁轮织布机又引入中国。铁轮机用足踏板作为动力发动机关,用铁制飞轮蓄能,通过齿轮、杠杆等传动装置将动力传到全机,形成一个整体,1机1日大约可织幅宽2至3尺的棉布100多尺,进一步提高了工作效率。缫丝业和丝织业的生产工具也发生了很大的进步。过去手工丝工具有足踏丝车和手摇丝车两种,需要两个人共同操作,非常笨拙。机器丝厂建立后,各地相继有人模仿机器丝车制成改良足踏丝车,其特点是运转轻快,一人即可使用,产品细而均滑,效率和质量都有很大的提高。

四、传统手工业与机器工业的并存

大规模机器工业从出现以后,就在社会经济结构中扮演着越来越重要的角色,但是手工业生产的重要性却丝毫没有减少,相反,工场手工业、包买主制手工业、小商品生产的城镇独立手工业以及相当于家内副业的农民家庭手工业,即使比重有下降的趋势,在社会经济中仍然占有统治地位。到1933年时,手工业的产值在全部制造业中的比率仍高达72%以上,为机器工业产值的2.7倍,就业人数达1000万人,为工厂工人数的13.5倍,所以其在工业中的地位是不容忽视的。[①]

---

① 巫宝三,《中国国民所得,1933》及《修正》;转引自刘佛丁、王玉茹、赵津,《中国近代经济发展史》,高等教育出版社,1999年,第148页。

比较1920年和1933年的手工制造业产值和工业总产值(见表5-2),章长基、吴承明估计的1920年的机器制造业为88 287万元,只及当年手工业产值的19.11%;巫宝三估计的1933年的机器制造业的总产值为218 617.6万元,这个数字包括全部工厂法所界定的工业产值,包含外资厂,也包含东北在内,但也只不过是当年手工业产值的一半。

表5-2 手工业与机器工业产值比较

(1920/1936年)　　　　　　　　　　　　　单位:万元

年份	工业总产值	手工业产值		机器工业	
		产值	比重%	产值	比重%
1920	550 345.6	462 058.6	83.96	88 287	16.04
1933	653 961.3	435 343.7	66.57	218 617.6	33.43

资料来源:巫宝三,《中国国民所得,1933》;许涤新、吴承明,《中国资本主义发展史》第二卷,人民出版社,1990年,第1083页。

从产量上看,国内研究者对1933年12种主要手工业产品在工业生产中所占的比重作了估算(见表5-3)。

表5-3 12种产品手工生产与机器生产的产量比较

(1933年)

产品	单位	机器生产	%	手工业生产	%
棉纱	市担	5 666 000	75	1 866 000	25
棉布	匹	18 729 000	19	79 280 000	81
生丝	市担	92 000	41	131 000	59
绸	匹	1 517 000	25	4 550 000	75
夏布	匹			2 400 000	100
茶叶	市担	71 000	3	2 579 000	97
糖	市担	134 000	2	6 600 000	98
豆油	市担	431 000	8	4 802 000	92
棉油	市担	371 000	20	1 462 000	80
花生油	市担	762 000	13	4 995 000	87
纸	市担	1 300 000	17	6 600 000	83
陶瓷	元	2 276 000	9	22 787 000	91

资料来源:汪敬虞,《中国近代手工业及其在中国资本主义产生中的地位》,《中国经济史研究》1988年第1期,第92页表;汪敬虞,《中国近代经济史(1895~1927)》,下册,人民出版社,2000年,第1844页。

由于缺少系统完整、详尽精确的资料,以上统计都只能是一种估算。而且,由于各人所据资料不同,所用方法各异,得出的具体数字也可能会有出入,但是,所反映的历史事实是一致的,那就是,"在这一时期乃至此后相当长的一段时间里,手工业生产是中国商品生产的主要承担者,在社会经济中占有着远远超过近代机器工业的重要地位"。①

　　20世纪20年代以后,中国的机器工业不断发展,使用蒸汽、电力和内燃机动力的企业有所增加。但是,机器工业与手工业的企业和劳动者数量的结构关系,并无显著变化。据统计,当时从事大型机器工业的劳动者人数约为350万人,与此相对,从事手工业的人数则有1 750万,是前者的五倍。②

　　这种先进的机器工业与传统的手工生产共生并存的状态,主要源于中国经济发展中一系列的不平衡。首先,区域间的不平衡。一方面,通商口岸、沿海沿江城市与边远内地的差异。与南部和东南部沿海地区相比,边远内地的经济发展简直落后了一个时代。19世纪80～90年代,珠江、长江三角洲新式缫丝业蓬勃兴起,农家已纷纷售茧而不售丝,手工土丝生产已经一落千丈,而内地诸省的近代缫丝厂则尚未登场。直到1902年才有神农丝厂问世,此后,川省工业次第展开,但比起长江下游的上海、无锡,不仅时间上晚了20年,规模上更是不可同日而语。另一方面,大中城市与广大乡村的差别。有些近代工业已经在大城市出现,或已经居于优势地位,而同一区域的乡村地带,传统手工业生产的固有地位并没有受到严重的威胁,传统生产工具仍在继续沿用,旧的经营方式仍在继续维持。如20世纪二三十年代,苏州城内近代绸厂早已兴起,而另一个丝绸产地丹阳,几乎没有近代的绸厂,还是沿用旧式工具以维持生存的织户。

　　其次,行业间的不平衡。一些行业已经开始向机器生产过渡,另一些行业滞留在后;一些行业中已经出现近代工厂,另一些行业则仍然沿

---

① 汪敬虞,《中国近代经济史(1895～1927)》,下册,人民出版社,2000年,第1846页。
② 《支那行会手工业的命运》,引自《满铁调查月报》第13卷8号,昭和8年8月,第187页。

用传统生产方式。在同一地区内，缫丝业的机械化程度及对小农手工劳动的取代率，往往要比丝织业高。

更值得重视的也许还是在同一地区、同一行业内部，机器工业与传统手工业共荣的行业内部的不平衡。即使在传统手工业因外国商品和机制产品的压力而向近代化转化起步较早，发展程度较高的通商口岸和沿海沿江都市内，这一特色也表现得十分明显。这种现象，在所有工业部门中都并不鲜见。天津是面粉工厂集中的城市之一，1920年时有面粉工厂4家，日产粉12 020包，但同时市区也散布着大量旧式磨坊。1916年时有400多家，石磨总数不下2 000部。手工磨坊与机器面粉工业一道发展，1916年～1920年间，市区又新增磨坊94家。

甚至在同一个企业内部，也往往是机器运转与手工操作并举，在一些工序上使用了机器，在另一些工序上则仍然使用人工。例如，日用化学品的生产，起初都是手工，随着产品渐有声誉，市场不断扩大，有些企业开始添置机器。出产三星牙膏的中国化学工业社开办于1911年，初时只能算是一个雇工在家经营的手工作坊，9年以后开始采用电力生产。

传统手工业与近代大工业同时存在、相伴并行的情况，一方面反应了这一时期机制产品取代手工产品、机器生产排挤手工生产的不同结果；另一方面，也表明了中国手工业生产的不同发展方向：一部分沿着上行的路线发展，由传统手工业进化为机器大工业，一部分则沿着平行的轨道运行，继承了传统的生产方式和经营特点。两者所占的比例，因时间、地点、行业和工序的不同而有着差别。两者之间的关系，既是相互对立的，时时发生着此消彼长的演变，同时又相互依存，在某种程度上形成一种互补格局。这些互补性质决定了在很长的一段时间内，机器工业和传统手工业将会长期共存。

思考题

1. 试述近代工业发生的条件。
2. 分析民族工业曲折发展的经济和社会原因。

3. 简要分析近代手工业发展的特点及其对近代社会的影响。

参考文献

1. 徐涤新、吴承明,《中国资本主义发展史》,第一卷,人民出版社,1985年。
2. 陈争平、龙登高,《中国近代经济史教程》,清华大学出版社,2002年。
3. 刘佛丁主编,《中国近代经济发展史》,高等教育出版社,1999年。
4. 陈真,《中国近代工业史资料》,第1辑,三联书店,1957年。
5. 虞和平,《中国现代化历程》,第二卷,江苏人民出版社,2001年。
6. 彭泽益,《中国近代手工业史资料》,卷2,三联书店,1957年。
7. 汪敬虞,《中国近代经济史(1895~1927)》,下册,人民出版社,2000年。
8. 韩启桐,《中国对日战事损失之估计》,中华书局,1946年版。
9. 吴承明,《帝国主义在旧中国的投资》,人民出版社,1956年。
10. 吴承明,《中国资本主义与国内市场》,中国社会科学出版社,1985年。
11. 徐新吾主编,《中国近代缫丝工业史》,上海人民出版社,1990年。
12. 鲁道夫·吕贝尔特,《工业化史》(中译本),上海译文出版社,1983年。
13. 《汪敬虞集》,中国社会科学出版社,1999年。
14. 孙健,《中国经济通史》,中国人民大学出版社,2000年。
15. 孙毓棠,《中国近代工业史资料》,第1辑,下册。
16. 中国史学会主编,《洋务运动》,第四册,上海书店出版社,1961年。
17. 严中平,《棉纺织史稿》,科学出版社,1955年。
18. 《荣家企业史》,上册,上海人民出版社,1962年。

19. 刘克祥、陈争平,《中国近代经济史简编》,财政经济出版社,1956年。

20. 史全生主编,《中华民国经济史》,江苏人民出版社,1989年。

21. 徐新吾主编,《江南土布史》,上海社会科学出版社,1992年。

第六章

产业结构调整

产业结构的调整是指在经济发展过程中生产要素在各产业部门间流动所引起的社会总体生产效率提高的过程,它是经济发展的表现之一。本章主要描述了近代中国农业、工矿交通业及服务业在国民收入中的发展变化及其内部的调整趋势,以及在这一过程中劳动力的转移方向,并分析了促进和阻碍产业结构调整的因素。这些因素充分反映了近代时期中国经济的缓慢发展,也体现出发展过程中所呈现的不平衡性和不成熟性。

第六章 产业结构调整

第一节 不同产业的国民生产总值及其比重

产业结构调整是指在经济发展过程中生产要素在各产业部门间流动所引起的社会总体生产效率提高的过程。按照英国经济学家威廉·配弟首先提出,后被克拉克所证实的描述有关经济发展中就业人口在三次产业中分布结构如何变化的配第—克拉克法则所述,产业结构的调整和优化主要表现为农业部门实现的国民收入及农业劳动力在全部劳动力比重的相对下降,工业和服务业部门的国民收入及劳动力比重相对上升的过程。一个国家经济的发展不仅体现在生产总量和人均产值的增长上,还应体现在经济结构的优化上。在近代百余年的历史中,中国尽管饱受外国侵略、战争创伤,但经济仍在缓慢发展,产业结构也处于不断地调整与优化之中。国民收入估计见表6-1所示。

表6-1 近代中国国民收入(1850~1949)　　1936年币值:亿元

年份	1850	1887	1914	1936	1949
农业		99.87	128.01	166.41	98.00
工矿交通		14.49	24.8	40.06	23.20
服务业		29.07	34.72	51.51	68.28
总计	181.64	143.43	187.64	257.98	189.48
时期	1850~1887	1887~1914	1914~1936	1936~1949	
年均增长率%	−0.64	1.00	1.45	−2.40	

资料来源:(1)1850年、1887年、1914年的数字估计方法分别见《近代中国的经济发展》第五章,附录二、三、四。

(2)1936年数字系根据巫宝三《中国国民所得,1933》及《修正》,国立中央研究院社会科学研究所,《社会科学杂志》9卷2期,1947年。

(3)1949年农业、工矿、交通业数字根据1984年《中国统计年鉴》第20页。按照巫宝三《中国国民所得,1933》(中华书局,1947年)及《中国国民所得,1933》及《修正》中有关各行业总产值和净产值的比例,将总产值折算为净产值,然后按2.5∶1换算为1936年币值。服务业收入系根据珀金斯《中国近代经济的历史透视》一书中1952年的数字(见第117页)折算为1936年币值,所以偏高。

由表 6-1 可看出,在这 100 年间,国民收入中三个产业所占的比重不断变化。农业在国民收入中所占的比重由 69.63% 下降到 51.72%,工矿交通业和服务业则从 30.37% 上升到 48.28%。但总体而言,变化幅度并不大。

在早期工业化过程中,产业结构的变化、经济的发展、工业化的深入都需要以农业为基础,需要农业为工业提供足够的资本和劳动力,可以说工业化进程的快慢在很大程度上依赖于农业的积累和农业人口的迁移。但在这一时期,诸多外来因素的作用使中国经济难以正常发展,农业的发展一直较为缓慢,尽管如此农业仍处于艰难的增长中。

从总体看,从 19 世纪 80 年代到 20 世纪 30 年代中期农业增长是缓慢的,农业净产值增加了 66.54 亿元,年均增长率仅有 1.03%。而将具体的发展状况罗列出来,则更可看出农业总产值或总产量虽有一定程度的增长,但人均产量或产值和亩产量或产值增长十分缓慢,相应的土地和劳动边际生产率也几乎没有变化。近代中国农业生产的发展详见表 6-2 所示。

表 6-2 近代中国农业生产的发展(19 世纪 80 年代～20 世纪 30 年代)

年代	农业净产值(亿元)		年增长率 %	耕地(千公顷)		年增长率 %	就业人口(千人)		年增长率 %
	19 世纪 80 年代	20 世纪 30 年代		19 世纪 80 年代	20 世纪 30 年代		19 世纪 80 年代	20 世纪 30 年代	
	99.87	166.41	1.03	63047	93886	0.80	160118	200444	0.50

说明:币值为 1936 年元。

资料来源:19 世纪 80 年代农业净产值估算方法见《近代中国的经济发展》第一编第五章附录三。20 世纪 30 年代的数字系根据巫宝三《中国国民所得,1933》及《修正》,国立中央研究院社会科学研究所,《社会科学杂志》9 卷 2 期,1947 年。

19 世纪 80 年代耕地据吴承明,《中国近代农业生产力的考察》,《中国经济史研究》1989 年第 2 期的数字,20 世纪 30 年代的数字据巫宝三《中国国民所得,1933》数字。

19 世纪 80 年代的就业人口根据《光绪会典》卷十七的记载和章有义先生最近估算所得,见《近代中国人口和耕地的再估计》,载《中国经济史研究》,1991 年第 1 期。20 世纪 30 年代的数字据《近代中国的经济发展》第一编第五章。

在农业产量有少量变化的同时,农业内部结构也在不断调整。由于

19世纪80年代有关农业的宏观统计资料缺乏,无法对这段时期农村产业结构的变动情况作出判断。但这一事实则可以从其他相关统计资料中得到说明,表现在粮食作物播种面积在全部耕地中的比例下降,棉花、油料等经济作物播种面积比重增加,产值随之也发生相应的变化。

从表6-3可以看到1914年～1918年和1931年～1937年期间,中国粮食播种面积,虽然绝对值仍有较大幅度增长,但与油料、棉花种植面积的相对比重已由占88.43%下降为80.27%,下降了大约8个百分点,而油料与棉花的种植面积不仅绝对值增加2～3倍,而且相对比重也由11.57%上升为19.73%。

表6-3 粮、油、棉种植面积的变化(1914～1937) 单位:千市亩

时期	粮油棉种植面积	粮食		油料		棉花	
		种植面积	占%	种植面积	占%	种植面积	占%
1914～1918	999144	883536	88.43	88824	8.89	26784	2.68
1924～1929	1415098	1178068	83.25	179053	2.65	57977	4.10
1931～1937	1474497	1183634	80.27	234495	15.89	56468	3.83

资料来源:吴承明,《中国近代农业生产力的考察》,《中国经济史研究》,1989年第2期。

表6-4的数字表明,这一时期粮食作物在农业总产值中的比重由74.59%下降为70.05%,经济作物产值的比重由17.04%上升为20.97%。这种种植结构上的变化仅仅是农业产业结构变化中依据现有资料可测度的一个方面。从表6-3、6-4可以看出,农业产业结构的变化还体现在其种植结构的变化上,经济作物明显增多,意味着农业产业商品化程度的提高。这种变化说明了近代农业的发展与工业、交通运输业发展是息息相关的。

表6-4 农村产业结构的变化 1933年币值:百万元

时期	1914～1917		1931～1937	
	年平均产值	比重(%)	年平均产值	比重(%)
粮食作物	10169.1	74.59	10961.7	70.05
经济作物	2323.4	17.04	3280.8	20.97
家畜	1141.4	8.37	1404.4	8.98
合计	13633.9	100.00	15646.9	100.00

资料来源:根据珀金斯,《中国农业的发展》,上海译文出版社,1984年,第385页中数字改编。

产业结构调整最初表现为工业部门的加速发展和在国民生产中所占的比重不断加大。近代时期,工业部门从无到有,开始了其艰难的起步历程。从表6-1可以看出,从1850年到1887年,由于洋务运动的兴起使工矿交通业在国民收入中从零发展到了14.49亿元,进而到1914年的24.8亿元,从1914年到1936年,工矿交通业更急剧增长了40.06亿元。而从1936年到1949年,由于受战乱的影响,所有指标都发生了整体性的下降。对此,工矿业在工农总产值中所占的比重中也有清晰的反映。

在工业整体发展的同时,工业内部的结构也在发生着深刻的变化,机器工业的出现对传统的手工业是一种冲击,所以工业内部的结构变化也体现在手工业的衰落和机器工业的发展这一过程中。在生产中,以往的传统手工生产逐渐被机器生产方式所替代,因此工业的发展及其结构的变化也可体现在新式生产与旧式生产的对比中。详见表6-5所示。

表6-5 中国近代生产与旧式生产的增长及其比重变化(1887~1936)

1936年币值:亿元

		近代生产	旧式生产	合计
1887年	产值	0	114.34	114.34
	比重(%)	0	100.00	100.00
1914年	产值	2.90	149.91	152.81
	比重(%)	1.89	98.11	100.00
1936年	产值	13.12	193.35	206.47
	比重(%)	6.35	93.65	100.00
1914年~1936年增长率		7.10	1.16	—

资料来源:1887年和1914年根据《近代中国的经济发展》第一编第五章附录三和四计算,1936年根据巫宝三《中国国民所得,1933》及《修正》。

表6-5说明,在洋务运动初期,刚刚起步的近代工业在国民收入中还看不出其效益,而到了20世纪初期,由于民用工业的发展,近代工业已产生了一定效益,虽然在国民收入中只占不到2%的比重,但这也属历史性的一步。而到了1936年,由于在此之前私人投资的增加,产值迅速增加到了13.12亿元,比重也上升了4.46个百分点。这种变化还可

以体现在工业的许多部门中。

表 6-6　中国近代工业和手工业生产的增长及其比重变化(1887～1936)

1936 年币值:亿元

		近代生产	旧式生产	合计
1887 年	产值	0	11.94	11.94
	比重(%)	0	100.00	100.00
1914 年	产值	1.57	15.87	17.44
	比重(%)	9.00	91.00	100.00
1936 年	产值	8.01	19.68	27.69
	比重(%)	28.93	71.07	100.00
1914～1936 增长率		7.70	1.00	—

资料来源:同表 6-5。

在工矿业中,1887 年～1914 年中国近代工矿业的产值增加了 1.57 亿元,传统手工业虽有增长,但在整个工矿业所占比重已开始显现下降趋势;而从 1914 年到 1936 年,近代工业有迅猛的发展,产值增加了 4 倍多,其所占的比重则已增加到了 28.93%。与此同时,手工业虽也有增长,但在近代工业迅猛发展的势头下,它所占的比重则由 91% 明显下降到了 71.07%。见表 6-6 所示。

在采掘业中,全国产煤量从 1912 年的 906.7 万吨增至 1927 年的 2 417.2 万吨,平均年增产 100 多万吨。1928 年后又从 2 509.2 万吨增至 1936 年的 3 990.3 万吨。[①] 这一时期煤矿生产的机械化程度也在不断提高,1914 年时,中国机器开采的煤炭产量为 797.4 万吨,到 1936 年时增加为 3 379.4 万吨,22 年间增加了 3 倍多,其在煤炭总产量中的比重由 56.2% 上升为 84.7%,而土法开采的煤炭产量不但没有增加,反而减少 10 余万吨,其在全部产量中的比重也下降至 15.3%。可见,煤矿生产的机械化程度已有显著提高。同期,机器开采的铁矿砂增加了 4.8 倍,在全部产量中的比重由 50.1% 增加为 87%,而土法开采的铁矿砂无论是相对比重还是绝对数量都明显下降。

---

① 严中平等,《中国近代经济史统计资料选辑》,科学出版社,1955 年,根据表 8 计算。

在冶炼业中,新式冶铁产量由 13 万吨增加为 66.97 万吨,增加了 4 倍多,其在全部生产中的比重由 43.3% 上升为 82.7%,而土法冶铁的产量在这期间却减少了 30 万吨,其在全部生铁产量中的比重则下降为 17.3%。① 从这些数据可明显看出机械生产在开采铁矿和冶炼生铁中占据了明显优势。全国铁矿和生铁年产量及两种不同生产方法的比重变化见表 6-7 所示。

表 6-7 1912 年～1937 年中国铁矿和生铁年产量表　　单位:千吨

年份	铁矿			生铁		
	机械开采	土法开采	机采比重(%)	机械冶炼	土法冶炼	机械冶炼比重(%)
1912 年	221.3	502.2	30.6	8.0	170.0	4.5
1927 年	1181.2	528.9	69.1	257.9	178.9	59.1
1937 年	3410.0	409.7	89.3	831.1	127.5	86.7

资料来源:许涤新、吴承明,《中国资本主义发展史》第三卷,人民出版社,1993 年,第 120 页。

上述数字表明,由于旧式生产被排斥,一部分转而采用机器和动力,以及新式矿厂的建立,到抗战前,新式采煤业及新式冶炼业已占绝对优势地位,而且在多数重工业部门中,近代生产已处于绝对优势。

表 6-8 表明,在工矿业发展的同时,无论新式运输还是传统运输业均在增长,但新式交通业的比重发生了明显的变化。1887 年～1914 年期间,传统运输业以较快的速度增长,年增长率达 5.1%,这期间新式运输业出现,但到 1914 年时产值只有 1.33 亿元。1914 年～1936 年期间,近代运输业迅速发展产值增加 1.38 倍,年增长率达 4%,到 1936 年时其在全部运输业中的比重超过 30%,而旧式运输业的增长速度缓慢,22 年中只增长 39%,年增长率为 1.5%,到 1936 年时其在全部运输业产值中的比重也降至 70% 以下。

---

① 严中平等,《中国近代经济史统计资料选辑》,科学出版社,1955 年,第 102～104 页。

表 6-8　中国新式与旧式交通运输业的增长及比重变化(1887～1936)

1936 年币值:亿元

		新式运输业	旧式运输业	合计
1887 年	净收入值	0	1.36	1.36
	比重(%)	0	100.00	100.00
1914 年	净收入	1.33	5.22	6.55
	比重(%)	20.31	79.69	100.00
1936 年	净收入	3.16	7.26	10.42
	比重(%)	30.37	69.63	100.00
1914 年～1936 年增长率		4.00	1.50	—

资料来源:同表 6-7。

另据海关统计,1864 年～1903 年期间进出口的帆船每年以 6.3%的速度增长,1904 年～1914 年期间的增长速度减慢,年增长率只有 2.4%,而 1914 年～1930 年期间,情况发生了根本性的变化,往来的帆船以每年 4.4%的速度递减。① 中国所有的轮船,1887 年时只有 25 398 吨,到 1914 年时增至 92 549 吨,27 年中增加了 2.6 倍,1914 年以后,轮运发展迅速,到 1936 年时吨位增至 576 875 吨,22 年中增加 5.2 倍。② 在激烈的竞争中,轮船代替帆船运输的过程在加速进行。以川江航运为例,1919 年时帆运所占比例还在一半以上,但到 1926 年时已全部为轮运所代替。再如长江中下游的淮盐运输向以帆运为主,正是在这一时期轮运以不可阻挡之势排斥了帆运。

铁路运输的兴起也是这一阶段交通运输业中显著的变化之一。从表 6-9 看出,1919 年～1937 年期间是近代中国历史上年平均筑路最多的时期,这期间平均每年筑路 540.77 公里,多于前后其他时期(1887 年～1919 年和 1937 年～1944 年期间,年平均筑路约在 337 公里左右)。铁路货运量在这段时间也不断增加。1917 年全国铁路运输量约 489 517 万吨公里,1925 年递增至 787 244 万吨公里,增长幅度为 60.8%;到 1935 年达到 1 083 765 万吨公里,又增长了 37.3%,其中货

---

① 侯继民,《外国投资和中国的经济发展,1840～1937》,第 171 页,转引自刘佛丁,《中国近代经济发展史》,高等教育出版社,1999 年,第 247 页。

② 严中平等,《中国近代经济史统计资料选辑》,科学出版社,1955 年,第 227、234 页。

运增长了57.83%,客运增长了15.62%。① 这一时期铁路运载能力增长也很快,机车由1912年的600台增至1935年的1 243台,机车牵引力则从5 340吨增至13 535吨。②

表6-9 中国铁路修建情况(1887～1944) 单位:公里

时期	筑路里程	平均每年筑路里程
1887～1919	11142.64	337.66
1919～1937	10274.56	540.77
1937～1944	2697.47	337.18

资料来源:根据严中平等,《中国近代经济史统计资料选辑》,第172～179页数字计算。筑路年份不详的没有计入,衔接点年份重合是由于便于处理一些铁路筑路时期的归属。

新式交通的迅速增长还突出地表现在公路运输和民用航空事业,这两种运输方式正是在这一时期从无到有并发展壮大。1913年时,中国实际上还没有新式公路可言。1923年起开始大规模地修筑公路,1928年全国仅有29 127公里,1930年发展到4.5万公里,到1936年全国公里通车里程约为12.13万公里。③ 中国第一家民用航空公司始建于1929年,到1935年时3家航空公司设立了10条通达全国的航线,通航里程超过168万英里。④ 但抗战前,民航的主要业务是客运,邮件货运量简直是微不足道的,因而民航对社会经济发展的作用主要是缩短了远距离邮件来往的间隔时间,加强了国内外的通讯联系。

在运输业发展的同时,邮政、电讯业也开始了在中国的起步。自1878年起,海关先仿照欧洲办法试办邮政,标志着近代邮政事业才开始起步。直到1896年3月建立大清邮政官局,而邮政业稳步发展的时期却是在中华民国成立后。1912年邮政局所增加到6 816处,邮路里程增加到22.98万公里;1927年又增至12 126处,邮路增至46.22万公里。⑤ 1936

---

① 严中平等,《中国近代经济史统计资料选辑》,科学出版社,1955年,第198、207页。
② 许涤新、吴承明,《中国资本主义发展史》第二卷,第829页。
③ 宁可,《中国经济发展史》第四卷,中国经济出版社,1999年,第2262页。
④ 郑友揆,《中国的对外贸易和工业发展》,上海社会科学出版社,1984年,第39页。
⑤ 《中国交通之发展及其趋向》,第317页,转引自宁可《中国经济发展史》第四卷,第2282页。

年不计东北地区,共有邮政局所12 619处,邮路58.48万公里。1920年~1929年,平均每年递增邮件5.36亿件,1930年~1936年增至7.83亿件,同时期邮政系统平均年收入由2 400万元增至4 070万元。①中国最早的电报事业出现于台湾,1882年,津沪电报总局改官办为官督商办,以后中国电报业进入了快速发展时期。据不完全统计,1895年全国电报线共有30 462公里,1912年就已发展到6.2万公里,电信局所565处,发报190万件。到1922年有线路9万公里,局所928处,发报250万件。② 但此后有线电报发展甚少,而无线电及电话业则发展起来了。

总的说来,1914至1936年期间,运输业大约以1倍于工农业生产的速度增长,特别是铁路、公路、轮船、航空等近代交通设备发展更快,运输能力的扩大与其他物质生产部门的发展是协调的,对国内商品交换和进出口贸易的扩大起到了促进的作用。交通运输业在近代中国经济发展中占有极其重要的地位,在产业资本中,交通运输业占了相当大的比重,无论是中国资本还是外国资本无不如此。从表6-10可看到,尽管民国时期交通运输业的资本和产值都在近代产业资本发展中占有相当地位,但它的作用不止于此,更在于其作为经济大动脉的作用。缺乏近代交通手段影响的不仅仅是工商业,同时还制约着农业技术的传播和农产品的商品化,并反过来影响社会分工和专业化发展。

表 6-10　近代中国产业资本估值　　　　　　单位:亿元

	1894年	1911年	1920年	1936年(关内)
产业资本总额	12155	178673	257929	544593
其中:中国资本	6749	76548	112022	358669
交通运输业资本	4410	112051	151445	230592
其中:中国资本	1795	47616	68445	179796
交通运输业资本占产业资本总额(%)	36.28	62.71	58.72	41.58
中国交通运输业资本占中国产业资本总额(%)	26.60	62.20	61.10	50.13

资料来源:许涤新、吴承明,《中国资本主义发展史》第三卷,人民出版社,1993年,第722~723页,表6-1。

---

① 许涤新、吴承明,《中国资本主义发展史》第三卷,人民出版社,1993年,第99页。
② 许涤新、吴承明,《中国资本主义发展史》第二卷,人民出版社,1990年,第833页。

除重工业外,在轻工业方面,机器工业也在一定程度上实现了对传统手工业的替代,其中以缫丝业、棉纺织业、面粉业最为突出。在19世纪80年代前半期,缫丝业基本还是手工缫丝一统天下,平均每年总产达15.52万担。到1936年,机器缫丝业从无到有,产量已达14.19万担。全国厂丝出口量从1922年的8.9万担增加到1929年的13.3万担。从1894至1929年,全国厂丝出口增加4.9倍,厂数与丝车(上海、江苏、广东三地)分别增加2.4倍和2.6倍。[①] 但手工缫丝并未完全退出市场,年产仍达9.17万担。

在民族机器棉纺织业产生前,传统棉纺织业已在一定程度上遭到洋纱洋布的摧毁,因此民族机器棉纺业产生后,很快就代替了传统手工棉纺织工业。1894年纺纱业的产量仅为34.2万关担,手纺业则为469万关担,到1913年机纱产量增长到168万关担,手纺纱则下降到143万关担,机纺纱在绝对数量上已超过了土纺纱;到1936年,国内机纱产量达858万关担,土纱产量进一步减少至88万关担。同纺纱业相比,机器织布业则发展相对缓慢。1894年,国内机制布仅539万匹,占全国棉布应有量的0.79%。1913年,国内机制布产量增长到1 756万匹,在棉布总产量中的比重仅为2.26%;直到1936年,才增长到4097万匹,为棉布总产量的45%。[②] 参见表6-11。

表6-11　1921年～1936年纱厂概况　　　　　　　　单位:%

年平均增长率	纱锭	布机	棉纱产量	棉布产量
1921～1930	7.58	10.44	2.37	16.21
1931～1936	1.19	6.32	0.25	5.92

资料来源:许涤新、吴承明,《中国资本主义发展史》第三卷,第120页。

在面粉业中,机器面粉业产生后也获得较快发展。表6-12记载了1913年和1936年各种面粉产量及其比重。其中,民族资本的机器面粉

[①] 厂数、丝车数据《中国近代缫丝工业史》第611～613页,出口量据第660～661页。1920年广东丝车数据许涤新、吴承明《中国资本主义发展史》第三卷,第148页。

[②] 许涤新、吴承明,《中国资本主义发展史》第二卷,人民出版社,1990年,第319～320页,表4、表5。

厂的产量由 1913 年的 2 036 万包增长到 1936 年的 10 917 万包,在机器面粉总产量中的比重由 4.35% 上升到 16.30%。尤其一战期间,面粉业的发展一度经过了非常兴旺的时期。国内生产机器面粉输出国外,自 1915 年至 1921 年连续 7 年出超,仅由于进口减少和出口增加,国内面粉厂的年销量就扩大了 943 万包。① 机器面粉增幅虽大,但手工生产的比重仍然占产量的 81.60%,居主导地位。

表 6-12　1913 年和 1936 年面粉生产状况表　　单位:万包

类别	1913 年	占总产粉量百分比(%)	1936 年	占总产粉量百分比(%)
机器面粉厂	4702	10.05	12322	18.40
民族资本	2036	4.35	10917	16.30
外国资本	2666	5.70	1405	2.10
手工业生产	42104	89.95	54635	86.10
总计	46806	100.00	66957	100.00

资料来源:据上海市粮食局、上海市工商行政管理局、上海市社科院经济所编,《中国近代面粉工业史》,中华书局,1987 年,第 91、94、106、111 页资料重新列表。转引自彭南生,《中间经济:传统与现代之间的中国近代手工业(1840～1936)》,第 120 页。

1914 年～1936 年期间,中国工业较为迅速的发展,引起了对外贸易商品结构上某种有利的变化。1914 年～1936 年期间,近代采煤业以年增长率高于 5% 的速度增长,到抗战前,煤炭进口已很有限,其在中国煤炭市场上的比重由 20 世纪初年的 55%,下降到只有 2% 左右,而出口则由 1911 年～1915 年的年均 116 万吨,增加为 1936 年的 430 万吨。② 为适应近代工业和运输业迅速增长的需要,1914 年～1936 年期间,机器、生铁、钢、其他建筑五金、化学产品、工业用染料和颜料、交通器材、液体燃料等生产资料的进口值显著增长。据统计,进口货物中生产资料的比重由 1910 年的 17.6% 上升为 1936 年的 44.5%,同期消费资料的比重则由 82.4% 下降为 55.5%。③ 与此同时,出口商品中制成

---

① 上海市粮食局编,《中国近代面粉工业史》,中华书局,1987 年,第 37～39 页。
② 赖特,《中国经济和社会中的煤矿业》,东方出版社,1991 年,第 49、71 页。
③ 严中平等,《中国近代经济史统计资料选辑》,第 73 页。

品的绝对值和相对值都有增加,尤其是机器制成品的增加更为显著。1913年时进口商品中居第一位和第二位的棉制品和棉纱,进口额曾高达1.82亿海关两,占全部进口值的32%。由于棉纺织业的发展,到抗战前的1936年,棉制品和棉纱的进口合计只有1 000万海关两略多一些,不足1913年进口额的1/18,其在全部进口值中的比例也下降到只占1.7%。为满足国内工厂的需要,原棉的进口增加,1913年进口最多高达469万担,而出口则几乎没有增长,为79万担。与之相并行的是棉纱出口的增加,1916年时中国棉纱出口还只有1.3万担,相当于该年进口棉纱的5%,此后只经过10余年的时间,棉纱的出口超过进口,1931年最多达61.8万担,较1916年增长近47倍。棉布的出口在1928年达到高峰,价值1 600余万海关两,约为1913年出口值的7倍。第一次世界大战以后,特别是从20年代中期开始,中国的棉纱出口逐步打开东南亚各国的市场,进而又开辟了近东、非洲和中南美一些国家的市场。[①]1931年后由于世界经济危机的波及,棉纱和棉布的出口都有所下降。

在第二产业发展的同时,第三产业在国民生产中的比重变化不大,大体维持在20%左右。但在这一时期有些事实是我们不应忽略的。1914年到1936年是我国近代商业和金融业发展较快的时期。在这段时间内仅农产品的交易量就大幅上升,从1840年的24 987.2万元增长到1894年的78 574.9万元;到了20世纪10年代更猛增到21 717.9万元。甲午战争后,新式商业也在中国发展起来。在新式商业发展最快的上海,原先从事推销进口洋货或收购出口土货的华商字号已成为与资本主义生产方式相联系的新式商业,原有的杂货铺向现代的百货商店方向发展,并逐渐向各地扩散。民国时期,还产生了称为"市场之市场"的物品交易所,它又成为商业进一步现代化的标志。[②] 可以说,此时的商业组织中形成了楔入中国市场的外资商业、在通商口岸及其他城市的华资新式商业以及广大内地乡镇和农村传统商业这三重结构,[③] 同

---

① 郑友揆,《中国的对外贸易和工业发展》,上海社会科学出版社,1984年,第41~42页。
② 丁日初,《上海近代经济史》第二卷第六章,上海人民出版社,1997年。
③ 沈祖炜,《中国近代商业市场的三重结构(1895~1927年)》,《中国经济史研究》1994年增刊。

时在 19 世纪 90 年代到 20 世纪 30 年代中期商人资本在不断增长。

表 6-13 中国商人资本估值(1894~1936) 单位:万元

年份	商业资本	金融业资本	商人资本估计
1894	65 600	20 000	85 600
1913	166 200	56 489	222 689
1920	230 000	125 953	355 953
1936	423 000	802 248	1 225 248

资料来源:宁可,《中国经济发展史》第四卷,第 2342 页,表 11-3。

从表 6-13 可以测算出,1894 年~1936 年中国商人资本的增长是很快的。其中,1894 年~1913 年间增长了 160.1%,年均增长率为 5.16%;1913 年~1920 年间增长了 59.8%,年均增长率为 6.93%;1920 年~1936 年间增长了 244.2%,年均增长率为 8.03%。1914 年商业收入为 16.55 亿元,到 1936 年时增加为 25.66 亿元,平均年增长 2%。① 在商人资本的增幅中,金融资本的增长更快一些。自 1897 年中国通商银行建立,到 20 世纪二三十年代为国内设立银行的高潮期。1912 年全国仅有 12 家银行,到 1937 年,各类银行共计 162 家,其在各地的支行共计 1 700 家,实收资本 4.34 亿元,存款总额 40.68 亿元,放款总额为 25.95 亿元。另据侯继民计算,1921 年~1936 年间,中国新式银行的贷款额定以年率 12.3%的速度增长,② 因此商业、金融业以较快速度发展是第三产业在全部国民收入中比重增加的一个主要原因。

第二节 不同产业之间的劳动力转移

按照发展经济学的理论,在向工业化过渡的过程中,随着工业的发

---

① 刘佛丁主编,《中国近代经济发展史》,高等教育出版社,1999 年,第 242 页。
② 刘佛丁、王玉茹,《中国近代的市场发育与经济增长》,高等教育出版社,1996 年,第 238 页。

展,工业部门的人均收入高于农业部门,就会出现农业产业中的富余人口由农村向城市,由第一产业向第二、三产业转移的趋势。因此,人口流动的趋势也是工业化过程的一个标志。在中国,随着近代工业的兴起与发展,人口也随之出现了转移的趋势。洋务运动后在沿海、沿江城市出现投资办厂的高潮,无论是外国企业还是中国私人投资企业,都在努力扩大经营规模,吸收外来劳动力资源。与此同时,在农村也发生着翻天覆地的变化。由于洋纱、洋布的输入,自然经济解体,大量手工业者破产,城乡富余劳动力大量出现,从而为农业劳动力向工业转移创造了条件。这些劳动力也成为近代工业发展的后备军,为工业发展提供了劳动力基础。所以近代中国劳动力的转移绝不仅仅是农业向工业的转移,而表现为更多的转移方向。

在劳动力转移中首先表现为农民和手工业者流入城市和随之引起的城市雇佣工人的迅速增加。1887年时,中国城市人口估计为7 552.7万人,到1936年时增加为12 259.3万人,① 50年间增加了4 706.6万人,年增长率为9‰。而这一时期中国人口的自然增长率为5.8‰,城市人口的增长率远远超过人口自然增长率,其超过部分可视为由农村迁入城市的人口数。在工业部门中,人口数量也有很大变化。1933年,新式工厂和矿业中的工人人数估计为968 000人,中小厂矿的工人估计为110万人,② 二者合计为206.8万人。这些工人绝大多数是从破产农民和手工业者转化而来的。试以上海市为例,据《中国劳动年鉴》记载,上海纱厂工人中本地人口只占30%,江苏北部应募进厂的占40%,其他

---

① 1887年城市人口数是根据《光绪会典》卷17中的中国人口数和张仲礼《19世纪80年代中国国民生产总值的粗略估算》中城市和乡村人口的比例计算;1936年的数据是根据章有义在《近代中国人口和耕地的再估计》(载《中国经济史研究》1991年第1期)计算,1936年的中国人口数是根据巫宝三在《中国国民所得》一书中城乡人口的比例数计算。

② 据巫宝三《中国国民所得,1933》中的调查,1933年时符合工厂法的中外企业共有工人738029人(见该书上册第71页)。该年在外资和华资新式矿厂中劳动的工人约为230000余人(见刘佛丁《试论我国民族资本企业的资本积累问题》,《南开学报》1982年第2期。二者合计为968000余人,1933年中小矿工人数也是根据刘佛丁先生在同一篇文章中所作的计算。

各省的占 30%。①

除了农业人口由第一产业向第二产业转移,也有相当一部分转入第三产业,这种人口迁移主要表现为省际迁移,而且多以商人为主。明清时期中国出现的十大商帮,其足迹遍及全国各地,虽在近代时期已见其衰败迹象,但这种跨地域经商之风仍然保存着,这从散布全国各大商埠的商人会馆、公所就可略见一斑。会馆是地缘性的同乡团体,公所是业缘性质的同业团体。据统计,上海、苏州、汉口、北京四个城市有明确设立年份的行会,1912 年后实存总数 341 个,其中 1840 年前成立的 98 个,占实存总数的 28.7%,1840 年～1903 年成立的行会最多,达 166 个,约占总数的 48.7%。②

对从农村中流出的劳动力的统计也可以看出劳动力由农村向城市流动的趋势。据对江苏无锡 11 村农户人口的调查可知,20 世纪 20 年代末无锡在外人口数已占总人口数的 8.7%,在外劳动力占总劳动力的 11.8%,两项比重均呈上升的趋势。这些人口和劳动力一般迁移到无锡市和上海市,大部分系永久性迁移。在考察这段时期无锡农村劳动力在农业部门就业比重时还可看出,劳动力在农业部门就业比重已下降到 54%左右,相应的非农业产业部门就业比重达 34%以上,这表明此区域农村劳动力就业结构高度化③ 已达到一定水平。见表 6-14 所示。

表 6-14 无锡 11 村农户人口与劳动力部门就业构成表(%)

	1929 年	1936 年	1948 年
总劳动力	100	100	100
农业部门就业	58.75	57.36	54.06
非农业部门就业	28.59	29.55	34.19
家庭劳务及其他	12.66	13.09	11.75

资料来源:根据吴柏均,《无锡区域农村经济结构的实证分析》,《中国经济史研究》,1991 年第 3 期。

---

① 汪清彬,《第一次中国劳动年鉴》,北平社会调查部,1928 年,第 359 页。
② 虞和平,《商会与中国早期近代化》,上海人民出版社,1993 年,第 34 页。
③ 就业结构高度化为劳动力在一、二、三产业部门就业比重变动的衡量指标。

劳动力迁移的第二个方向是向国外移民。众所周知,在世界市场形成过程中,人口向新大陆迁移是其主要组成部分之一,在其高峰的1881年～1910年期间,欧洲国家移往世界其他地区的人口高达2 500万人。[1]而中国人口的国际迁移虽古已有之,但为数甚微。直到清末,禁止人口出洋政策被废除,人口向国外迁移才有所发展。迁移的原因最主要的是经济压迫和追求企事业的发展,二者占全部原因的2/3强。[2]据表6-15中陈泽宪的分析,从1851年到1925年间,中国外迁的移民总数为268万人,这一数字虽较为可信,但也难以涵盖所有迁出的契约华工和官方管辖范围之外的移民数。

表6-15　1851年～1925年间海外移民数估计　　　单位:万人

时间	1851～1875	1876～1900	1901～1925
移民数	128	75	65
年平均	5.12	2.88	2.60

资料来源:陈泽宪,《19世纪盛行的契约华工制》,载吴泽主编《华侨史研究论集(一)》,华东师范大学出版社,1984年,第84～87页。

到20世纪40年代初,中国在外华侨只有11 410 424人。[3]以华侨人数最多的福建省为例,在近代百余年间人口迁移数达187万,移民流向则由中国沿海地区迁往殖民地,主要有东南亚、北美、南非、澳大利亚和新西兰,其中以东南亚为最多,尤其是印尼、马来西亚、泰国、缅甸和菲律宾等地。虽然此时迁移的人口多为华工出口,但也为中国城市化进程、近代劳动力市场的形成起到了推动作用,同时迁移人口对家乡也带来诸如增加了侨汇、形成了社会投资等多方面的影响。

劳动力迁移的第三个方向是向新兴垦牧区移动。这种劳动力迁移表面看来是农村向农村的移动,但造成这种迁移的直接原因仍在于预期收益的差异。农村人地比例矛盾始终未曾得到解决,在这种情况下,

---

[1] Simon Knznets, Modern Economic Growth: Rate, Structure and Spread, Yale University Press, 1966, p. 52.
[2] 葛剑雄,《中国移民史》第六卷,福建人民出版社,1997年,第537页。
[3] 《财政评论》,第3卷,第4期。

能获得更多的土地就是农村人口获得更高收益的直接保障。在近代多有对荒地的开发行为,这些都导致了人口的大量迁移。其中最集中的体现就是20世纪初期出现的"闯关东"风潮。

东北地区土地膏腴,矿藏丰富,甚至"一经播种,无不丰收,产品容易销售,荒价和垦荒工本低廉。到该处开地者,不数年皆成富户"。① 清政府对东北地区原本采取封禁政策,但是日俄两国加剧了对东北、内蒙古的争夺和领土的直接占领,关内人口压力的不断增大及频繁的自然灾害,使越来越多的农民流往关外。20世纪初期,东北出现了较大规模的铁路修筑,筑路劳工数量大增,这些使清政府传统的封禁政策难以维持。1908年封禁政策废除,于是在20世纪20年代就形成向东北、内蒙古地区移民的高潮。这一时期,山东、直隶及山西、陕西农民向内蒙古、东北地区的流动更是达到空前的规模。据估计,山东、直隶等地前往东北的农民1926年以前每年约30万人,1927年以后每年达100万人,②这直接导致东北人口迅速增加。多数学者对东北地区的人口估计认为,甲午战争前夕,东北人口为200万~300万,1900年为900万~1000万,1927年~1930年间为3000万,30多年增加了10倍左右。参见表6-16。新增人口中除小部分为自然增长外,大部分是关内移民。③ 据南开大学社会经济调查委员会的统计,1923年~1949年从山东流入东北的移民数达1 836万余人。而山东移民在东三省移民中约占80%。据此推算,则民国年间从关内流入东三省的移民总数大约为2 295万余人。④

表6-16 内地人民移入东三省之估计(1923~1929) 单位:人

年份	1923	1924	1925	1926	1927	1928	1929
人数	341638	384730	472978	566725	1050828	1089000	1046291

资料来源:东三省调查局编,《北满移民问题之研究》,1930年,第42、43页。

---

① 《大公报》,宣统二年三月二十九日。
② 连浚,《东三省经济实况揽要》,第136页,转引自汪敬虞,《中国近代经济史1895~1927》,人民出版社2000年5月版,第1362页。
③ 汪敬虞,《中国近代经济史1895~1927》,人民出版社,2000年,第1258页。
④ 陈映芳,《旧中国移民流及与劳动市场之关系》,《社会科学》(上海),1990年第2期。

流往东北的关内移民,大约70%来自农家,他们到达东北后,除小部分从事修路、开矿和商业性劳动外,大部分从事农业生产。据1926年的估计,中东铁路沿线各区人口为930万～950万,其中800万人从事农业,①占85%。离铁路线较远的地区,农业人口比重更高。在迁入人口中,一部分以雇佣劳动者的身份进入工矿企业,从事近代生产。移民是东北产业工人的主要来源。1898年沙俄修筑中东铁路,"所用土夫,多系由直隶、山东陆续招致,三省不下一二十万人,以吉林一省言之,奚啻五六万人"。②修筑京奉等铁路时亦然。东北各地矿山的矿工大部分也是从华北招募的。1921年抚顺煤矿采炼苦工中,原籍为山东的占53.4%,原籍是河北、京津、热河的占39%。③这也可从抚顺煤矿中煤工原籍数中得到证明。据1921年1月的调查,如表6-17所示。

表6-17 抚顺煤工主要原籍历年人数比较表(1914～1921)　　单位:人

	山东	直隶	东三省	其他各处	共计
1914年9月	5 288	1 792	535	35	7 650
1916年6月	4 796	1 331	395	17	6 593
1916年10月	4 527	1 261	302	28	6 618
1916年12月	5 445	1 608	563	34	7 655
1917年4月	4 430	1 521	418	37	6 406
1917年8月	4 340	1 849	409	46	6 644
1917年11月	6 255	2 767	572	48	9 642
1918年4月	6 087	3 591	607	66	10 351
1919年1月	6 323	2 869	904	95	10 191
1920年9月	5 119	3 631	640		9 390
1921年1月	6 715	4 911	790	168	12 584

资料来源:汪清彬等编,《第一次中国劳动年鉴》,第365页。

从表6-17可以看到,在1914年～1921年的11次调查中,抚顺煤工中关内迁入的比例一直在90%以上,而东三省本地人口所占比例则

---

① 吕荣寰,《北满与东省铁路》,第43页。
② 吉林将军长顺奏折,光绪二十六年六月初十日,明清档案馆《义和团档案史料》上,中华书局,1959年,第252页。
③ 汪清彬,《第一次中国劳动年鉴》,北平社会调查部,1928年,第365页。

低于10%。

最后,劳动力的迁移还表现在劳动力的短期流动,从事雇佣劳动。甲午战争后,在农业中出现了资本主义的经营方式,经营地主、农牧垦殖公司成为农业产业中的新现象。与之相适应,农业自由雇佣劳动和资本主义的雇工经营也有所发展。加之封建政权对人口流动限制的放宽和农村封建宗法束缚的放松,一些地区的雇工流动空前频繁,流动范围也明显扩大,部分地区开始了农业劳动力的商品化进程。这种雇工的流动从地区范围看,有的是当地或邻近地区的流动,有的是跨省区,或内地、边远地区之间的远距离、大范围的雇工运动。这种农业雇佣劳动者频繁而大规模的流动,使农业雇工的籍贯结构发生了明显变化,即客籍雇工数量增加,本地土著雇工相对减少,甚至客籍雇工成为雇佣劳动者的主力。在绥远、集宁,农户雇工以短工为主,此类短工大都来自山西。① 包头迤西的中滩地方,农忙短工几乎全部来自外地。该地有农户千余家,雇佣外来农工总数多达二三千人。② 雇工的频繁流动,农业雇佣劳动中客籍雇工数量和比重的提高,既是自由雇佣劳动发展的一个标志,又是加速经济发展的一个条件。

从这种劳动力的转移方向看,它虽然并未完全表现为第一产业向第二、三产业的转移,而只是在产业内部的移动,但这种移动并不仅仅是地区上的迁移,更表现为新的生产方式——雇佣生产方式在农业部门的出现。这种新的生产方式的广泛出现也是近代经济发展的标志之一。

在工业化初期形成的"农村—城市"的人口迁移模式取决于两个因素:一是农业发展水平的提高,二是工业的发展。前者为人口迁移的物质前提与基本原因,后者为人口迁移的主要推动力。人口迁移的直接动因在于工资水平或对收入预期的差异,然而值得注意的是在近代中国造成劳动力迁移的直接原因并非于此。由于庞大的人口基数及不利的

---

① 《平地泉集宁县之经济状况》,《中外经济周刊》148号,1926年1月30日,第19~20页。

② 《中滩农业调查》,《中外经济周刊》162号,1926年5月15日,19~20日,第62页。

人地比例关系,使无论在城市还是农村,总有大量富余劳动力,过剩人口的存在并不是农村生产力水平提高造成的,而是一种普遍现象。另外由于劳动力市场还极不完善,所以工资在劳动力资源的配置上尚不能发挥其调配作用。因此,那时城市工业部门劳动力的供应并不是通过高工资吸引所能解决的。这就是为什么那时在很多外资企业,乃至一些民族企业中广泛存在着包工制度的原因。

人口的迁移对产业结构产生了巨大的影响,无论人口迁移的方向是第一产业,还是二、三产业,迁移的原因是主动的,还是被动的,总之,人口的流动毕竟促进了城市的发展,促进了商品经济的发展,对传播先进技术、活跃经济,促进近代工业发展有一定的作用。而且这种劳动力的迁移和流动也开始造就和培育了中国最早的劳动力市场。但这种劳动力市场毕竟是不完善的,劳动力的迁移无论从数量上,还是地域上都是有限的。由于传统的乡土观念,使农民到城市工作只是暂时的、被迫的现象,一旦劳动条件稍有好转,他们当中很多人就离开工厂,返回故乡了。另外,中国劳动力供给表现为总量的过剩,却存在着供给和需求结构上的不平衡,熟练劳动、技术工人缺乏。因此,产业结构调整中的劳动力移动也表现出了劳动力市场发展的不平衡性和不成熟性。

第三节 影响产业结构的主要因素

近代中国产业结构处于缓慢调整和变化之中,形成这样的结构是多种因素作用的结果。这些因素既有内生的,又有外生的,有些因素促进近代产业结构的调整,有些使产业结构调整的步伐难以为继。本节仅对这些因素及其对产业结构调整的影响作出初步的经验性的总结。

一、促进产业结构调整的因素

(一)生产技术、管理制度的引进

从第一产业向第二、三产业转移,其中的重要因素是二、三产业自身的发展。中国近代百年间第二产业所占比重逐渐上升,与洋务运动后不断引进外国生产技术、管理制度有密切的关系。

从洋务运动起,政府的政策鼓励及甲午战争后外商在华投资办厂高潮的兴起,使得无论是军事工业、民用工业,还是重工业、轻工业,在生产技术方面均有长足发展,引进了技术和生产方法后,机器装备数量、产出量均有大幅增长。这种技术上的改进主要体现在购买先进设备和以蒸汽机、电力代替人力上。工厂使用的蒸汽机1913年为43 448马力,1918年约增加1倍,为82 750马力,同时期全部机械动力也增加了1倍多。① 从1914到1924年间全国机器进口总值从8 549 527关两增加到23 059 724关两。② 近代工业发展中处于领先地位的棉纺织业进口机器的增长数量更是惊人,1914年棉纺织机占进口机器总值的23.8%,到1922年则占到进口机器总量的60.7%。③ 上海华资丝厂1897年拥有丝车7 500部,④ 而到1927年增加到了22 168部,增加了1.95倍。⑤ 生产的进步还体现在生产方法上,1912年土法小矿的煤产量占全部煤炭总产量的43%,1916年降为40.7%,1920年又降为33.7%,1927年再降为26.8%,⑥ 全国机器开采煤产量从1912年的516.6万吨上升到1927年的1 769.4万吨。⑦ 技术装备、生产方法的改进使近代中国工业产量、产值均得以快速增长,在国民经济中所占比重日益上升。

在引进外国先进生产技术、设备的同时,管理制度也在不断地改进。洋务运动初期中国企业还基本为完全的官办企业,带有浓厚的封建色彩,而到洋务运动后期,这种完全官办的企业已开始向官督商办、官

---

① 汪清彬,《第一回中国年鉴》,北平社会调查部,1928年,第1430页。
② 汪敬虞,《中国近代经济史1894~1927》,第1625页,表5。
③ 汪敬虞,《中国近代经济史1894~1927》,第1625页,表5。
④ Chinese Economic Monthly,1925年3月号,第3~7页。
⑤ 刘大钧,《中国丝业》(英文),第94页。
⑥ 杨松等编,《中国近代经济史资料选辑》,北京三联书店,1954年,第104页。
⑦ 严中平等编,《中国近代经济史统计资料选辑》,科学出版社,1955年,第124页,表15数字。

简合办乃至完全商办的方向转化。在19世纪70年代出现了中国最早的公司制企业,从此以后公司制企业在中国方兴未艾。1928年前,中国以公司制组织注册的企业有716家,注册资本总额为46 312.8万元;1929年到1935年间,以公司制组织形式注册的为1 966家,资本总额为56 039.5万元。就注册数来说,相当于1928年以前的2倍以上。①股份公司的设立使中国的企业向科学的组织、科学的管理迈出了一大步,使企业的经营方式、经营方向发生了转化,并越来越适应大机器工业生产发展的要求。在企业组织方式、经营方式转化的同时,企业的内部制度、规章也不断趋向规范化和科学化。企业内部管理有章可循、有规可依,内部组织系统更趋合理,更适应市场的要求。

从这一方面看,技术和制度仅仅是促进生产力发展的一个要素,但只有以此促进了工业的发展,才能使产业结构渐进地得到调整与优化。因此,生产技术及管理制度的进步是产业结构之所以能够完善的首要因素之一。

(二)市场体系的完善

市场的扩大和发展是经济发展的重要保证。第二、三产业能够发展与国内市场体系的完善有密切的关系。这种市场体系的完善首先表现为商品市场的扩大,其次还有劳动力市场、金融市场、证券市场的初步形成等。

商品市场的扩大是引起近代产业结构变化的最主要的市场要素。商品市场扩大有国内的原因,更存在国际背景。从国内来看,由于外国资本的入侵,国内市场的扩大并非传统经济自身发展的结果。当传统自然经济被打破,自然形成一种强大的市场需求,以补充原有的家内生产的产品。正是由于广大农村自然经济的破产,也就形成了对工业品的强大需求,这也成为近代工业发展的有力推动剂。有些专家从铁路货运量、轮船吨位数等指标来衡量市场容量的扩大,见表6-18所示。

---

① 陈真编,《中国近代工业史资料》第4辑,三联书店,1961年,第59页。

表 6-18　甲午战争后中国的商品市场扩大情况表

项目	1895 年	1913 年	增加倍数
铁路里程（公里）	364	9 618	25.4
铁路货车（辆）	5 937	10 652	0.8
通商口岸进出船只（只）	37 132	190 738	4.1
（千吨）	29 737	93 335	2.1
内河船只（只）	2 117	2 163	0.02
（千吨）	54	120	1.2
进口贸易价值（千两）	171 679	570 163	2.3

资料来源：《中国近代工业史资料》，第 2 辑，下册，第 1096 页。见孙健，《中国经济通史》（中卷），中国人民大学出版社，第 865 页。

第一次世界大战的爆发使国内商品市场进一步扩大。一战开始后，外国对华输入商品大大减少，其中 1915 年竟比 1913 年减少了 20.3%，[①] 尤其一战后期由于商船的缺乏，远洋运输费用急剧上升，较 1913 年或 1914 年高出 10 至 20 倍，[②] 从而使进口商品的成本大大提高，于是人们从购买外国商品转而购买本国商品，为民族企业的扩大生产提供了市场。

另外，这一时期中国人民抵制洋货的运动也对扩大国内市场起到了一定作用。1905 年抵制美货运动，使中国织布业、面粉业等厂家增多，销场旺盛。1915 年日本提出的"二十一条"又激起民众大规模的抵制日货运动。1919 年"五四"运动爆发后的近十年间爱国运动接连发生，其规模及影响作用也急剧壮大，使洋货销量大减，国货迅速增加，在有些行业国货甚至出现供不应求的现象，可见爱国运动也是国内市场扩大的原因之一。

在国内市场扩大的同时，国际市场也在扩大。尤其一战期间，由于战争关系，各帝国主义国家对各种战略物资的需求急速增加，反而开始要求中国向他们出口，这成为中国工业发展的刺激性因素。一战四年中

[①] 杨端兴、侯厚培编，《六十五年来中国国际贸易统计》，国立北平图书馆，1931 年，第 1 表。

[②] 郑友揆，《中国的对外贸易和工业发展》，上海社会科学出版社，1984 年，第 37 页。

国出口比 1913 年增长了 14.8%～20.5%。① 根据海关报告,一战前的 1913 年,英国输华商品总值约为 9700 万关两,但自 1914 年后就逐步下降,直至 1918 年下降至不足 5000 万关两,几乎减少一半。法国输华商品总值 1918 年只有 1913 年的 1/3,德国在同时期对华商品输出下降得更多,到 1917 年～1918 年时已完全中断。可以说一战的发生为中国工业的发展,尤其是轻工业的发展提供了空前的市场空间,尽管这种发展是短时期的,但商品市场的扩大亦成为产业结构调整的直接外力。

在商品市场扩大的同时,引起注意的还应有劳动力市场和金融市场的形成。19 世纪 70 年代以后,各国廉价纺织品的输入,使农村的自然经济解体,越来越多的农民、手工业者陷入失业破产的境地,从而为近代劳动力市场的产生创造了条件,也为工业的发展提供了机会。对此问题此处不再展开论述。

金融是经济的核心,金融市场也是适应商品市场而发展起来的,并成为商品市场发展的有力推动力。从 1897 年中国第一家银行——中国通商银行建立,到 20 世纪 20 年代末、30 年代初逐步形成了以上海为中心,向沿海、内地城市扩展的包括封建时代就已出现的金融机构——钱庄,以及具有近代性质的银行、交易所等机构的金融市场。它调动了闲置资金投入生产,加速了资金流动。在金融市场形成的初期,主要服务对象是商业活动,而与近代工业的兴起联系甚少,工业企业遇到资金筹措上的困难,都不得不借助于政府的关系来解决。20 世纪初期,银行法和其他一些有关金融活动法规相继颁布,中国私人商业银行有了迅速的发展,并且也加大了对工矿交通业的投资。1926 年～1936 年的 11 年间,上海银行的放款额由 1 919.5 万元增加为 11 954.9 万元,增加了 5 倍多。其中对国货工业的贷款则由 1931 年的 2297.4 万元增加为 1936 年的 3 837.2 万元。② 据 20 世纪 20 年代的一次调查,78 家企业平均借

---

① 杨端兴、侯厚培编,《六十五年来中国国际贸易统计》,国立北平图书馆,1931 年,第 1 表。

② 中国人民银行上海市分行金融研究所编,《上海商业储蓄银行史料》,上海人民出版社,1990 年,第 608～609 页。

入资本占全部资本的比例达 36%。①

证券市场也是市场体系中的一个组成部分。中国证券市场构建于清末明初,缘于企业发行股票和政府发行债券这些经济活动。最早发行的股票当属 1872 年的轮船招商局。但整个证券市场的发展还是受到了公司制企业发展的推动和政府公债发行的增多。一战后,私人企业不断增加,股份制企业在增多,上市交易的股票无论品种,还是股票总值都有显著增长。1914 年成立了上海股票商业公会,成为中国证券市场构建和发育的一个重要阶段。1918 年北京证券交易所开业,1920 年上海证券物品交易所的开业,1921 年 5 月上海华商证券交易所的开业,这些都标志着证券市场渐渐步入交易所时代,并从形式上与国际市场接轨。可以说证券市场的初步形成给私人企业筹措资本提供了极大的便利,提高了企业资本的利用效率,也使社会上的大量闲置资本集中起来,转化为民族工矿企业的投资,增强了市场的活力。

但对证券市场还应注意的是其极强的投机性。一些人投资创办证券交易所的目的就是为了牟取投机暴利。另外在证券市场上大量交易的是政府公债,这使社会上闲散资金大量地用于公债买卖和交易,而不去购买企业股票,因而证券市场并没有充分发挥其促进企业发展的功能。而且这部分购买公债的资金,又是被政府用于军事支出,使市场的发育受到了阻滞。

(三)政府政策作用的结果

产业结构的调整与优化是经济发展的标志之一,而中国经济的发展过程又是在外力作用下,尤其是在政府作用力下的一种强制性的制度变迁过程,因此在产业结构调整中政府政策的作用也绝不可小视。

近代工业发展肇始于洋务运动。在清政府的政策下形成了先创办军事工业,再发展重工业和轻工业的发展道路,这虽然与西方资本主义国家工业化的道路恰好相反,但毕竟为工业的发展提供了制度上的保证,形成了中国特有的工业化道路。清政府开始允许民间自由投资设厂

---

① 刘佛丁,《我国民族资本企业资本集成问题初探》,《南开经济研究所年刊》(1984),南开大学出版社,1985 年,第 232 页。

后,尤其是国民党政府于1929年12月颁布了《公司法》,使股东权益受到了法律上的保护,这必然成为调动投资者投资于公司的热情。同时还有一系列奖励投资办厂的政策颁布,这在一定程度上消除了投资者投资于公司的疑虑,这也成为中国历史上第一次投资高潮的形成的原因。在这一过程中,清政府还不断有多项奖励华商公司的章程和对工商业保护政策的实施,保证了近代工业的存在和发展。

南京政府成立后,从1928年起,基本收回了关税自主权。关税自主及有关的新关税税率标志着除日本外的各国都承认了中国的关税自主权,尤其是抵制了外货的倾销,在一定程度上保护了民族工业和国内市场的发展。1928年国民党政府实行了"裁厘改统"的税制改革,这项措施改变了以往厘金带来的沉重负担,使生产成本显著降低,促进了国内工业生产和商品流通。尤其是1935年的币制改革,统一了全国的货币,扩大了货币的流通范围,促进了工商业的发展,同时还稳定了法币与外币的关系,促进了进出口贸易的发展,并直接使1936年成为近代史上经济增长最快、增长势头最好的时期。据刘大钧《国民所得》一书中估计,中国国民生产总值,币制改革前的1933年为242亿元;1934年为213亿元;币制改革后的1935年为237亿元;1936年为259亿元。后两年明显超过前两年。法币政策的实施,使中国经济从1936年走出低谷,进入新一轮的增长。

(四)投资规模的扩张

19世纪末20世纪初,外国企业、中国政府及民族资本相继向工矿交通业和服务业投资,这也成为产业结构调整的一个重要原因。投资是推动经济发展的"一驾马车",在各种投资力量不断向工业、服务业的作用下,二、三产业的发展也成为一种必然。

甲午战争后,外国资本获得在中国的投资设厂权,1894年时外国在华企业资产总额约1.09亿美元,到1902年这一数目已增至4.78亿美元,[①]此后在1930年时更达19.77亿美元。外国资本如此,中国资本

---

① 不包括房地产。见许涤新、吴承明,《中国资本主义发展史》第二卷,第133页;吴承明,《帝国主义在旧中国的投资》,1955年,第52页。

亦然。在清政府、北洋政府及国民党政府的振兴工商政策中都明确表示了要维持和改造原有企业，同时向新领域扩张国家资本，另方面要放松对私人投资的限制，允许他们在某些领域发展。据刘佛丁先生对两次世界大战之间民族资本投资的研究，1919年～1922年期间，中国私人资本的工矿交通业投资增长率为13.94%，从1927年到1931年的4年当中投资共计增加3.21亿元，年增长率为13.43%。[①] 这段时期华侨资本对国内的投资数量也是相当巨大的。据林金枝估计，1862年～1949年，广东、福建、上海三地华侨资本投资总额达632716382元。[②] 对二、三产业如此大量的投资，使工业、服务业在国民收入中的比重日益增加，可以说只有优惠政策的存在、市场的发展，而没有足够数量的投资作保证，经济的发展也是不可能的，因此投资数量的增加也是产业结构得以变化的主要原因之一。

二、阻碍产业结构调整的因素

（一）农业发展不充分

国民收入的比重由第一产业向二、三产业转移，这种调整与优化的过程不仅要求第二、三产业有充分的发展，同时也要求第一产业为二、三产业提供足够的劳动力、资金积累和支持。而这些要求对近代中国农业来说都是难以达到的。

近代中国农业发展的步伐是极为缓慢的，而且虽然有产量的增长，但也主要得益于耕地面积的扩大，单位面积产量的增加是极少的。作为近代化生产标志的化肥及农业机械的使用虽在江浙一带始有出现，但对这个古老的农业大国，实在是少得可怜。海关报告中的农机进口，经常在10万关两以下徘徊，1912年是农机进口最多的一年，价值达到220万关两，但5年后，这批进口机器仍然没有销售出去。[③] 中国农史专家章有义先生指出，新式农具、化肥、外来良种等，"都不过是汪洋大海

[①] 刘佛丁，《试论我国民族资本企业的资本积累问题》，《南开学报》，1982年第2期。
[②] 葛剑雄，《中国移民史》（第六卷），福建人民出版社，1997年，第541页。
[③] J. Arnold：China. A Commercial and Industrial Handbook. 1926年，第89、101页。

的传统农业中发出的几点火星,远未形成火炬"。① 同时在整个近代,对农业的投入是相当少的,农业投资1936年只比1887年增加5.16倍,平均增加3.8%,若折成不变价格则只增加1.61倍,年均增长只有1.5%。② 在没有投入、生产工具落后的情况下,生产力水平低下的状况根本无法改变。同时农村早已发展成熟的封建土地制度使农业生产中蕴含的能量已全部释放,又没有资本主义性质的土地制度变革来刺激农业生产力的发展。在19世纪80年代至20世纪30年代期间,每公顷耕地的产量仅由158.37元增加为177.25元,(均为1936年币值),年增长率仅为0.23%。③ 在产业结构的调整和优化过程中,农业的积累至关重要。而此时的农业几乎没有为工业提供的剩余产品的能力,农民因产量没有变化,收入不能得到提高,市场购买力不足,商品市场难以扩大,农民也无力增加对农业的投入,并造成一种恶性循环。由于农产品生产不足,使工业在生产中原料、工资等都处于较高的水平之上,工业生产成本难以降低,也直接抑制了工业的发展。可见没有农业的充分发展,产业结构的调整、工业化的完成都是难以进行下去的,所以农业发展的不充分是影响近代产业结构调整的主要原因之一。

(二)工业发展的不平衡

第二产业在国民收入中比例的提高要求工业部门有着长期的、稳定的、平衡的发展,这对近代企业来说也是难以做到的。工业化的进程,产业结构的调整本身就是一个长期的过程;在近代百年间,工业的发展实际只是整个工业化过程中很短的一瞬,但就在这很短的时间中,由于过多地受到政策、政局等外部环境的影响,使工业发展有着极强的阶段性,发展过程可以说经过了几起几落。除此之外,造成产业结构调整困难,工业难以快速成长的原因更有工业发展中的不平衡性。这种不平衡性主要体现在以下三个方面。

1.工业内部结构上的不平衡,主要表现为轻、重工业比例失调。在

---

① 章有义,《海关报告中的近代中国农业生产力状况》,《中国农史》,1991年第2期。
② 张东刚,《总需求变动趋势与近代中国的经济发展》,高等教育出版社,1997年,第143页。
③ 刘佛丁,《中国近代经济发展史》,高等教育出版社,1999年,第135页。

洋务初期,清政府才开始兴办工业时,发展的几乎全部是重工业或军事工业,而根本没有轻工业。由于没有足够的资金、技术支持,且重工业本身投资大、周期长、周转慢、效益低等特点,使这种产业结构难以为继。而在20世纪初,民族工业发展时,又基本表现为轻工业,重工业在这段时期并未得到发展。

2. 行业间的不平衡。一些行业已经开始向机器生产过渡,另一些行业则停滞不前;一些行业中已经出现近代工厂,另一些行业则仍然沿袭着传统生产方式。各行业的发展并未同步合拍。即使在某一种工业内部,其结构也是不平衡的。如在榨油业中,"大豆油之制炼厂,大都集中于辽宁,而规模较大者,多为外人所经营。桐油之精制厂,均集中于汉口,花生油之制炼厂,皆在青岛,其他植物油之制造,则罕有来自新式制油厂者"。① 如钢铁工业方面,一面有矿砂大量出口,另一方面钢铁以及机器设备却完全依赖进口。棉纺织业方面,新式织布厂少于纱厂,印染能力又低于织布能力,整个系统的发展很难配套。这种不平衡的结构使近代工业的全面发展受到了极大的"瓶颈"制约,难以出现均衡发展的趋势。

3. 工业发展地区上的不平衡。由于外国资本首先进入的是沿海、沿江的通商口岸城市,这样就使工业相对集中在这些地区。1919年,375个注册工厂,在江苏的有155个,河北57个,浙江42个,广东33个,山东31个。② 这种地区上的不平衡性,使城市、农村经济发展出现很大差异,并且使沿海、内地差异加剧。另外工业集中于沿海、沿江通商口岸,就脱离了本国的原料产地和销售市场。如江苏省集中了全国绝大部分纱锭,1921年的棉产量只占全国产量的24%,而陕西的产棉量占到全国的8%,却没有一枝机器纱锭。③ 综上所述,种种的不平衡使工业结构呈现出一种畸形的状态。

---

① 杨大金,《现代中国实业志》,上海商务印书馆,1938年,第678页。
② 参见申报编,《最近五十年》,1923年,第8页。
③ 参见《中国棉纺统计史料》,上海市棉纺工业同业会,1950年,第120、122、25页。

思考题

1. 简述近代中国产业结构变化的趋势。
2. 近代中国劳动力转移的方向主要有哪些?
3. 促进产业结构调整的因素有哪些?

参考文献

1. 汪敬虞,《中国近代经济史 1895~1927》,人民出版社,2000年。
2. 孙健,《中国经济通史》(中册),中国人民大学出版社,2000年。
3. 刘佛丁,《中国近代经济发展史》,高等教育出版社,1999年。
4. 刘佛丁、王玉茹,《中国近代的市场发育与经济增长》,高等教育出版社,1996年。
5. 刘佛丁、王玉茹、于建伟,《近代中国的经济发展》,山东人民出版社,1997年。
6. 许涤新、吴承明,《中国资本主义发展史》第二卷、第三卷,人民出版社,1990、1993年。
7. 彭南生,《中间经济:传统与现代之间的中国近代手工业(1840~1936)》,高等教育出版社,2002年。
8. 葛剑雄,《中国移民史》(第六卷),福建人民出版社,1997年。
9. 宁可,《中国经济发展史》(第四卷),中国经济出版社,1999年。
10. 郭庠林、张立英,《近代中国的市场经济研究》,上海财经大学出版社,1999年。
11. 吴柏均,《无锡区域农村经济结构的实证分析》,《中国经济史研究》,1991年第3期。
12. 刘克祥,《甲午战争后自由的、资本主义的农业雇佣劳动的发展》,《中国经济史研究》,1990年第4期。

13. 张利民《"闯关东"移民潮简析》,《中国社会经济史研究》,1998年第2期。

14. 戴一峰,《近代福建人口迁移和城市化》,《中国经济史研究》,1989年第2期。

第七章

城市近代化进程

鸦片战争以后,西方列强入侵给近代中国带来了深重的灾难,但是工业文明的传入在客观上促进了中国资本主义的发展,对近代城市的崛起,特别是沿海沿江开埠城市的发展起到了一定的促进作用,城市的结构与功能有了明显的变化。近代城市的崛起过程,简而言之,就是"因商而兴,由工而盛"。尤其是在19世纪末20世纪初,中国近代城市进入了一个快速发展时期,人口的增长、基础设施的兴建、地价的波动、文化教育的进步,都显示出中国城市发生了巨大的变化。同时在城市近代化过程中,不仅城市自身得到了发展,而且对周边的郊区、广大腹地都产生了较强的辐射作用。

第七章 城市近代化进程

鸦片战争后,中国沿海、沿江和内地的一些城市先后被辟为通商口岸。截至清朝末年,包括自开的商埠,总数已超过 100 个。随着沿海城市的成长,逐步形成了与传统城市截然不同的新型城市体系。这些城市发展的结果,对内促进地方市场向全国统一市场的过渡,对外则开始了中国经济纳入世界资本主义经济的过程。

第一节 近代城市的崛起

中国古代城镇起源于人口聚居、物物交换地,或贵族封地、防御要塞。据史料记载,早在商朝时期,黄河流域就已经有城市出现,秦统一以前全国有 540 座城市,秦到东汉新建了 460 多座,三国到唐末,新建 350 多座,宋元明三朝新建 400 多座,到清代在数量上更有了很大的发展。[①] 然而在 1840 年鸦片战争之前,中国城市的功能主要是由政治、军事功能占主导地位,其经济、文化功能多依附于政治、军事功能。由于政治、军事功能凌驾于其他功能之上,便限制了城市其他功能的发展。如天津,古代是在卫城的基础上作为军事基地建立起来的,所以天津又称"天津卫"。因此古代城市的兴建与模式基本上是与中央集权、君主专制统治相适应的。在政治、军事城镇发展的过程中,由于发展的需要必然会刺激军用手工业和民间经济的兴盛,从而带动了古代城市的初步繁荣,这样一些军事城堡转化为封建城镇。当中国封建社会进入隋唐高度发展的时期以后,社会经济和生活水平的提高,刺激着商品经济的发展,推动着各地封建市镇和商贸的繁荣,在黄河流域、渤海湾、长江中下游等地区商埠相对密集,成为当地的土特产集散地、手工业中心。在当时因商业繁华而享誉全国的主要有苏州、杭州、汉口、景德镇、朱仙镇、佛山等城镇。此外一些沿海城市如宁波、福州、厦门、广州也曾被辟为"通洋正口",但主要还是为皇室采办洋货,进行朝贡贸易。虽然中国城

---

① 张仲礼,《东南沿海城市与中国近代化》,上海人民出版社,1996 年,第 5 页。

镇在鸦片战争之前已经有了一定的发展,但毕竟是建立在自然经济基础之上,不可能成为近代意义上的工商业都会。

鸦片战争揭开了中国近代史的序幕,改变了中国封建社会的自身发展轨迹,一系列丧权辱国的不平等条约的签订,标志着中国从封建社会转化为半封建半殖民地社会。西方列强的侵略活动使中国丧失了独立自主的主权,经济结构发展畸形,给近代中国带来了深重的灾难,但另一方面"又迫使一切民族——如果它不想灭亡的话——采用资产阶级的生产方式;它迫使它们在自己那里推行所谓文明制度"。[①] 先进工业文明的传入在客观上促进了中国近代资本主义的发展,对近代城市的崛起起到了一定的促进作用,城市的结构与功能有了明显的变化。

1. 因商而兴

西方城市发展史表明,由于经历了资产阶级革命和工业革命,建立起一个高度整体化和商业化的资本主义经济体制,再加之具有发达的交通工具,从而形成了一批经济中心城市。这样的城市一般都是以工业生产为基础,商业、金融、交通发展突出,这是资本主义的产物。但是在近代中国,既没有建立起资本主义经济制度,又没有发达的交通工具和交通网络。因此中国城市近代化道路,就不可能从工业开始。[②] 依靠优越的地理位置,由商业和金融起步发展成为经济中心城市,是近代中国城市发展的一般规律。上海就是依靠长江入海口的位置,最先成为长江流域的贸易中心,同时也成为国际金融活动中心之一,随后又建立了现代工业制造的中心。还有天津、武汉也是依靠"河海枢纽"和"九省通衢"的地理优势,在商业繁荣的基础上协调发展,成为华北和华中经济中心的。

西方列强侵略的主要目的就是抢占中国市场,掠夺廉价的原材料和资源,倾销商品。为此在鸦片战争之后,列强通过抢占沿海、沿江等具有优越地理位置的城市作为通商口岸,使其商品独霸中国最富庶的地区和市场。因此从1840年的鸦片战争以后,清政府被迫签订了一系列

---

① 马克思,《共产党宣言》,《马克思恩格斯选集》第一卷,第255页。
② 隗瀛涛,《近代重庆城市史》,四川大学出版社,1991年,第168页。

的不平等条约。《南京条约》的签订使上海、宁波、福州、厦门、广州五口成了第一批对外开放的口岸;19世纪60年代按照《天津条约》、《北京条约》又增开了汕头、天津、牛庄、镇江、汉口、九江、登州、淡水等沿海、沿江城市;从19世纪70年代至19世纪末,中国对外开放口岸又增加了27个,至1917年前再增加47个,总数达到92个。①

　　西方列强在中国以通商口岸为基地,进行以农产品和手工业产品为主的初级商业贸易,而且还加强越区贸易和越项贸易,从而在相当大的区域范围内形成了一定的经济规模,通商口岸城市因此成为国内甚至国际贸易的重要集散地。以上海为例,自五口通商以来,上海以其有利的地理条件很快取代了广州,成为近代中国最大的贸易中心。按照区域经济中心形成的规律,这一对外贸易中心地位的确立能产生巨大的聚集效益和规模效益,不仅外国人、外国资本和商品大量聚集,而且中国人、中国资本和商品也在上海大量聚集,并成为上海经济发展的重要推动力量。根据1893年上海英文《文汇报》有关外国人的评论,"每年中国商人愈来愈倾向于想使上海成为对华贸易的中心城市,把北方沿海和沿江的口岸仅仅当作供给本地即时需要必不可少的货物的卸货地。规模最大的华商号都在这里设立代理机构。……大量中国的股本不但投资在纯粹中国商行……而且也投资在外商设立的、在国外管理控制下的洋行。……某些洋行的股份,至少有40%系中国人所有……"。②据统计,在开埠初期的1844年,上海就有英美等外国洋行11家。其中包括当时最著名的仁记洋行、怡和洋行、颠地洋行等。在1854年,外国洋行数就增加到120多家。而1876年左右,上海的外国洋行更发展到200余家。到第一次世界大战前夕,上海的洋行更达1145家之多。③自开埠以来,上海的年进出口贸易也基本保持在全国进出口贸易总额40%以上的,除个别年份如抗日战争初期刚沦陷时曾降到30%左右,见表7-1。

---

① 张仲礼,《东南沿海城市与中国近代化》,上海人民出版社,1996年,第9页。
② 英文《文汇报》(Shanghai Mercuey)合订本1893年,第95页。
③ 张仲礼,《近1941代上海城市研究》,上海人民出版社,1990年,第127页。

表 7-1 上海对外贸易在全国的比重（1864—1948 年）

（单位：1933 年前为千海关两，
1933 年～1947 年为千元，
1948 年为千金元券）

年份	洋货进口净值			国货出口总值			对外贸易总值		
	全国	上海	上海占全国比重(%)	全国	上海	上海占全国比重(%)	全国	上海	上海占全国比重(%)
1864	46210	27210	58.88	48655	27209	55.92	94865	54419	57.37
1870	63693	44660	70.12	55295	31753	57.42	118988	76413	64.22
1880	79293	53876	67.94	77884	36179	46.45	157177	90055	57.30
1890	127094	64714	50.92	87144	32742	37.57	214238	97459	45.49
1900	211070	119095	56.42	158997	78139	49.14	370067	197234	53.30
1910	462965	189785	40.99	380833	175672	46.13	843798	365457	43.31
1920	762250	368663	48.36	541631	193795	35.78	1303881	562458	43.14
1930	1309756	666601	50.89	894844	312668	34.94	2204600	979269	44.22
1936	941545	553095	58.74	706791	362274	51.26	1648336	915369	55.53
1937	953386	508844	53.37	838770	404672	48.25	1792156	913516	50.96
1938	886200	269092	30.36	763731	223039	29.20	1649931	492131	29.82
1939	1333654	580098	43.50	1030359	594693	57.72	2364013	1174791	49.69
1940	2027143	744942	36.75	1976071	1372810	69.47	4003214	2117753	52.90
1941	2400000	786498	32.77	2911643	2042450	70.15	5311643	2828948	53.26
1946	1501165246	1280916920	85.33	412391993	255583677	61.98	1913559239	1536500597	80.30
1947	10681326574	7986987164	74.77	6377306940	3851779360	60.40	17058633514	11838766524	69.40
1948	1159601	910458	78.52	1398457	997148	71.30	2558058	1907606	74.57

资料来源：1. 全国对外贸易进出口值参照肖良林：《中国对外贸易统计(1864～1949)》，表 1,(Hsiao Liang-Lin：《China's Foreign Trade Statistic(1864～1949)》),哈佛大学东亚研究中心 1974 年版，第 22～24 页。

2. 上海对外贸易进出口值根据历年海关报告，1864 年原报告数字单位为银两，现根据 1.114：1 换算成海关两。

3. 根据上述资料编算上海占全国比重。

说明：1. 1942 年～1945 年上海海关被日军占领，资料缺。

2. 1941 年上海洋货进出口值 786498 千元减去复出口外洋数。

可以说，进出口贸易已经成为上海经济的最重要支柱。与上海一样,天津、广州、青岛、武汉、厦门、重庆等通商口岸城市也都成为外国商品在中国的集散地、销售市场以及中国原料、商品的输出基地。通商贸易不仅成为这些城市的经济支柱,而且还推动了通商口岸城市率先向早期现代化城市的转型。

(1)金融业对城市发展的促进

随着通商口岸城市贸易的发展,金融业也悄然发生变化。开埠后,外国银行相继在口岸城市中设立,并逐渐控制了城市的财政金融。与中国的传统金融机构票号、钱庄相比,外国银行的优势在于能动员闲置资金、集中信贷、组织结算、调节货币流通等,甚至银行开出的支票、汇票、信用卡以及各种商业票据,都可以代替货币流通。因此,在口岸城市中相继出现外资银行,到了20世纪30年代,分布于全国各主要通商口岸的外资银行已达84家(东北除外,见表7-2)。

表7-2 外资银行在华分布情况(1935年)

	上海	天津	北平	汉口	广州	青岛	其他	合计
英国	5	2	2	2	2	2	3	18
美国	5	4	2	0	1	0	0	12
日本	8	4	2	3	2	3	3	25
法国	2	1	1	1	1	0	1	7
其他	8	5	2	3	2	1	1	22
合计	28	16	9	9	8	6	8	84

资料来源:根据《中国经济年鉴》,民国二十五年,第三编,D33—34编制

金融业的发展对于城市经济和区域经济近代化都产生了非常深远的影响。从表7-2中知道在20世纪30年代,上海的外资银行占银行总数的33%,拥有如此众多的金融机构,使得上海同全国各地的银行、钱庄等组成了关系密切的金融网,并同国外伦敦、纽约、柏林、巴黎等世界大城市的金融市场相联系,使上海成为全国的金融中心,也为上海经济的发展提供了充足的资金。还有天津金融业的发展规模在当时位居全国第二,再加上天津对外贸易繁荣、工商业发达、交通通讯便捷,逐步发展成为北方地区的金融中心。

(2)新式交通运输业的兴起

随着近代城市的开埠通商,开拓市场、扩大流通成为西方列强最迫切的需要,而传统落后的运输工具和方式,已不能适应扩大流通、开拓市场的要求。因此,引进先进的运输工具,开辟新的运输航线,提高运输部门的组织及管理水平,加速现代化交通运输业的发展,成为西方列强开辟中国市场的前提条件。于是,越来越多的先进的水上运输工具、铁路设备被输入到中国。近代交通运输业的兴起和发展,不但沟通和加强了城市之间以及城市与内陆腹地之间的联系,促进了人口流动和商品流通的扩大,还推动了生产和市场的集中,增强了城市的辐射力和吸引力,城市其他经济部门也得到了相应的发展。

①航运

1840 年以前,中国的航运工具主要是以帆船为主,开埠以后,传统的帆船航运业受到了巨大的冲击。据统计,从 1861 年到 1911 年,英、美、法、俄、德、日、葡等国商人在中国先后创办了 125 家轮船公司,引进大小轮船达数百艘。① 此外,一些城市的地位也由于航运业的发展而发生了变化。第一次鸦片战争结束之初增开上海、宁波、福州、厦门四个通商口岸,但是由于在此之前广州始终保持着主要外贸港口地位,丝、茶等主要出口商品贸易仍然集中于此;香港、广州在相当长的时期内仍是鸦片的主要集结地;新开各埠的外商也大多来自广州、香港,与其保持着密切的联系,甚至生活必需品、食物都要从香港、广州海运供给。但是随着新开各埠贸易量的增长,广州一口贸易的格局开始被打破,出现了相对分散的状态。随着长江航运的大规模开发和第二次鸦片战争后南京、九江、汉口、牛庄、登州、天津等新口岸的开放,上海逐渐取代广州成为中外贸易中心,形成了以上海为枢纽的航运体系,加上香港的进一步崛起,广州的外贸和开放优势开始削弱。

②铁路

如果说 1840 年以后,由于沿海开埠、沿江通航,中国传统的城市体系受到巨大冲击,在沿海沿江兴起了两大新的城市带,那么在铁路兴起之后,由于铁路的强大运输功能,影响着货物的基本流向,改变了传统

---

① 严中平等,《中国近代经济史统计资料选辑》,科学出版社,1955 年,第 239~241 页。

的运输通道,从而使原有城市体系再一次受到冲击。

由于铁路的修筑,使得传统城市开始向现代城市转型,如北京、济南等。清朝末年,清政府修筑了以北京为中心的铁路网,奠定了北京铁路建设的基础。该铁路网主要是由京奉铁路、京汉铁路、京张铁路和津浦铁路四条主干线组成。此外还有一些支线和短程铁路,如北京至通州的京通支线,永定门至南苑的京苑轻便铁道等,它们与干线共同构成了北京铁路网的一个组成部分。铁路网的形成极大地促进了北京与外地的联系与交流,加强了北京作为政治、文化中心对全国的辐射能力。而沿江沿海港口城市由于增添了铁路这一新的运输手段,也更加兴盛起来。上海、天津、南京、武汉、广州是近代中国较早开埠的通商口岸城市,在外力的作用下,近代化进程已经启动并有相当程度的发展,而铁路的修筑则使这几个城市增加了一个新的更有力的货物吞吐手段,从而使它们在原有基础上更加兴盛起来,城市规模急速扩大,城市功能进一步转变,近代化步伐明显加快。天津,原为军事重镇,自京奉铁路、津浦铁路建成并与京汉铁路、京绥铁路联接后,到 20 世纪 30 年代成为仅次于上海的全国第二大港、人口超过百万的全国第二大城市。六朝古都南京自古为政治中心,商贸并不发达,20 世纪初随着津浦铁路与沪宁铁路的建成与通车,尤其是 30 年代南京下关铁路轮渡工程的建成,使南京成了南北铁路交通的枢纽,商贸发达,新式工业也随之兴起,经济地位日见提高。[①]

因铁路的影响,一些小集镇在较短的时间内发展成为本地区的重要城市。如郑州,历史上仅是一个小县城,军事地位重要,商业并不发达。因京汉、陇海两条铁路大干线在此交汇,郑州发展成为中原地区的重要商业中心。又如石家庄因地处京汉、正太两条铁路交汇点,商业急剧发展,工业迅速兴起,30 年代人口约为 10 万人,1940 年前后成为拥有 20 万人口的华北地区的重要经济中心。

但是,也有一些在历史上曾经繁盛一时的古城旧镇,因铁路运输的冲击而急剧衰落,镇江便具有代表性,镇江这个传统水运中枢、南北商

---

① 李占才,《中国铁路史》,汕头大学出版社,1994 年,第 41~45 页。

业贸易周转站和集散地、著名的华东大商埠,却因京汉、胶济、津浦铁路的建成通车,北方出口货物流向汉口、青岛和南京,江南货物又为沪宁铁路吸收大部分,大运河水运衰落,因此出口贸易和内地转口贸易大幅度下降,商业中心地位便日渐衰弱。

(3)电讯业对城市发展的促进

在城市近代化过程中,信息扮演着日益重要的角色,为应付频繁的中外交涉,需要中央政府与地方行政机构之间及时互通信息;向国外出口,必须了解国际市场行情涨落;引进西方先进技术和设备,必须详细了解国内外厂商的情况和产品的价格、质量、性能、运输渠道等;向国内推销商品,必须了解同行业的信息和各地的消费心理、文化传统、风俗习惯等。城市的近代化,客观上需要与此相适应的信息传播手段的近代化。近代电讯业就是在这种客观需要的推动下逐渐兴起的。

如果说交通运输业的兴起是中国城市近代化迈出的第一步的话,那么电讯业的发展就意味着迈出了第二步。东南沿海城市从19世纪60年代初开始兴办电讯事业:以国际有线电报为例,1871年大北电报公司率先铺设的香港——厦门——上海吴淞口外大戢山的海底电缆正式通报营业。之后上海——长崎——海参崴,香港——广州——汕头——厦门——福州——宁波——上海、香港——福州——川石山海上通讯线路及广东东兴——安南(越南)芒街的陆上通讯线路相继通报营业。19世纪90年代以前东南沿海五座口岸城市已经能与日本、俄国、新加坡、印度、越南以至欧洲英、法、德等国通报了。就国内有线电报而言,上述海上通讯线路已沟通了东南沿海城市之间的电报业务,到1897年商办陆上通讯线路已达41400余里,各省官办陆上通讯线路也有27000余里,不仅能和江、浙、闽、粤通报,而且还能和皖、赣、湘、鄂、豫、鲁、直以至川、滇、黔、陕、甘、蒙、新疆、西藏等内陆、边远省区通报。[①] 此外还有电话、长途电话、无线电报等行业相继发展。从1907年上海建立电话局开始,到1910年英商德律风公司发展到一万门电话,1933年成立九省长途电话工程以后,到1937年前能通话的有京沪线、

---

① 张心徵,《中国现代交通史》,良友图书印刷公司,1931年,第434页。

沪汉线。无线电报则始于1909年。① 电讯事业的兴起对城市的发展有三方面的积极作用：一是加速了城市经济网络的形成与发展，如：电讯有利于上海金融业对整个东南沿海城市金融活动的控制，强化了整个地区的金融网络化，"订货制度"、期货贸易随着电讯的发展逐步成为主要的贸易方式，推进了以上海为中心的多级市场体系的成熟；二是由于内陆诸省电讯的同步发展，电讯已成为沟通城市之间以及城市及其腹地之间的主要手段，从而明显的加强了城市的辐射能力；三是推进了城市的国际化进程。

2. 由工而盛

世界城市史表明，城市的近代化与工业化的发展密切相关。在大机器工业产生以后，近代城市便随之形成。随着工业化的步伐，城市近代化的进程同步出现，工业化成为推动城市近代化的最重要最直接的内在动力。但是，近代中国的近代化过程是在西方列强入侵之后开始的，许多地区的中心城市都是在外资势力作用下"通商开埠"，并随着国内外贸易的发展启动了城市近代化的步伐。虽然城市近代化发展水平高低不同，但其发展模式大体相同，都是经历了一个因商而兴、由工而盛、工商相互促进的发展过程。

鸦片战争后不久，外国资本家就在上海、广州、宁波等通商口岸城市非法建造了一些为商业贸易和交通、运输服务的近代工厂，如砖茶厂、船舶修造厂等。随着外国势力对中国侵略加深，外国资本在中国的工业投资不断增加。1894年以前，外国资本在中国的工厂有109家，1895年～1913年间又新增136家，其中多数资本都在10万元以上，投资范围也很广，从缫丝纺织到机器制造，从烟草制糖到开矿冶炼，从造车造船到水、电、气等工业部门，无不渗透了外国资本，形成了对中国工业的垄断力量。② 紧随外资工业产生之后，本国资本主义又相继在各口岸城市出现。最先出现的是清政府洋务派的官办军用工业企业，如

---

① 张仲礼，《近代上海城市研究》，上海人民出版社，1990年，第250页。
② 汪敬虞，《19世纪西方列强对中国的经济侵略》，人民出版社，1983年，第282页；隗瀛涛，《中国近代不同类型城市综合研究》，四川大学出版社，1998年，第228页。

1865年成立的江南制造局、1866年的成立的福州船政局、1873年成立的广州机器局。随后在洋务派"求富"口号的带动下民用企业兴起,其中包括棉纺织业、火柴业、面粉业、卷烟业、造纸业、化工业等进口替代工业。总之,在甲午战争以前,中国大工业刚刚起步时期,船舶与机器修造、缫丝、棉纺织、食品、造纸、印刷等工业以及水、电、煤气等公用事业,都已先后产生。至20世纪以后,尤其是第一次世界大战期间及战后二三十年代时期,新兴行业与日俱增,出现了机器制药、橡胶、化工原料、电工器材、卷烟、肥皂、化妆品、搪瓷、油漆、针织、丝织等行业。至抗战爆发前夕,全国工业共有16个大类200个种类。① 除矿冶业外,中国近代工业,大都设在上海、天津、青岛、武汉等沿海、沿江的开埠城市。可以说,一战后的一段短暂时期是中国近代工业的迅速腾飞时期。如天津在这一时期设厂数量增加,大型工厂不断涌现,逐渐形成了天津工业体系(见表7-3)。

表7-3 1914年～1928年天津设立工厂数量统计 单位:家

年份	设厂总数	其中中国	其中外国	占历年设厂总数比重(%)	年份	设厂总数	其中中国	其中外国	占历年设厂总数比重(%)
1914	48	47	1	3.9	1922	107	103	4	8.7
1915	220	219	1	17.8	1923	80	77	3	6.5
1916	60	59	1	4.6	1924	297	292	5	24.0
1917	53	50	3	4.3	1925	48	43	5	3.9
1918	41	37	4	3.2	1926	64	63	1	5.2
1919	45	35	10	3.6	1927	58	56	2	4.7
1920	43	42	1	3.5	1928	68	65	3	5.5
1921	54	48	6	4.4	合计	1286	1236	50	100

资料来源:宋美云,《北洋时期官僚私人投资与天津近代工业》,《历史研究》,1989年,第2期。

表7-3表明,天津近代工业腾飞时期共新设工厂1286家,每年平均建厂92家。在这期间有两次设厂高潮,第一次是1915年～1916年,两年内建厂281家,占历年设厂总数的22.7%;第二次是1920年～

---

① 张仲礼,《东南沿海城市与中国近代化》,上海人民出版社,1996年,第413页。

1924年,五年内建厂581家,占历年设厂总数的48.1%。在两次高潮中,不仅设厂数量多,而且资本雄厚,规模庞大,有近代机械设备和较高的生产能力,是天津近代工业的主体。武汉在1912年～1927年创立民族企业490余家,占历年设厂总数的79%,这些工厂分布在20多个行业中,主要集中在纺织业(包括针织业——主要为织袜业及织布业),约为290多家;碾米业,约为90多家,新创立的约为80多家;印刷业71家,新创立有34家;机器业58家,有40余家创立于此时期。[①]使武汉逐步发展成为以面粉和纺织工业为主体的近代工业基地。近代工业的发展,改变了这些城市的经济结构,导致社会结构发生变化,在推进和强化城市综合功能方面发挥着重要的作用。

上海是全国的工业中心,在上海城市近代化的过程中充分地展示出工业发展效应。19世纪末20世纪初,上海的工业开始迅速发展,并带动了城市经济的全面发展,促进了商业贸易和金融业的繁荣,进一步加强了上海作为全国经济中心的地位和作用。由于工业生产需要从国内各地和国外进口大量原料和机器设备,其中一部分供上海使用,大部分又通过上海转往全国各地或国外;上海的工业产品也有相当一部分输往国内外,这样上海成了中国内外贸易两个辐射扇面的结合部,出现了工业原材料、五金机器设备、燃料等全国性大型专业市场,以此带动各种大宗商品的交易市场,极大地推动了内外贸易的发展,成为全国商品流转、物资集散的中心。20世纪20～30年代各种大小国货市场的出现,也是在民族工业发展基础上日益繁荣起来的。与此同时,上海的金融业也因与工商业关系密切而进入了一个新的发展阶段。到20世纪20年代末,上海集中了全国银行4/5以上的总行机构和大约占全国一半左右的资金,金融业务遍布四面八方。这种大市场、大贸易、大流通格局的形成,正是工业发展所取得的一种城市效应。此外,城市交通、公用事业以及科技文化教育事业,也都是在工业大规模发展之后进入了一个加速发展阶段。[②]

---

① 皮明庥,《近代武汉城市史》,中国社会科学出版社,1993年,第413页。
② 张仲礼,《东南沿海城市与中国近代化》,上海人民出版社,1996年,第428～431页。

第二节 近代城市的发展

开埠城市在西方潮流的猛烈冲击下,开始了从封闭型的封建城市向开放型的半殖民地半封建的城市转型的近代化过程。尤其是19世纪末20世纪初,中国近代城市进入了一个快速发展时期,人口的增长、基础设施的建立、地价的波动、文化教育的进步,都显示出中国城市发生了巨大的变化。

一、租界的影响

租界是西方列强入侵和订立不平等条约的产物,而且超出了条约的规定,是扩大侵略特权的产物。租界内的土地以"承租"为名,成了西方列强的"私有财产",中国人要在租界建房反而要呈报租界当局批准。至于租界内的行政、司法、警务、征税等权利全部由租界当局执掌,中国人无权过问。租界成为名副其实的"国中之国",是中国主权被践踏的铁证。西方列强把租界作为对华政治、经济、文化侵略的基地和桥头堡。然而按照辨证的观点来看,租界中沉淀的不仅有罪恶,也有现代工业文明的积累。租界本身的管理水平和建设发展程度要明显高于中国以农业文明为基础的市镇,所以在城市崛起过程中,租界的影响也是不容忽视的。因此由罪恶和文明交织在一起的租界就自然而然地具有双重性的特点。据统计,在1845年至1905年的60年间,列强在上海、广州、厦门、天津、镇江、九江、汉口、重庆、杭州、苏州、福州、沙市、厦门鼓浪屿等13个城市,共划有租界27处。但是并非这13个城市中所有的租界都对城市的崛起发挥出其特有的作用,只有上海、天津、汉口、厦门、广州等大城市因其特殊的地理位置、商贸往来等因素,租界的发展才更具有代表性。因此我们仅以这些具有代表性的租界来进行分析。对于租界在客观上输入西方的工业文明方面,可以概括为两种效应。①

1. 示范效应。因为租界是按照西方模式建立起来的,所以租界是作为一个"窗口"来展示西方工业文明的。如在租界的管理制度中,将西方的立法、行政、司法"三权分立"的组织形式引入进来。这对于中国长期沿袭的传统的封建政权形式来说是一种新事物。此外租界还制定了市政管理条例,如规定居民倾倒垃圾,必须在上午九点以前,倒在规定的地点,以便清洁工及时清除,保持市容整洁卫生;在马路上行人必须靠边走,马车、人力车一律靠左行驶;公共场所不得随地吐痰、便溺,禁止赌博、酗酒、斗殴、卖淫。这些条例规定是针对传统社会中的陈规陋习而制定的。城市管理条例有其严肃性和强制性的特点,租界对于条例的实施有一系列的细则和强制措施,违者轻则罚款,重则枷号、监禁。

正是因为租界有着一套严格、有效的市政管理制度,形成了租界和华界之间强烈的反差,对那些不甘落后的中国人产生了极大的震撼,于是华界展开了一场效仿租界市政管理方法的地方自治运动。如上海旧城厢的华人社区在1905年成立的"上海城厢内外总工程局",其宗旨就是"整顿地方一切之事,助官司之不及,兴民生之大利,立地方自治之基础"。② 上海城厢内外总工程局不仅拥有部分市政建设、民政、地方税收和公用事业方面的管理权,还对工商、文教卫生等也拥有一定的管理权。随着各地自治运动的开展,城市的市政管理不断完善,有利地推动了城市发展。

2. 孤岛效应。近代中国政局动荡、战祸连绵,租界作为"国中之国"却是风平浪静,成为政治上的"孤岛"。特别是抗日战争爆发以后,大批国土沦丧,日本侵略者所到之处,经济凋零、满目疮痍、民不聊生。由于租界在西方列强的控制之下,所以暂时成为"避风港",租界的"孤岛效应"在乱世之中就显得尤为重要。为了逃避战火,地主士绅、商人买办、平民纷纷涌入租界,带来了大量的资金和劳动力。

租界为中外资本的投入提供了安全保障(孤岛效应),租界的市政

---

① 张仲礼,《东南沿海城市与中国近代化》,上海人民出版社,1996年,第41~47页。
② 李钟玉,《且顽老人七十自述》,第206页。

和公用事业的发展又为中外资本的投入创造了良好的投资环境,西方先进生产技术的传入更为城市经济的发展提供了技术上的条件,再加上资本不断地向租界集中,造成了租界的畸型繁荣,而这些在一定程度上又促进了城市的近代化。一些开埠城市由一个封建城镇转变成为近代化的城市,并成为经济中心,都与租界的作用分不开。

二、人口的增长

在近代城市崛起的过程中,城市人口出现了大幅的增长。商业的繁荣、工业的兴盛、交通的改善等多方面因素形成了近代人口迅速向城市聚集的趋势,19、20世纪之交就是一个重要的转折。从1843年~1893年全国城镇人口由2072万增加到2351万,平均每年仅递增2.5‰,城镇人口由占全国人口总数的5.1%上升到6%;1894年~1949年,城镇人口逐渐增加到5763万,为1893年的2.5倍,年平均递增率也提高到16.1‰,城镇人口占全国人口总数的比重上升到10.6%。①城镇人口增加的途径主要有三种。

(一)人口的自然增长

所谓人口的自然增长,即人口在出生与死亡相抵后自然增加的情况。中国人口地理学家胡焕庸认为全国解放前的人口出生率为35‰~38‰左右,其中城市的出生率低于农村。表7-4是1933年中国各大城市的平均人口出生率和死亡率。

表7-4　1933年中国各大城市的平均人口出生率与死亡率(‰)

城市名称	北京	南京	杭州	汉口	上海	广州	天津
出生率	23.9	18.1	15.3	15.5	16.2	15.2	2.8
死亡率	14.4	13.4	9.9	6.6	8.8	18.6	9.4

资料来源:罗澍伟,《近代天津城市史》,中国社会科学院出版社,1993年,第458~459页。

由表7-4可以看出,全国各大城市的自然增长率大多为正,只有广州和天津为负,但从整体上可以认为人口自然增长率的上升是人口增

---

① 胡焕庸,《中国人口地理》(上),第257页。

加的一个来源。

(二)市区周边人口的划入

20世纪初开埠城市由于商贸、工业的发展而日益兴盛,再加之租界面积的扩充,使城市的边缘不断地向外扩展,城市周边的乡村也被划入城市范围,这些土地上的农民也就变成了市区居民,从而导致城市人口的增加。如1928年天津周边有20个村庄划入市区,共计18093户,80273人;[①] 1934年、1936年中又有49个村庄划入,共计12449户,64422人。[②] 这样,至建国前,天津周边共有69个村庄划入市区,共计30542户,144695人。

(三)人口的迁入

如前所述,虽然人口的自然增长和市区扩展是近代城市人口增长的两个来源,但是人口的自然增长毕竟有限,尤其是近代中国时局动荡、灾祸不断、卫生条件恶劣,人口增殖的数量不会太大,因此它不会成为人口增长的主因;而市区扩展,周边地区的农民转变为市区居民则是一个非常缓慢的过程,以这种方式增长的人口数量也不会太大,因而也不会成为人口增长的主要途径。实际上近代城市人口增长的主要原因是人口的迁入即移民人口。在移民人口中又可以细分为国内移民和国外移民两部分。

1. 国内移民

近代中国政局不稳、灾祸连年、经济凋零,一些大城市因工商业繁荣、贸易往来频繁,提供了大量的就业的机会,吸引了大批的贫民来此谋生,即劳动力移民。此外租界的孤岛效应,城市的优越环境,也引致了大批的富商、地主、官僚纷纷携巨款来此避难、投资经营,即资本移民。

资本移民迁入大城市以后,遂将资金投入城市的商业、工业和其他行业,为城市各经济部门的发展注入了充足的资金,极大地推动了城市经济的发展。据1941年~1942年天津工商业的14个部门和120个行业资本数量的调查结果,可知移民资本在其中94个行业中的平均资本

---

① 《天津市社会局统计汇刊、天津市农业统计》,1931年。
② 《天津特别市公署行政纪要》,1938年。

量中高于本地资本,占全部行业的 78.3%;而本地资本仅有 26 个行业的平均资本量高于移民资本,只占全部行业的 21.7%。可见,在这一时期由资本移民人口所带来的资本数量远远超过本地人口的投资数量。而且在某些行业(如铸铁业、制铜业、橡胶业、轮船业、西药业)上的投资,本地资本较之移民资本明显不足;在有些行业,如保险业、皮货业、染纸业、面袋业、闽粤杂货采办业等方面,本地资本甚至为零。[①] 可以说,移民资本对于近代工业的产生与发展,对城市经济结构、经济部门的完善都起到了重要的作用。

随着工业化进程,城市的各个部门涌现出许多大、中、小型工厂,需要愈来愈多的劳动力,为社会提供了广泛的就业机会,进而吸引着大量的劳动力移民涌入城市,刺激了城市人口的剧增。如天津工业发展与人口巨增的一致性就证明了这一点。20 世纪初期天津工业发展出现了三个高潮:(1)1906 年～1909 年;(2)1915 年～1916 年;(3)1920 年～1924 年。三个工业振兴的高潮也恰恰是城市人口增加的高峰。如图 7-1 所示。

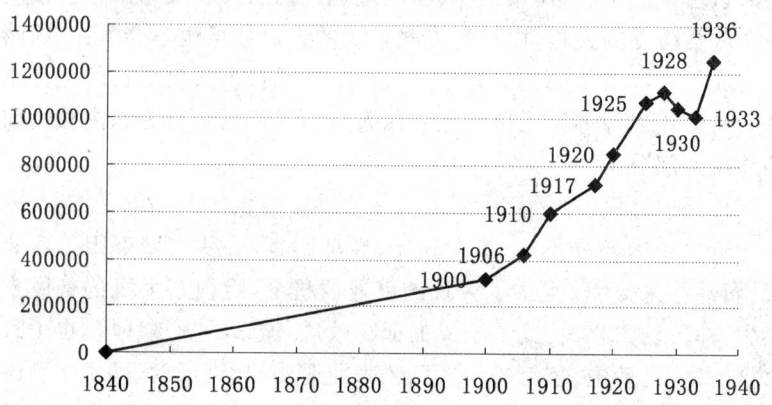

图 7-1 1840 年～1940 年天津市人口增长示意图

1906 年天津城市人口为 424556 人,到 1910 年城市人口增加到 601432 人,增加了 41.66%。1918 年后 6 大纱厂开工,1920 年后 8 家面

---

① 高艳林,《天津人口研究(1404—1949)》,天津人民出版社,2002 年,第 246～247 页。

粉公司成立,所需产业工人大增,仅 6 家大纱厂就有工人 11000 多人,中小型工厂和手工作坊机械化程度低,需要更多的劳动力,促使人口聚集。1925 年天津城市人口为 1072691 人,比 1917 年增长了 49.01%,是近代人口增长的颠峰。工业发展与人口增加的相关性,表明工业的振兴提高了城市人口的容纳能力,加强了城市对腹地的吸引力,促使城市大型化。

2. 国外移民

近代开埠以后,国外移民不断涌入。如上海的国外移民就来自英、法、美、日、德、俄、意、波兰、捷克、印度等近 40 个国家,1910 年达 1.4 万多人,1930 年为 6 万多人,1942 年曾一度高达 15 万人。① 1906 年天津的国外移民有 6341 人,1921 年有 11144 人;1938 年仅英国租界中就有 6100 人。② 1905 年汉口的国外移民有 2142 人,1910 年为 2862 人,1932 年为 13835 人。③ 这些国外移民除了从事政治、军事、外交、宗教等活动以外,更主要的是从事商贸活动。据日本人水野幸吉 1905 年的调查统计,国外移民在汉口创办的主要公司、洋行、商店等共有 124 家,其中英国 32 家、德国 25 家、日本 18 家、美国 12 家,其他如俄国、比利时等国家 27 家,总计人数达 2142 人。④

总之,大批移民的涌入为城市的发展注入了活力,促进了城市经济结构的调整与完善,促进了多元文化的融合,对城市的发展起到了重要的作用。但是,还应看到由于城市人口的急剧增长,超出了城市的容纳能力,"城市病"随之发生。失业、瘟疫、犯罪等现象在大城市中普遍存在,导致城市环境恶化。

三、城市基础设施建设

城市基础设施是指向城市提供给水、排水、能源、交通运输、邮电通

---

① 张仲礼,《近代上海城市研究》,上海人民出版社,1990 年,第 25、127~128、291 页。
② 天津社会科学院历史研究所,《天津简史》,天津人民出版社,1987 年,第 466 页;李竞能主编,《天津人口史》,南开大学出版社,1990 年,第 263 页。
③ 皮明庥,《武汉近代百年史》,华中工学院出版社,1985 年,第 45 页;章开元、朱英主编,《对外经济关系与中国近代化》,第 220、423 页。
④ [日]水野幸吉,《汉口》,上海昌明公司,1908 年,第 12 页。

讯、环境清洁等服务的设施和产业部门。① 城市基础设施建设是城市近代化水平的一个重要标志,对城市经济增长具有重要的促进作用,并且对城市经济的其他方面有着广泛的影响。在城市基础设施建设中,租界重视道路建设,采用近代化的柏油或混凝土路面,路旁栽种树木,路面下铺设排水管道,解决道路积水和污染环境的问题;建立供电、供水、供气系统,解决照明、饮水、做饭、取暖等问题;辟设公园,为人们提供休闲的场所;设立公厕,提高卫生水平。

租界清洁的环境,先进的城市基础设施,较高的生活水准,与华界产生了极大的反差,国人为了缩短华界和租界的差距,在华界开始大张旗鼓地进行基础设施建设。(1)辟路造桥。中国道路建设自20世纪初出现起色,1927年后各城市的道路建造已较有规模,如厦门自1927年～1932年的5年中,共完成市内干道21公里,支路13公里,住宅区道路15公里,工业区道路2公里。路面也从传统的泥路变为瓦砾碎石砌面,进而变为柏油路面。道路的下面铺设地下排水设施,路旁栽种树木,还对许多河流进行疏浚整治,修筑桥梁,打破阻隔。又如广州于1929年11月开始兴建海珠铁桥,1933年建成后沟通了广州港河南各码头与市区及外地的陆路运输渠道。(2)建立近代公用事业。建立自来水系统,水质清澈、干净卫生;采用电力照明,以发电机发电,使用电灯;成立煤气公司,不仅可以作饭,而且可用于照明、取暖。(3)辟设公共设施。为了满足市民的闲暇生活,各城市也逐渐开辟城市公园,园景设计风格迥异,树木成荫、花团锦簇。广州在1918年开辟了"第一公园"(即中央公园),厦门在1931年建成"中山公园"。为了保证城市环境卫生,各城市也纷纷设立新式公厕,由专门部门管理,避免环境污染。如宁波拆除了市内的各处私人露天粪池,招商承办粪溺的清除工作,先后设立公厕40余所。通过基础设施的建设,各城市的面貌都发生了前所未有的变化。

四、城市发展与地价的关系

1840年鸦片战争以后,具有得天独厚地理优势的沿海沿江城市作

---

① 蔡孝箴,《城市经济学》,南开大学出版社,1998年,第309页。

为通商口岸对外开放,西方列强纷纷划分势力范围建立租界,通过永租方式进行土地买卖,用低价购进大批的荒地、坟地、坑洼苇塘,将生地炒成熟地,然后出售、租赁。实际上在租界的建立和扩张的过程中,形成了具有一定经济规模的新型房地产市场,完成了城市土地商品化的原始积累过程,中国的房地产业开始起步了。开埠城市贸易的增加和工商业的繁荣,形成了较强的经济实力,成为房地产业发展的基础,同时也产生一种城市特有的"聚集经济效应"。在城市的发展过程中,地价的变动引人注目,从地价的变化中,可以了解近代城市发展的一个侧面。

20世纪20年代后,沿海沿江各大城市普遍开展了大规模的基础设施建设。按照马克思的地租理论,对同一块土地的连续投资会产生级差地租II。因此,在基础设施比较完善的城市,地价普遍上升。厦门房地产业就是伴随市政基础设施建设而发展起来的典型例子,中山路、大同路在开辟前街道狭小、商店稀少、房屋简陋,地价每平方丈仅值400银元,而经过一系列的市政建设,洋行、商店鳞次栉比,商业繁荣,地价不断上涨,每平方丈售价达3000银元,甚至一度高达5000银元。①

近代中国战祸不断,而租界成为动荡时局之中的孤岛,人们为了躲避战祸,纷纷涌入租界,租界内人口的巨增,住房出现严重短缺,房租、地价迅速上升。另一方面,由于时局不稳,工商业在战争中受损很大,对游资没有吸引力,而租界内政治势力极端稳固,投资安全有保障,富商、地主、军阀、官僚等资本移民携巨资涌入租界后,将一部分资金投入房地产。因此地产投机十分盛行,致使地价一涨再涨。根据1865年～1933年上海公共租界工部局征收地捐所作的土地估价可知,1865年估价面积为4310亩,估价总值5679806两白银,1933年估价面积为22330亩,估价总值756493920两白银,在这69年中公共租界估价面积扩大了4.18倍,估价总值扩大了132.2倍,每亩平均地价增加了24.7倍,平均增价率为2570%。②

由于房地产商盲目的追逐利润,造成了某些社会成本溢出的消极

---

① 赵津,《中国城市房地产业史论》,南开大学出版社,1994年,第182页。
② 同上,第145页。

后果,如烟尘、噪音、拥挤、杂乱等现象对城市社区环境的破坏。因此,政府结合基础设施的建设、旧城改造,按照现代城市的要求,进行了局部的整理与规划设计。在建设过程中,地价不断上升。袁世凯在天津筹划的"华界新区"是中国国内最早的近代城市规划之一。1901年~1907年袁世凯任直隶总督期间,建立了天津北站,并在直隶总督衙门(今大胡同西)到北站之间的荒僻土地上,开辟了一条24米宽的大道——大经路(今中山路),沿路两边辟为新市区。全区道路以大、二、三、四、五、六经路为南北走向;以天、地、元、黄、宇、宙、日、月、星、辰、宿、律、吕、调纬路为东西走向;大经路为干线,两边商店林立,中心地带建有花园(今中山花园),旁边建有新式展览厅——劝业会场,周围还有许多新式企业和教育机构。整个"华界新区"都受到了租界的影响,表现出中西文化结合的特色。据1924年出版的《天津指南》载"河北一带(指华界新区)在五年前为荒地者,今每亩价在一万元左右"。①

可见,在近代中国城市的发展过程中,地价在各方面因素的影响下不断上涨。另一方面,地价的高低也影响着城市中功能区域的划分。随着城市的扩大,首先是工业区从中心区分离出来,其次是高级住宅区,最后形成了商业、金融中心区的用地格局和功能区域。即地价的高低差别迫使土地利用集约程度高的企业向高地价区集中,集约程度低的则向边远地区疏散。一般来说,由于成本的制约,工业区都会选址在地价低的边缘地带。19世纪60年代,上海外滩洋行、码头林立,地价比10年前增长200倍,于是外商开始到虹口区、杨树浦、肇家浜等租界边缘建厂。棚户区一般紧靠城市边缘,集中在工业区和码头、车站、铁道附近。一般性住宅和小型工厂散布在市内各处。高收入阶层要求扩大居住空间和改善居住条件,这在地价高昂的市中心商业区是不可能的,所以高级住宅区建在地价低廉,环境清幽,远离工业区的地方。现在的天津五大道一带(重庆道、常德道、大理道、睦南道、马场道)就是20世纪20~30年代形成的高级住宅区。高级住宅区的相对集中,形成了某种特殊的邻里效应。商业区的形成为购物提供了方便,在商业区内的店铺

---

① 孙学谦,《天津指南》,1924年,第10页。

得益于整个区域的商业气氛和购物环境,往往比在其他地区的商店更有可观的利润,因此一些商店争相进入商业区,使商业区的商店密度更大,而商业区的繁华又刺激商店进一步向商业区集中。金融区则集中于地价最高的市中心,金融区的形成同样刺激了区内地价的上升。上海外滩一带在20世纪20~30年代已经集中了各种金融机构200多家,而外滩也成为上海乃至全国地价最昂贵的区位。

第三节 近代城市的辐射功能

在城市近代化过程中,不仅城市自身得到了发展,而且对周边的郊区、广大腹地(周边农村、城市)产生了较大的辐射作用。可以说城市的辐射作用是按照中心城市——周边郊区——广大腹地的顺序一步一步传导的。

一、对城市郊区的影响

(一)郊区转变为市区

随着城市近代化过程的深入,城市不断扩张自己的范围,尤其是工业的发展,加速了郊区转化为市区的进程。一方面市区里狭小的空间很难再容纳大型的工厂,另一方面郊区的土地价格低,有利于降低成本。因此中外资本家纷纷将工厂建在市区的边缘——郊区,这样就出现了郊区转化为市区的趋势。如20世纪以后的天津,许多的工厂都建在市区或租界的边缘。华新纱厂建在河北区火车站外的小于庄,裕元、宝成、裕大和北洋纱厂建在德租界南的小刘庄、挂甲寺和郑庄子。大型制盐和制碱公司则建在塘沽。工业的发展给周边郊区的经济带来了巨大的变化,产业工人的集中,城市基础设施的建设和完善以及耕地的减少,改变了农村人口相对分散、以农业为主的社会经济生活,出现了许多工业区和居民聚居区,该地区越来越多的居民从农业中脱离出来,从事工业、商业和服务业,社会结构和社会意识也逐渐发生了变化,从而扩大了城区范围。

（二）对郊区农村经济的影响

近代城市的兴起，加强了周边农村经济和城市市场及国外市场的联系，并使农村产业结构发生了一系列的变化。在开埠以前，中国农村一直采用自给自足的生产方式；然而开埠以后，农村经济日益卷入资本主义商品经济的旋涡中，自给自足的小农经济逐渐解体，农村的产业结构也相应地变化。城市郊区农村开始为城市居民日常消费服务，提供蔬菜、花卉、禽蛋等农副产品。近代上海从19世纪后期人口迅速增加，到20世纪40年代，城市人口已达400万以上，年消费各类蔬菜达750万担。上海市郊的宝山、南汇、川沙等县先后成为上海主要的蔬菜供应基地。宁波的蔬菜生产多集中于城区附近以及东钱湖一带，生产的品种既有传统的白菜、萝卜、菠菜等，还有从埠外传来的马铃薯等。19世纪末，上海郊区已逐步形成彭浦、法华、漕泾三大花卉产区，20世纪40年代后期花圃达1200余家，主要生产康乃馨、茨菇花、象牙红、苍兰等。1884年上海出现了奶牛场，畜养乳牛20头，以卖牛奶为业，20世纪30年代奶牛场发展为65家，饲养奶牛300余头。此外福州、广州也先后出现奶牛场。1916年福建人何拯华在上海市郊创设江南养鸡场，养鸡一万余只。广州农村多以养鸭为主，养鸡则作为农家副业。[①] 清朝末期，天津渔民将所捕之鱼进行售卖，其中海鱼有30余种，淡水鱼也不少，除供给天津城市消费外，名贵品种如黄鱼、对虾、银鱼等多销往北京。

二、对腹地的影响

中心城市的辐射作用影响到城市周围的腹地，加强了腹地与中心城市及国内外市场的联系，并使腹地的经济结构发生了一系列与中心城市相适应的变化。因为腹地的概念很广泛，涵盖了周边农村和城市，所以从两方面来论述。

（一）城乡关系

近代城乡社会是一个互动的整体，城市崛起和商品经济的发展，向周边乡村渗透、辐射，导致乡村社会发生连动反应，自给自足的小农经

---

① 张仲礼，《东南沿海城市与中国近代化》，上海人民出版社，1996年，第485～490页。

济逐步解体。

首先,城乡互动的影响表现为农产品的商品化。传统的农村经济以粮食作物为主,随着国内外通商贸易的发展,市场机制通过新式交通网络的传导,促使广大农民开始广泛种植花生、棉花、烟草、染料(靛蓝、紫草)等经济作物,为农村经济带来一股活力和生机,农村经济日益卷入市场经济潮流之中。为适应市场需要,从而不断引进新品种,改善农业生产条件,提高科技含量,向专业化、集约化道路缓慢前进。这些对于提高农业生产力,扩大社会分工,活跃城乡经济等等,都具有积极的推进作用。其次,农村手工业为了适应进出口贸易的需要,也经历了较大的变迁。开埠通商后,在机制工业品大量进口的冲击影响下,传统工业部门开始由盛而衰,而土布、粉丝、草帽辫、花边、发网、榨油、缫丝业等新兴手工业发展起来了。

进出口贸易极大促进了城乡交通环境的改善,形成了以城市为枢纽,陆路、水路纵横延伸,并以现代邮政业务相辅助的一整套深入乡村社会的稠密交通网络。农村交通环境的改善与城乡商品的双向流通相辅相成。通过交通网络,城乡市场联系在一起,农村短距离运输和城乡长距离运输结合起来,乡村与城市间的联系更加紧密了。城乡间的变化给农村人口带来了巨大的冲击,农村人口不断向城市转移,就业方式、收入途径增多。

近代城市是城乡关系变化的先导,嬗变的农村是近代城市变化的基础。二者之间应该互利互动,相互依赖,共同发展,成为一个日趋一体化的经济、社会、文化整体。但是由于中国城市的近代化并不是遵循城市发展规律自发进行的,而是列强侵略中国的一个附属产物,因此城乡之间存在不等价交换。外资利用垄断地位获取暴利,中国商人在交换中又会通过各种渠道和手段来弥补或转移亏损,而农民处于交换链条的最末端,只能是价格的接受者。如在安徽凤阳,1933年售烟农民的实际价格每百磅9元,而名义价格为17元,差额为53%。[1]1934年名义价格

---

[1] 上海社会科学院经济研究所编,《英美烟公司在华企业资料汇编》,中华书局,1983年,第404页。

每百磅降至10元,烟农实际所得还不超过5元。城市的需求决定农村的供给,市场完全由买方垄断,价格严重扭曲,分散的农民无法与其抗衡,加速了城乡的两极分化。

(二)与腹地城市之间的关系

区域经济构成了城市经济的腹地,区域经济的范围大小、发展程度影响着城市的发展潜力。城市生产所需的资源大部分来自腹地,即其供给来源地;城市的基本经济活动,即产品和劳务的输出,也主要是针对腹地;城市和腹地之间存在着各种功能的分工,它们之间是相互依存、相互协作的关系。

城市经济的繁荣,离不开经济腹地的支撑,而联系城市与腹地的纽带则是交通运输。交通运输与城市经济的发展密切相关,由于水路、陆路交通条件的改善,使得经济发展不再受自然条件的制约,缩短了城市与腹地之间的距离,促进了二者之间人口、经济组织和经济活动大规模的集结和流动,改变了过去城市与腹地商品流通传统的运输方式,建立了近代化的运输方式,极大地推动了城市腹地的扩大。

近代开埠以后,一些口岸城市利用其得天独厚的地理优势和工商业相对发达的优势,逐渐成为区域经济的中心城市,对周边腹地发挥着较强的辐射能力。在近代比较有影响力的经济区域有:

1. 20世纪30年代末,形成了以广州为中心的珠江三角洲经济带,包括广州、汕头、佛山、曲江、潮州、潮阳、江门、海口、合浦、梅县、揭阳、石岐、顺德、南海九江、北海、石龙等城镇。1934年广东全省面积达22.4万平方公里(包括今广西省沿海诸市县及海南省疆域),1937年全省总人口约3318万。至抗战爆发前,广州省拥有13个进出口岸,其数量为全国之最,外贸总量居全国第二位。在内贸商业方面,广州是集散华南商品的中心城市,以此为枢纽,再经由各中小城镇,形成辐射全省的商业网络,成为一个活跃的具有近代资本主义经济特征的区域市场。

2. 以天津为核心的经济区域。到20世纪20年代,天津的腹地和交叉腹地包括了河北、山西、宁夏、青海、甘肃和蒙古的全部,以及山东、河南、陕西、新疆和东三省的部分地区,总面积达200多万平方公里,占全国国土面积的1/4以上,涉及人口一亿多,是全国第二大经济区域。

3. 以上海为龙头的"黄金水道"长江流域,包括10个省市,面积180万平方公里,拥有两亿多人口。其下游地区包括上海和江浙两省在内的三角洲地带,又是全国土地最肥沃、人口最多的地区,盛产粮食和丝、茶、棉等经济作物,水产资源丰富;中上游的沿岸省份也有许多物产丰盈、水运发达的市镇和农村。因为长江流域是近代中国经济重心之所在,地处长江入海口的上海在1843年开埠后,以其地理、经济等综合优势,取代广州,成为国内的中心城市,对全国各地具有较强的辐射能力。

由于上海处于长江的出海口,可以通过长江水道发展与沿江城市的联系,所以上海与长江流域城市的经济关系密切。尤其是到了近代以后,长江流域城市的商品、劳务和资金的流通可以借助于轮运交通、电信通讯、金融汇兑等近代化联系的手段,组成了以上海为中心、长江流域各城市为中介的结构有序、层次分明的市场体系,加强了各地区间的物资交流、资金融通、信息传输和技术传播,使长江的运输潜力得到进一步的开发利用。沿江城市作为上海的经济腹地,其资源开发、经济发展都得到了有利的推动。

近代长江流域市场网络的构架,主要受上海国内外贸易的影响。这种贸易关系使长江流域各城市在经济上的联系密不可分,其紧密程度可用1936年埠际贸易加以说明。如表7-5、表7-6所示。

表7-5 长江流域各埠向上海输出货值占该地输出的比重(1936年)(%)

地区	重庆	万县	宜昌	沙市	长沙	汉口	九江	芜湖	南京	镇江	苏州	杭州	宁波	温州
比重	51.0	50.9	46.8	80.8	68.4	78.8	79.7	23.2	53.3	44.5	10.0	92.3	93.1	60.0

资料来源:据中国科学院社会研究所丛刊第一种《中国埠际贸易(1936—1940)》,1951年,第14~15页。

表7-6 长江流域各埠输入上海货值占该地输入的比重(1936年)(%)

地区	重庆	万县	宜昌	沙市	长沙	汉口	九江	芜湖	南京	镇江	苏州	杭州	宁波	温州
比重	83.6	69.0	14.9	44.9	62.2	59.3	78.4	85.5	59.5	30.1	97.0	99.8	84.9	89.7

资料来源:据中国科学院社会研究所丛刊第一种《中国埠际贸易(1936—1940)》,1951年,第24~25页。

表7-5、表7-6显示,长江流域的城市主要是通过轮运对上海输出入商品,有78%的城市对上海的输出入值都占其总值的一半以上。尽

管这些城市距离上海很遥远,但都以上海为商品的交换地,尤其是靠近上海的长江三角洲城市的埠际贸易量反而小于中上游城市。说明交通的发展,使城市之间的距离缩短,使中心城市的腹地扩大了。上海对地处长江中游、以汉口、九江、长沙为中心的地区形成了一个高辐射区,以及更远的重庆、万县、宜昌又形成了一个次辐射区,说明上海与长江流域地区的影响是双向互动式的。

  以上海为中心的长江流域市场网络,因其覆盖面广,地域跨度大,对长江沿岸主要的口岸起到了不容忽视的衔接作用。如汉口处于进出口贸易两个辐射面的结合部,充当了"二传手"的角色。输入长江流域的西方舶来品和制成品,从上海沿长江自下而上,通过汉口中转,再运往沙市、宜昌等埠并上溯到四川省。与舶来品和制成品的流向相反,长江流域各省的土特产和其他初级产品则是顺江而下,经重庆、宜昌、沙市等口岸集中后再汇集汉口,经上海输往国内外。上海的优势在于有广阔富饶的长江流域作为后盾,而汉口又是长江流域最大的农产品集散中心和制成品分销基地,二者相互依存,共存共荣。再如重庆,它处于长江、嘉陵江交汇之处,通过川江连接乌江、綦河、沱江、岷江、嘉陵江大约1万公里水路,连接着富饶的天府之国。需要指出的是,四川东障巴山,西屏邛崃,南踞苗山,北倚秦岭,仅长江一线与外部相通,形成一个相对独立的自然经济区。而重庆则居于四川盆地的水路系统枢纽之上,具有与上海相似的得天独厚的地理条件。因此重庆发展成为了长江上游的经济中心,成为长江经济链条上重要的一环连接着西部广大地区。尤其是开埠以后,重庆的腹地由原来的嘉陵江、綦江流域一带及长江重庆以上段的沿江部分地区,扩展到川西、滇北、黔北、康藏、陕南、甘南等区域,它们成为重庆主要的粮食供应地、农副产品及原料产地,通过重庆与外地市场发展联系和经济交往,同时它们也是重庆的工业制成品和经重庆转口的制成品和舶来品的销售市场。这样重庆就承担起长江流域东西结合的重任。

  综上所述,整个长江流域的经济,通过"上海—汉口—重庆"这一链条紧密的联系起来了。在这个链条中上海作为全国的经济中心,通过商业流通对长江流域各城市产生强烈的辐射作用,制约和影响其经济发展的方向。而汉口和重庆作为该链条的中端和末端无不受上海的影响，但是它们又作为各自地域的中心城市，对周边的腹地产生辐射作用，引导和影响当地的经济发展。可见整个长江流域已经形成了由点（三个点，即上海、汉口、重庆）及线（长江黄金水道的经济链条）到面（以长江流域口岸城市为中心的各腹地经济圈）的全方位的结合，在近代中国的经济发展中发挥着至关重要的作用。

思考题

1. 近代城市是如何崛起的？
2. 试说明近代城市的发展情况。
3. 简述近代城市对腹地的辐射功能。

参考文献

1. 隗瀛涛，《近代重庆城市史》，四川大学出版社，1991年。
2. 皮明庥，《近代武汉城市史》，中国社会科学出版社，1993年。
3. 张仲礼，《近代上海城市研究》，上海人民出版社，1990年。
4. 张仲礼，《东南沿海城市与中国近代化》，上海人民出版社，1996年。
5. 罗澍伟，《近代天津城市史》，中国社会科学院出版社，1993年。
6. 赵津，《中国城市房地产业史论》，南开大学出版社，1994年。
7. 高艳林，《天津人口研究(1404—1949)》，天津人民出版社，2002年。
8. 蔡孝箴，《城市经济学》，南开大学出版社，1998年。

第八章

政府职能的转化

第二次鸦片战争以后,为了适应与外国通商、交流以及发展国内工商业的需要,清政府着手改组原有政府部门,设置了一些近代经济管理机构。首先设置总理各国事务衙门和南北洋通商大臣,接着于20世纪初对近代工商管理机构进行全面的革新,设立了度支部、商部、邮传部等,管理财政、税收、铁路、邮电、矿务、制造、商业等近代经济部门。北洋政府和南京国民政府在此基础上不断进行改革和整合,使这些机构的职能得以完善。这些近代经济管理机构设立以后,积极推动工商业的发展,仿照西方制定了一系列发展经济的法律法规,在中国近代史上掀起了三次经济立法高潮,在一定程度上鼓励和保护了近代资本主义工商业的发展。

第八章 政府职能的转化

在中国近代化过程中,为了适应发展资本主义的要求,自晚清政府以来,围绕振兴实业,各届政府不断改革近代经济管理机构,转变政府职能,移植西方法律,增加制度的供给,以鼓励和保护近代资本主义的发展,取得了一定实效。必须说明的是,有关农业和金融的制度演变在有关章节中已有详细论述,本章论述主要涉及工商业。

第一节 工商管理机构的改革

一、晚清工商管理机构的设计

19世纪60年代以前,清政府掌管全国工商与财政经济事务的职能机构分为两大系统:一是工部、户部等政府机构,即国家工商管理体系;二是负责宫廷、皇族工商经济事务的内务府系统。

清朝工部是1631年沿袭明制所设六部的最后一部。工部总的职责是"掌天下造作之政令与其经费。凡土木兴建工程、水利工程、各项器物制作工程等官办事业,都由工部管理"。①

内务府本是清朝掌管皇室事务的机构。有关宫室财物收支、制造匠作、修造工程、督察保卫、刑罚、太监、宫女等都属其管理。从实际活动范围看,内务府所辖事务,不仅为皇室之事,还涉及工农业生产、建筑工程和制造工程、文教卫生等项事务。

第二次鸦片战争以后,为了适应与外国通商、交流及发展国内工商业的需要,清政府着手改组原有政府部门,设置一些近代意义上的政府机构。

晚清工商管理机构的演变,大致可分为三个阶段:第一阶段是第二次鸦片战争后设立总理各国事务衙门与南北洋通商大臣;第二阶段是

---

① 刘佛丁、李一翔、张东刚、王玉茹,《中华文化通志/工商制度志》,上海人民出版社,1998年,第291页。

19世纪末戊戌维新所拟建的新式工商管理机构;第三阶段则为20世纪初"新政"对工商管理机构的全面改革。

第一阶段(1860年～1894年),近代工商管理机构的初步设立。第二次鸦片战争结束后,为了适应与西方列强交往的需要,1860年清政府办理"抚局"的恭亲王奕䜣等上书奏请设立"总理各国事务衙门"。同年12月咸丰帝下谕批准设立。总理各国事务衙门的职掌范围较宽,初掌管对外通商和交涉事务,并兼管对外贸易和海关税务。后职掌范围逐渐扩展,凡有关洋务的铁路、电报、关税、矿务、海军、制造、文教、内政各个方面,都由其掌管。所以总理各国事务衙门已具有"洋务内阁"的性质。

总理各国事务衙门成立以后,即设南、北洋通商事务大臣。总理各国事务衙门和南北洋大臣的设立是晚清政府为顺应西方列强入侵的局势。这一机构虽然在新的形势下,不得不担负起办洋务的任务,但清政府的国家机构直至19世纪末并未进行相应的改革。国内近代工商业虽然已经产生并有所发展,但清政府尚无专门机关负责这方面的事务,以为其提供服务和保护。

第二阶段(1895年～1900年),资产阶级维新派对近代工商管理机构的设计。《马关条约》签订后,社会各阶层要求改革现状、挽救民族危亡的呼声更加高涨。1898年,以康有为为首的维新派,在光绪皇帝的支持下,开始推行改良主义的变法运动。

根据维新派的建议,光绪皇帝于1898年6月12日,命各省整顿商务,在各省会筹办商务局。不久,在康有为的呈请下,清廷颁布上谕,命刘坤一、张之洞"试办商务局事宜,先就沿海、沿江,如上海、汉口一带,查明各该省所出物产,设厂兴工"。[①] 8月21日,在京师设立农工商总局,任命端方、余建寅、吴懋鼎督理,又令各省设农工商分局,置造机器。后又于京师设立矿务铁路总局,统一管理全国铁路、采矿事务,还在京师及各通商口岸设邮政局等工商管理机构。

戊戌变法中出现的经济管理机构令人耳目一新,虽然这些刚刚建

---

① 《德宗景皇帝实录》,中华书局影印本,1987年,第517页。

立或还在拟议中的机构,由于变法的迅速失败而没有发挥作用,但为此后晚清政府的"新政"改革作出了尝试。

第三阶段(1901年～1911年),晚清"新政"对工商管理机构及其职能的全面改革。庚子之役的惨败,使清政府深刻认识到,洋务运动以来,徒学"西艺之皮毛",未学其"始基",以致强敌压境,无力抵御,因而企图通过改革政治,以求自强之路。1901年1月,光绪帝通谕京内外,变通政治,以图自强。

这次"新政"改革官制,最为重要是始设商部。1902年11月,庆亲王奕劻奏设商部,以图振兴商务。1903年9月7日正式设立商部,作为清政府统辖全国工商实业的最高领导机关。商部设四司一厅:保惠司,专司商务局、所、学堂、招商、专利等事务;平均司,专司农林牧副业;通艺司,专司工矿、交通业;会计司,专司税务、银行、货币、度量权衡等事;司务厅负责收发文件、缮译电报等事项。此外,还设有律学馆、商报馆、商务学堂、工艺局、注册局等。商部的设立标志国家正式承认工商业在经济中的重要地位。

1906年7月,清政府颁布上谕,宣布预备立宪,厘定官制。同年9月,奕劻等议定中央官制,所列诸部中与工商实业有关的机构主要是度支部、农工商部和邮传部。

度支部由户部改称,并将光绪二十九年(1903年)设立的财政处并入,新设承政和参议两厅。承政厅负责执行事务,参议厅负责立法事务。又设田赋、漕仓、税课、盐课、通阜(货币)、库藏、廉俸、军饷、制用、会计司和一个金银库。度支部综理全国财政,管理田赋、关税、盐课、漕仓、公债、货币、银行及会计度支一切事宜,并可随时派员调查各省财政。其所属还有崇文门税关、大清银行、造币总厂及仓场总督衙门等部门。

1906年9月,清廷颁布预备立宪谕,将工部并入商部,改为农工商部,归并部分工部事务。设尚书一人,左右侍郎、左右丞、左右参议各一人。分设四司:农务司(原平均司),执掌农政、水利;工务司,专司工矿事务;商务司,职掌同原保惠司;庶务司(原会计司),专司经费报销、人员升迁事项。

邮传部为1907年6月新设之部。原属商部管辖的轮船、铁路等交通业分离出来,与原属总税务司的邮政、电报等部门统归邮传部掌管。设尚书一人,左右侍郎、左右丞、左右参议各一人。分设承政、参议两厅,负责机要、考绩、会计、法制等事项。船政、路政、电政、邮政四司,分别负责相关事宜。所属还有邮政总局、铁路总局、电政总局、电话局、交通银行、北京银行等单位。

商务局和劝业道是和商部(农工商部)相配套的地方振兴实业的领导机关。商务局成立于1903年10月,具体负责本省振兴实业事务。初受各省督抚管辖,后改为受商部和各省督抚双重领导,即由督抚选派商务局总办,报请商部任命,商部同时委任总办为该部商务议员,遇有公事准其直接呈报商部。次年6月,由农工商总部会同邮传部制定了劝业道章程,规定其职掌是振兴实业,专管全省农工商业及各项交通事务,并将"详细调查呈明农工商部",负有"督饬地方官切实奉行及考察勤惰之权"。①

这一时期所设立的工商管理机构还有商标局、工商陈列所、高等实业学堂及艺徒学堂等单位。

"新政"移植西方工商管理制度,相继设立商部、农工商部、邮传部等近代工商管理机构,顺应了时势,一定程度上促进了资本主义经济的发展。

二、北洋政府工商管理机构的变革

孙中山领导的南京临时政府成立以后,十分重视振兴"实业",为了实践资产阶级实业救国的理想,临时政府成立伊始就着手改组工商管理结构。

根据1912年颁布的《中华民国临时政府组织大纲》、《中华民国临时政府中央行政机构及其权限》、《财政部官制令》等的规定,行政机构中与工商实业管理有关的部门有财政部、实业部、交通部。

财政部内设一厅五司,即承政厅、会计司、库务司、钱法司、赋税司、

---

① 刘佛丁、李一翔、张东刚、王玉茹,《中华文化通志/工商制度志》,上海人民出版社,1998年,第291页。

公债司。"财政总长总辖国家之财务,管理会计、出纳、租税、公债、货币、政府专卖、储金保管及银行事务和各官署及公共团体之财务"。①

实业部内设一处四司,即秘书处、农政司、工政司、商政司、矿政司。实业部管理农、工、商、矿、渔、林、牧猎及度量衡事务,监督所辖各机构。

交通部内设一厅四司,即承政厅、邮政司、航政司、路政司、电政司。交通部管理道路、铁路、船路、邮信、电报、航舶、运输造船事务,统辖船员。②

各部设总长、次长各一人,各部总长又称"国务员",管理各部所辖事务,次长辅佐总长,整理部务,监督各局职员。由于临时政府存在时间短,各部官员有些称病不出,因而这些机构并未真正发挥作用。

以袁世凯为首的北洋军阀掌握中央政权后,工商管理机构虽仍承袭南京临时政府的建置,但亦有所变化。

1912年8月,北洋政府设立工商部。据《工商部官制》规定,设工商总长一人,管理工商矿业事务,并监督所辖各官署,下设矿务、工务、商务三司。1913年,工商部与农林部合并,成立农商部。据《农商部官制》规定,部设农商总长,管理农林、水产、牧畜、工商、矿业事务。下设农政、工商、渔牧三司及矿政局。后将矿政局改为司。1917年,农商部又分为实业、农工两部。

除中央各部外,各省也设有掌管工商矿业的机构,称"实业司"。内分农、工、商、矿四科。

1914年,公布《修正财政部官制令》,规定:财政部职权为管理会计、出纳、租税、公债、货币发行、政府专卖、储金、银行及其他一切财政。财政部内设一厅五司,总务厅为财政部事务机构,管理本部日常政务及其他不属于各司之事项。赋税司,主管全国田赋和税收;会计司,主管财政总预算和决算;泉币司,主管货币的发行、整理,并监督造币厂和银行及负责国外金融事务;公债司,主管公债发行和管理;库藏司,主管国训

---

① 中国第二历史档案馆,《中华民国史档案资料汇编》第三辑,财政(一),江苏古籍出版社,1991年。

② 中国第二历史档案馆,《中华民国史档案资料汇编》第二辑,江苏古籍出版社,1991年,第7~9页。

出纳计算和国资运用等。

北洋政府还设立了一些中央特种工商管理官署,主要有税务署、盐务署和币制局。税务署为关税管理机构,与财政部并立,其下属有征税、海事、工务三处,分别管理征税、海事和机关管理事务。

盐务署于1914年春设立,总管全国盐务,由财政总长管辖。盐务署内设盐务稽核所,由中国总办和洋会办各一人主管。所有发给引票、汇编各项收入之报告等事,均由该总办、会办专任监理。又在各产盐区设立稽核分所,负责征收存储盐务收入。

1914年春,财政部以"泉币司规模狭隘,不足以肩其责"为名,议请特设币制局,直隶于国务总理,掌管全国货币、钞券及其他币制的发行和管理。[①]

为了加强对地方财政的控制,1913年在各省设国税司,旋改财政厅。1914年6月颁布《财政厅办事权限条例》,规定各省财政厅长由大总统任命,直属中央财政部管辖。

1923年5月,农商部公布《商标局暂行章程》,设立商标局,隶属于农商部,掌商标注册各项事务。

三、南京政府工商管理机构的统一和完善

南京政府对工商管理机构的改革分为三个阶段:第一阶段(1928年~1936年),工商管理机构的统一和完善;第二阶段(1937年~1945年),设置战时临时经济管理机构,加强中央对经济的统制;第三阶段(1945年~1949年),最初表现为恢复常态的趋势,但因为内战的爆发,这种趋势发生了逆转。

(一)工商管理机构的统一和完善

南京政府成立后即着手改造原有的政府机构,建立与资本主义经济相适应的全国统一的工商行政管理机构。在行政院下设工商部、农矿部、财政部、交通部,管理工业、商业、农业、矿业、财政、税收以及交通运输、邮电通信等事业。南京政府时期的工商管理机构比北洋政府时期有

[①] 贾士毅,《民国财政史》(上),商务印书馆,1917年,第254~255页。

所扩大,分工也较前细致。以工商部财政部为例:

工商部。1928年12月8日南京政府公布《工商部组织法》,规定"工商部管理全国工商行政事务","对于各地方最高级行政长官执行本部主管事务有指示监督之责","工商部就主管事务对于各地方最高级行政长官之命令或处分认为有违背法令或逾越权限者,得请由行政院院长提经国务会议议决后停止或裁撤之"。① 意即工商部是统一管理全国工商业的最高机构,比北洋政府时期对地方有较高的权威性,有就其业务范围的问题弹劾地方官的权力。

为了发展对外贸易,又设立工商访问局,向国内工商界提供海内外经济信息。1930年成立中国国际贸易协会,以推动对外贸易的发展。1932年又将工商局改为国际贸易局,作为外贸业务的领导机构。

工商部下设总务司、工业司、商业司、劳工司。其中值得注意的是劳工司。劳工司执掌"劳工团体之指导监督","工人生活之改良及保障","工人失业及意外事件之救济",工人与工会间的纠纷等事务,② 主要是保障职工权益。

财政部。1927年11月颁布的《国民政府修正财政部组织法》规定:财政部的基本任务是"管理全国库藏、总收、公债、钱币、会计、政府专卖金银暨一切财政收支事项,并监督所辖各机关及公共团体之财政",③ 是直接隶属于国民政府的管理监督全国财务行政的机关。

各省设财政厅,各县设财政科,负责所辖区域内的财政收支及预决算的编制。

除上述各部外,南京政府还陆续设立了一些专门机构管理经济事务。主要有:1928年成立了中央工业试验所,从事新技术的研究和推广工作,取得了不少研究成果,获得的发明专利就达80余项。1928年成立建设委员会,作为负责经营国有事业的最高机关,接管北洋政府时期的官办企事业和工商业有关的业务。后来主要偏重于电业和煤炭业。

---

① 《工商法规汇编》,中华民国19年(1930年),工商部印行,第1~5页。
② 《工商法规汇编》,中华民国19年(1930年),工商部印行,第1~5页。
③ 《工商法规汇编》,中华民国19年(1930年),工商部印行,第1~5页。

1931年成立经济委员会,负责全国的经济工作。1935年正式成立资源委员会,主管国家所有的工矿业,到抗战前其直接经营的企业已有25家,并通过其下属的锑、钨、锡管理处,对这三种军事物资的生产进行管制,垄断其运输和销售。

(二)战时经济管理机构的变动

1937年后,为了应对日益严峻的国际形势,南京政府的经济决策机构又有多次调整,调整的主要目的是集中决策权力,加强中央政府对经济的统制。战时工商管理机构的实质性变动在于:

1. 扩大资源委员会的权力和管辖范围。1938年3月资源委员会接管了原建设委员会和实业部所管的企业,明令由该机构全面经营和管理基本工业、动力事业和采矿业。对民营者通过接管或入股的办法,改由政府办理或共同经营。到1938年底时,其所管辖的企业由战前的25家增至63家,[①] 到1945年底增至115家。[②]

2. 原属军事委员会的工矿调整委员会改为经济部所属的工矿调整处,负责全国工矿事业的管理。由于其掌握物资、资金等生产要素,所以能起到控制私营工业的作用。

3. 原属军事委员会的贸易调整委员会改为贸易委员会,隶属财政部,统制进出口贸易的一切事权。其所属的中国茶叶公司、复兴商业公司和富华贸易公司垄断了茶叶、桐油、生丝、猪鬃、羊毛等物资的运销和出口。

4. 利用原有的负责办理农贷的农本局作为控制粮食、棉花、棉纱、棉布的收购、运销机关,以垄断基本生活资料在国内的流通。1940年设立粮食管理局,次年成立粮食部。1942年经济部为加强对物资的控制,下设物资局,农本局改属于物资局。1943年农本局又改为财政部属下的花纱布管制局。除粮食、棉花、棉纱和棉布外,南京政府对其他一些生活资料也从1941年起实行专卖,成立专卖事务局。列入专卖范围的商品包括食盐、糖、烟和火柴等。

---

① 许涤新、吴承明主编,《中国资本主义发展史》,第3卷,第111页。
② 张忠民,《艰难的变迁——近代中国公司制度研究》,上海社会科学出版社,2002年,第214页。

(三) 抗战胜利后工商管理机构及其职能的重组

抗战胜利后,南京政府主要由经济部、交通部、农林部、国防部、粮食部负责对敌伪工矿、企业的接收。

1946年5月,资源委员会由经济部划出,直属行政院,专营国营基本生产事业。资源委员会下分设电力、煤、石油、金属矿、钢铁、机械、电工、化工、糖、水泥、纸等十一个专业小组和一个综合组,并设材料供应、国外贸易、电信、保险、矿产勘测、水力发电等事务处所和经济研究所,在轻工业方面则为一批隶属于经济部的、由政府直接经营的大型专业公司所垄断。1945年建立的中国纺织建设公司,总公司设在上海,董事长由经济部长兼任,资本仅次于资源委员会。

1946年初建立的中国蚕丝公司,在江浙一带蚕茧的收购和丝织企业中拥有26个分支机构和工厂、仓库等,垄断了中国主要的蚕茧市场和丝织品的生产。

1947年3月成立的中国盐业公司,控制了台湾和长芦两个大的产盐企业。

中国茶叶公司、中国粮食工业公司、中国植物油厂等都在各自的行业中控制着大的生产企业和销售市场。

这一时期的对外贸易则由中央信托局所垄断。与此同时,在国内流通领域中各种各样的国家机关,凡掌握党政和财经权力者及四大家族控制的公司,无不参与商业和金融领域的投机活动。

自清末"新政"之后,历届政府都十分重视近代经济管理结构的建设,其职能分工分分合合并无多大新意,加以政权更迭、战乱频繁,有些职能并未得到有效发挥。但总体而言,这些结构的设置对推动经济政策法规的出台和工商业的发展起到了一定积极作用。

第二节　近代经济立法的演进

政府职能的演变,不仅体现在经济管理机构的设立与职能划分上,更重要的是政府行使职权的方式的重大变化。自晚清新政以后,政府就注重以经济立法来规范和促进资本主义经济的发展,出现了三次立法高潮,期间政府颁布了一系列旨在发展资本主义经济的新法规,并且根据形势发展,不断加以完善。

一、清政府的"新政"——近代经济立法的初步尝试

甲午战争后,民族危机空前加剧,列强在中国取得了投资设厂的权力,开始了以资本输出为主体的经济侵略活动。面对创伤沉重的现实,维新派奔走呼唤,力倡解除民间私人资本办厂的禁令,振兴实业,推行有利于发展资本主义的经济政策。清政府为了挽救经济颓势,缓和民族矛盾和阶级矛盾,开始推行"新政","新政"集中体现为一系列振兴实业,奖励工商业的经济立法。从1902年到1911年,清政府拟定的经济法律、法规、章程、则例、办法约有68项。①

(一)综合性法规

1904年,商部公布了《商人通例》9条和《公司律》131条。前者对商务经营作出了具体规定;后者规定了公司分类、创办呈报办法、股东权利、董事、股东会议等内容,确立了准则主义和有限责任等近代公司制度。接着,又制定了《公司注册试办章程》。这两个法规的颁布,标志着政府开始以法律形式保护民间对工商业的投资。

1904年6月,商部颁布并施行了《商标注册暂拟章程》,共28条。该章程主要体现了公平竞争的原则,对华洋商标一体保护,防止并制裁冒用他人商标的侵权行为。同年颁布《呈请专利办法》对技术发明申请专利程序及保护作了规定。

1906年,商部又制定了《破产律》,规定公司呈报破产后,若有保人担保,准公司开办者在外听候传呼,无保人者留住商会免其管押。《破产律》的颁布在很大程度上免除了工商业者对经营失败的恐惧,有利于保护其经营活动和积极性。

(二)行业管理法规

---

① 徐卫国,《论清政府新政时期的经济政策》,《中国经济史研究》,1997年,第3期。

在制定一些基本法律的同时,清政府也根据当时的国情颁行了一些行业管理单行法规。这些法规主要涉及矿业、铁路和金融业,集中体现了清政府的产业政策。

《矿务铁路公共章程》(1898年)、《重订铁路简明章程》(1903年)规定了开办铁路的有关办法,鼓励华资和外资开办铁路。1902年颁布《筹办矿务章程》19条,1904年又颁行《矿务暂行章程》,对申请执照、购买矿地、矿产出口、矿税、奖励、开工期限等都作了规定。1907年颁布实施的《钦定大清矿务章程》共74条,另有附则73条,该章程在形式上更加严密,对外资开矿作了一定限制,规定"华洋合股以各占一半为度"(第10条)。

(三)颁行奖励办法,鼓励民间资本投资设厂

1987年清廷下令各省集股设厂,官助商本,推举殷实商人分任厂务。1898年,总理各国事务衙门又议定《振兴工艺给奖章程》颁行于世,以世职、实官虚衔、专利或匾颁给有实绩的创厂商人。①

1903年商部一经成立,就制定了《奖励华商公司章程》。章程中明确指出:"现在朝廷重视商政,亟宜破除成见",② 规定奖励之大小按集股多寡而定。1907年,又在《改订奖励华商公司章程》放宽奖励的标准,目的在于使投资较少的人也能获得奖励。

1906年商部颁布《奖励商勋章程》,规定凡是能够制造动力、机器、加工机器、铁路桥梁,以及对探察矿藏、冶炼、农业、水利作出成效者,按其成绩大小分别奖给不同等级的商勋和顶戴。1907年,农工商部在《华商办理实业爵赏章程》中,明确把制造业和商业、金融业区分开来,对能开辟利源,制造货品,扩大国计民生的生产性企业实行爵赏奖励。

奖励投资设厂法令政策的颁布,在一定程度上保证了民间私人资本投资兴办近代企业的合法性,使中国近代企业开始由官办向商办转变,打破了洋务运动时期"官为控制"的经济格局。

(四)颁布行业组织章程,倡设民间经济社团

---

① 李家洛主编,《清光绪朝文献汇编》(十一),《光绪朝东华录》,第145页。
② 刘锦藻,《清朝续文献通考》,卷三九一,浙江古籍出版社,1988年。

1904年1月,清政府允许商人成立自己的组织——商会。商部为此制定了《商会简明章程》26条,规定大城市或省会所在地设商务总会,中小城市及城镇设商务分会。1906年又颁布《订定商会章程附则》6条,作为设立商会等问题的补充规定。1904年,最早成立的上海商业会议公所改组为上海商务总会。1904年底,全国有商会19处,1907年增为209处,1911年辛亥革命时已达678处。[①]

此外,清政府还制定了《商船公会章程》(1906年)、《农会简明章程》(1907年)、《中国铁路工会章程》(1909年)等行业性组织法规。

新政时期,清政府倡导成立各种经济社团,起到了发动、利用民间力量,将民间的参与管理、自我保护与官方的提倡、监督有机结合起来,从而起到官商一致,共同促进近代农、工、商各业发展的作用。

(五)兴办整顿实业学堂,注重近代实业教育立法

改革教育,造就人才,是晚清新政的重要内容,兴办实业教育不仅仅是教育改革,也是振兴实业的重要举措。1903年,相继出台了《奏定实业学堂通则》、《奏定初等农工商实业学堂章程》、《奏定高等农工商实业学堂章程》、《奏定实业补习普通学堂章程》、《奏定艺徒学堂章程》等规范鼓励兴办实业学堂的法规。各地掀起兴办实业学堂的高潮,仅苏州一地就由民间捐资兴建实业学堂5所。

19世纪末至20世纪初叶清政府颁布的振兴实业,奖励工商的法律法规,主观上是以王朝自救为目的的,是要维护以专制政体为中心的社会统治秩序,在一定程度上打上了封建的烙印。客观上,这些经济立法对中国民族资本主义经济的初步发展与社会经济的近代化都产生了积极的影响和推动作用。主要表现在:

第一,民间私人资本投资兴办近代企业的某些禁令的解除,大大激发了民族企业家投资实业的热情,工业、商业、交通运输业得到了一定程度的发展。同时,由于法律对民间投资设厂合法性的明确,1895年～1898年和1903年～1908年两次出现振兴实业的高潮,民营工商企业大量涌现,一定程度上打破了外国资本和官办企业垄断经营的局面。

[①] 许涤新、吴承明,《中国资本主义发展史》,第2卷,第635页。

第二，一系列奖励和保护民族资本主义经济的法令政策的颁行,大大冲击了中国数千年来"抑商"、"贱商"的社会传统和价值观念,"由是国人耳目焕然一新,凡朝野上下之所以视农工商,与农工商之所以自视,位置较重"。①

第三,确立了一系列新的经济制度。如专利、商标保护等产权制度,有限公司制度,商会、工会等行业自律及管理制度,这些制度的确立是开创性的,为此后历届政府的经济制度建设所沿设,为中国经济制度近代化作出了贡献。

晚清新政一系列振兴实业的经济立法,对促进经济发展的作用不可否认,但是作为经济立法的初步探索,许多法律迫于时势,照搬日德法律,仓促颁布,其缺陷是不可避免的。以《公司律》为例,该法竟然没有规定公司的法人地位,对股份公司的监管规定也不充分,使公司产权模糊。又如《重订铁路简明章程》中没有明确铁路是国有还是私有,这为以后铁路商办留下了缺口。

二、南京临时政府的经济立法

南京临时政府成立,从此揭开了近代中国以国家政权为杠杆,直接推动资本主义经济发展的历史篇章。南京临时政府成立后,马上颁布和实施了一系列旨在促进民族资本主义工商业发展的经济法令。

(一)颁布保护私有财产的法令

要发展资本主义,就必须保护私有财产和打破封建主义的桎梏。《中华民国临时约法》第六条明确规定,"人民有保有财产及营业之自由"。不久,临时政府又颁布了《内务部通饬保护人民财产令》,规定凡在民国势力范围之人民,所有一切私产,均应归人民享有;前为清政府官产,现入民国势力范围者,应归民国政府享有;前为清政府官史所得之私产,现无确实反对民国证据,已在民国保护之下者,应归该私人享有;现虽为清政府官吏,其本人确无反对民国之实据,而其财产在民国势力范围内者,应归民国政府管理,俟该本人投归民国时,将其财产交该本

---

① 《十年来中国政治通鉴》,《东方杂志》,1913年,第7期。

人享有;现为清政府官史,而又为清政府出力,反对民国政府,虐杀民国人民,其财产在民国势力范围内者,应一律查抄,归民国政府享有。①

从以上诸条可以看出,民国建立后,对私有财产的保护虽然有所进步,但财产权利仍然没有完全摆脱从属于政治权力的传统,与西方资产阶级革命过程中所出现的各种有关私有财产的立法相比较,表现出明显的不彻底性。

(二)颁布法令,鼓励创办实业

民国初年,全国出现了兴办实业的热潮。1912年3月初,财政部呈请颁行《商业注册章程》,减免了清朝规定的注册费用,准许各类商号自由注册。临时政府十分重视金融业的发展。1912年3月,财政部参照各国现行之法规,拟订《商业银行则例》14条,2月12日,财政部拟订《海外汇业银行条例》37条,提请孙中山批示施行。稍后《中华惠工银行条例》、《储蓄银行条例》和《庶民银行条例》等先后颁布。这些法令的颁行体现了临时政府发展工商业和金融业的强烈愿望。

(三)颁行恢复市场秩序的法令

1912年,实业部在《通告汉口商民建筑市场文》中指出:"奉大总统令:鄂江起义以来,战事倥偬,凡百生业,咸受影响,商众贸易尤遭损失,而汉口全市为北兵焚毁,其惨酷情形,本总统蹙悯之。幸今者东南底定,民国肇基,商务为实业要政之一,亟应恢复,善后各事,尤宜审慎,须立永远之计,毋为权宜之策。"② 这就是说一切方针政策都要从发展工商业这个大目标出发,作长远的打算,以确保社会经济的发展。

此外,华侨是支持中国革命的重要力量。民国初年,在兴办实业的高潮中,海外华侨纷纷回国投资。对此,临时政府亦颁布法令,给予保护。

南京临时政府没有来得及实行这些法令,但在南京临时政府的大力提倡下,各地工商界纷纷投资申请开办企业,国内掀起了兴办实业的

---

① 中国第二历史档案馆,《中华民国史档案资料汇编》,第二辑,江苏古籍出版社,1991年,第13~14页。

② 《辛亥革命资料》,《近代史资料》,第一号,中华书局,1961年,第59页。

高潮。许多在辛亥革命前停工的工厂企业,在南京临时政府成立后纷纷复工。中国民族资本主义经济的发展获得了新的生机。

三、北洋政府保护工商业的法令——第二次立法高潮

1912 年 3 月 10 日,袁世凯在北京就任临时大总统,并组成临时政府。他在大总统宣言中表示:"民国成立,宜以实业为先务。"一些资产阶级代表人物如陈其美、张謇、周学熙等则直接参加北洋政府的内阁活动,主管经济职能部门。他们力主发展中国民族工商业,利用其掌握的权力,促使历届北洋政府制定和颁布了一系列保护和奖励工商实业的政策和措施。

(一)综合性法规

民国初立,北洋政府在没有颁布新商法之前,仍在沿用清末法令。1913 年 12 月,张謇就任农商总长后,以立法为首要任务。1914 年宣布废止清廷颁布的《商人通例》和《公司律》,将《大清商律草案》第一编、第二编《商法总则》、《公司律》修订而成《商人通例》、[①]《公司条例》。[②]1914 年 1 月颁布《公司条例》。该条例共六章,即总纲、无限公司、两合公司、股份有限公司、股份两合公司、罚则,共 251 条,较 10 年前颁布的《公司律》多了 120 条,在内容上也作了较大的变动。主要有:(1)对公司的法人地位作了明确规定,"凡公司均为法人"。(2)对公司的类型和名称作了较大变动。增加了两合公司这种新的公司类型,删除了有限责任公司这一公司类型。(3)股份有限公司地位得到进一步加强,全部条文中有 132 条是规定股份有限公司的,占全部条文的一半以上。(4)规定了"官利"制度,"公司开业之准备,如需自设立注册后,二年以上始得完竣,经官厅许可,章程订明,开业前分派利息于股东"。此后,农商部又颁布了《公司条例施行细则》、《商业注册规则》和《施行细则》。这就为开办企业扫除了来自官府和地方习俗障碍,有利于兴办实业活动的开展。《公

---

① 中国第二历史档案馆,《中华民国史档案资料汇编》,第三辑,农商(二),江苏古籍出版社,1991 年,第 779~786 页。

② 中国第二历史档案馆,《中华民国史档案资料汇编》,第三辑,农商(一),江苏古籍出版社,1991 年,第 15~46 页。

条例》颁行后的当年,新增公司133家,1915年新注册104家,①是1904年~1909年平均新增公司数的两倍。在资金数量上也有较大增长。

同年3月,公布《商人通例》,分七章,即商人、商人能力、商业注册、商号、商业账簿、商业使用人及商业学徒、代理商,共73条,分别对商业范围、商业经营者的资格、商号及注册、会计账簿、雇佣及代理商业务与资格作了较全面的规定,该条例虽由清季法令增补而成,但毕竟是民国以来第一部仿效西方立法而又比较完整的法令,对整顿和发展国内商业活动具有一定的推动作用。

1914年1月13日,北洋政府还制定和颁布了《公司保息条例》。②当时民间集股的公司,几年之内,多不能获利,故投资者往往取观望态度,该条例的颁行,其目的在于以保息方法激发民间投资欲,以增设公司、增加生产和财政税源。条例规定,由国家指派专款,专备保息之用。拟设保息金120万元,尤其对棉丝业、毛织业、制铁业、制丝业、制茶业、制糖业等专业保息。这对民初工业起了一定的扶持作用。

1912年12月,工商部颁布《暂行工艺品奖励章程》,规定"工艺上之物品及方法首先发明及改良者,得呈请专利",把专利权明确限于工艺品的首先发明者和改良者,废除了晚清的设厂专利垄断权,使中小资本获得在各业各地自由设厂的条件。为维护本国利益,该章程明文规定不准外国人在中国申请专利。这是中国最早的专利法,已初具专利法的雏形。1923年月颁布《商标法》,共44条,接着公布了37条《商标法施行细则》。这是中国第一次正式施行的商标法,对商标的申请注册和保护作了较详细的规定。

(二)行业管理法规

1914年3月11日,农工商部颁布了《矿业条例》111条,4月公布《矿业条例施行细则》30条。同年5月3日和6日,又颁布了《矿业注册条例》和《矿业注册条例施行细则》。以后又陆续公布了其他有关矿业的

---

① 张忠民,《艰难的变迁——近代中国公司制度研究》,上海社会科学出版社,2002年,第254页。

② 沈家五,《张謇农商总长任期经济资料选编》,南京大学出版社,1987年,第16~19页。

法规多种。《矿业条例》的公布，是对清政府原先不允许民间集资开矿的否定，以法律形式确定了"中华民国人民依中华民国法律成立之法人，得依本条例取得矿业权"，并对矿业权进行保护。这对鼓励民间集资开矿，加速各种矿藏的开发利用，起了推动作用。

晚清政府的铁路政策失误引发了"保路运动"，北洋政府总结了清政府的教训，结合中国国情，一方面沿用清政府铁路国有政策，另一方面将铁路分为干线和支线，对支线铁路允许民间集资兴办和经营，并特别制定了《民业铁路条例》、《民业铁路法》，保障民间投资兴办铁路的权利。针对新兴的公路运输，北洋政府又颁布了《长途汽车公司条例》、《长途汽车公司营业规则》及时将其纳入法律进行调整。

(三) 鼓励外商投资及对外贸易的法令

鉴于当时国内资金缺乏，一些有识之士力主引用外资兴办实业。1913年12月，农林和工商两部联合向袁世凯提出《关于利用外资振兴实业办法》，"以振兴实业为挽救贫弱之方，又以开放门户，利用外资，为振兴实业计，"张謇在就职时也表示，振兴实业，尤其是开矿，"非用开放主义"不可，这样既解决本国资金之不足，还可以吸收国外先进的科学技术和管理方法。他还拟就引用外资的具体办法，主张采用合资、借款、代办三种形式。在制定《矿业条例》及其施行细则时，张謇把上述主张归纳了进去。

为了开展对外贸易，促进国货与洋货竞争，北洋政府推行了倡导使用国货，裁厘减税，鼓励出口的方针。1914年12月5日，农商部通令各省云："自欧战以来，出口滞呆，入口税减，亟应提倡国货制造，凡出口足抵外货者优给奖励。"凡不藉气力，专恃人工之棉织土布，无论是何种花色种类，所有常关、海关、厘金、落地捐等各项税厘，一律免除。1915年2月27日，张謇又奉准减免7种自制工业品的关税，以利出口，如远销外洋的草帽鞭、地席两项减半税；通花巾、抽通花夏布、蜜汁果品等无论进出口，一律暂行免征各税，以便利于国际间竞争。1915年1月14日财政部饬令海关对商人运布出口之税厘，稍予减轻。同年11月7日，税务署实行减轻土布税则。

此外，北洋政府颁布的较重要的法规还有《权度法》、《权度营业特许法》、《官用权度器具颁发条例》、《权度委员会章程》，规定在全国统一度量衡，并设立专门委员会负责监督法律的执行。《商事公断处章程》和《商事公断处办事细则》规定，发生商事纠纷可以提请法院系统之外的商事公断处裁决，这是商事仲裁制度在中国的第一次引入。该制度的优点在于减少法院讼案，节约诉讼时间和诉讼费用。这些法规的颁行，对方便交易，节约市场交易成本无疑具有重要意义。

北洋政府颁布的一些有利于发展近代工商业的法令法规，从形式上看，广泛涉及了工商业、农林牧渔业、交通通讯业、金融业等经济生活的方方面面；从内容上看，对前清的法律作了较大修订，注重对传统的继承，尽量使从西方引进的法律更符合中国国情。但由于民国初建，多数法律是仓促成文或直接援用清末修订的草案，弱加改动，因而也仅仅是初步的，不完善的。虽然这些立法在一定程度上促进了民国初年工商业的发展，为这一时期经济近代化的历史进程提供了一定制度保证，但并未从根本上解决制度供给的不足。首先，法律门类不全。1914年月张在致全国商会联合会函中指出，"今法律已颁布者十之二三，未颁布者十之七八"。① 如缺少土地、公债、海商、航运、保险等法律。其次，即使是已颁布的法律法规，由于财政困难，政局动荡，军阀割据，不平等条约的限制以及其他多种多样的原因，许多仍停留在纸上，并未得到真正的施行。

四、南京政府成立初期的经济立法——第三次立法高潮

1927年南京国民政府成立后，进行了一系列有利于工商业发展的立法活动。这也是近代中国第三次立法高潮。

(一)综合性法规

1929年12月颁布、1931年施行的《公司法》共8章，由原来的251条减少到233条，仍然保留原《公司条例》中的所有公司类型，主要修改体现在：(1)对公司的定义更突出了营利性。在《公司条例》中，公司被界定为"以商行为为业而设立之团体"，《商人通例》中规定了17种商行

---

① 《申报》，1914年4月2日。

为,内容繁琐而无益。1929年公司法将公司界定为"以营利为目的之团体"。(2)增加了有关公司法人持股的的规定:"公司不得为其他公司的无限责任股东。如为其他公司之有限责任股东时,其所有股份不得超过股本总数的四分之一。"这是公司法首次引进西方公司制度中的参股制,为工商的收购、扩张提供了法律依据。(3)对股份有限公司规定修改最多的主要是加强对股份公司的监管,包括规定第一次应缴股款的比例由原来规定的不少于票面金额的1/4,提高到1/2,增加了对大股东的表决权限制条款和风险防范条款,如规定"公司亏损资本达总额至半数时,董事应召集股东会报告"。这些规定体现了孙中山倡导的"节制资本"的原则。

南京政府还注意协调劳资关系的立法。在1929年12月正式公布的《工厂法》中,对最低工作年龄、劳动时间、劳动条件、工人工资、工作契约、工人福利、工厂安全等均作出了规定。为了维护安全生产,保护劳工利益,调解劳资纠纷,1928年和1929年分别颁布了《工厂检查法》、《劳资争议处理法》。这是第一次就安全生产、劳资争议专门立法。

南京政府执政之初,沿用了北洋政府颁布的《商标法》。1930年5月和12月,国民政府先后公布了《商标法》及《施行细则》,主要的修改是关于违反商标法的处罚。1932年9月,南京政府颁布《奖励工业技术暂行条例》。该条例的内容较为完备,将发明产品和制造方法作为奖励的对象;对于取得专利的从批准之日起给予5年、10年的保护;规定了专利审查机构和审查程序,对专利实施也作了较严格的规定,专利批准两年而未实施者可以撤销其专利。从这些规定看,该条例比过去有了较大的进步。1939年又作了修改,增加了给予5年保护的新型专利和给予3年保护的新式样专利。

1933年制定的《会计法》是该时期立法的一个亮点。这是近代中国第一部会计法,它大量引进西方会计制度,为规范财务会计制度,完善公司治理机制,规范资本市场提供了重要的法律保证。

(二)行业管理立法

1930年国民政府公布《矿业法》。为维护国家对矿产的主权,制止在矿业开采方面的混乱状况,《矿业法》明确划分了国营与民营的开采范围,规定铁矿、石油矿、铜矿及适合冶金之烟煤矿等由国家自行开采。其他矿产鼓励民间资本和外资单独或合资开采。南京政府行业立法还有两个突出特点:(1)服务行业立法范围更广泛,扩大到建筑、公用事业等方面。主要立法有《民用公用事业监督条例》(1927年)、《合作社法》(1932年)、《邮政法》(1933年)、《建筑法》(1936年)。这些立法反映了服务业在国民经济中占有越来越重要的地位。(2)重视对水上交通的立法。体现在《海商法》(1927年)《船泊法》(1928年)《船泊登记法》(1928年),特别是海商法的制定弥补了一项立法空白,并从一个侧面体现了对外贸易的发展。

(三)奖励性法规

南京国民政府成立初期的基本政策是在基础工业方面努力发展国营工业的同时,对民营工业予以保护和扶植。规定水利、电气、钢铁、酸碱、煤、糖、煤油、汽车等九项工业为基本工业,由国家兴办,其他各种工业由私人兴办,政府加以扶助并予以鼓励。国民政府于1929年和1930年先后公布《特种工业奖励法》及《奖励特种工业审查标准》,用来鼓励投资创办新兴工业,生产当时迫切需要的工业产品。1934年又将《特种工业奖励法》修改为《工业奖励法》,扩大了奖励的范围,采取授予专利权、减免税款、减低国营交通事业运输费等方式予以扶植。此外还在1931年公布了《工业及手工业奖励规则》,对出品精良者予以各种奖励。

(四)对外贸易立法

为抵制外国过剩商品的倾销,实业部会同财政部公布《倾销税法实行细则》。1928年6月颁布《工商部国货陈列馆规程》,同年9月公布《中国货暂定标准》,12月又公布了《海外中华国货陈列馆组织大纲》。设立国货陈列馆,以提倡国货。组织工商界出国考察,举办展览。1932年,公布《商品检验条例》,对出口商品实行统一检验,并对部分进口商品也由中国自己实行商检。这些立法健全了对外贸易制度,促进了民族工商业的繁荣。

南京政府颁布的一系列法律法规中引人注目的还有《土地法》、《保险法》、《预算法》、《决算法》,这些法律的颁行弥补了此前北洋政府时期经济法律体系的缺失,也反映了当时社会经济发展的需要。此外,有关废除厘金,开征统税和实行币制改革等,在本书其他章节中已有涉及,本章不再赘述。

五、20 世纪 30 年代中期以后的经济政策

经历了 20 世纪 30 年代的经济危机,南京国民政府的工商业政策开始发生变化,其重心逐步向统制经济方向转变。1935 年蒋介石发起的"国民经济建设运动"和国民党中央制定的《国民经济建设实施方案》,集中体现了统制经济的思想。

早在 1933 年实业部公布的四年计划中就提出要对粮食、棉花、煤炭等主要物资实行统制的主张。1935 年开始对一些矿产品和农产品的出口由国家垄断经营。在工业方面,由于时局日益紧张,国民政府的工作重点开始转向发展重工业来充实国力,并决定将国防设计委员会改为资源委员会,负责指导全国的矿业和重工业,资源委员会也拟定了重工业发展的五年计划。1936 年政府拨款 1000 万元,开始建设中央钢铁厂等重工业企业。

抗战开始后,国民政府的经济建设方针全面转向为军事需要服务,利用战争环境,加强了对工业的统制。1937 年 12 月国民政府公布了《战时农矿工商管理条例》,规定 47 种农业、工业和矿产品为战时管理物品。对这些物品及其生产企业设专门机关加以管理,规定将生产战时必需品的工矿业、制造军用品的工业和电气工业收归政府办理,或由政府投资合办,其他日常生活必需品也可由政府直接经营。1938 年 3 月,国民党在汉口召开临时代表大会,制定《抗战建国纲领》和《非常时期经济方案》,提出"经济建设以军事为中心,同时注意改善人民生活","树立重工业的基础,鼓励轻工业的经营"的方针。

抗战时期国民政府也加强了对物资流通的统制,严禁私人垄断居奇、投机操纵。1939 年 1 月,国民党在重庆召开五届五中全会,宣布实行统制经济,以调节物资生产与消费。此后,政府接连公布一系列法令,力图改变市场上的混乱局面,平抑物价。

抗战爆发后,为解决粮食紧缺问题,国民政府在后方各省先后实行了田赋征实。同时还对粮食实行征购和征借,以便由国家直接掌握更多的食粮,统一调剂。

此外,国民政府对棉花、棉纱、棉布等主要物资也加以管制。其办法主要是从控制棉花收购入手,进而以花控纱,以纱控布,以布控价,并对棉布实行限量供应。

在生产资料方面,对进口和国产的重要生产设备和原材料,如钢铁、五金、水泥、酸碱、机器配件及工具、电气器材等200余种物资,规定必须凭政府发放的准购证才能购买,商业机构须在政府登记取得许可后方可经营此类物资。

除上述物资外,1940年和1942年国民政府又先后决定对食盐、食糖、火柴、烟等4项日用必需品实行专卖。

在对外贸易方面,沿用抗战前的做法,对锑、钨等矿产品和桐油、猪鬃、茶叶等出口物品由专门机构实行统购统销,从而完全排斥了民营。以后又将统购的出口物品范围扩大,包括了羊毛、生丝等项目。在对外贸实行管制的政策实施后,国营外贸公司的垄断地位不断强化。

这一时期,国民政府虽然在一些文件上仍然声称要扶植民营,鼓励轻工业和发展各地的手工业,但工作重点则放在开发矿业和发展重工业方面,对民营工业实际上侧重于监督和管制。尤其是到了抗战后期,国民政府利用物资短缺和对这些物资独占经营的条件,已将私营企业完全置于自己的控制之下。其结果使私营企业与国家之间,私营企业与公营企业之间的矛盾日趋尖锐。但这一时期的立法工作也有一些亮点,如《律师法》、《注册会计师法》、《医师法》、《药师法》等的制定,虽然只是一些行业立法,但这些服务行业的发达与规范程度往往体现了一个社会的经济发展水平及文明程度。

抗战胜利后,国民政府取消了对物资的统制,制定和修改了一些法律,试图刺激经济发展,迅速恢复国民经济。如1946年修改《公司法》、《预算法》、《决算法》、《矿业法》,制定《电业法》、《商业会计法》等。其中修订的《公司法》共449条,较前一部公司法多了216条,增加了对有限责任公司的规定,对外国公司在华开业也作了详细规定。中国出现了一个创办公司的高潮。1946年一年登记公司1496家,1947年6月底即登记公司1256家,以前,年登记数最高的是1943年的422家。①

但是,由于内战的爆发局势急转直下,国民政府又加紧了对工商业的控制,四大家族的官僚资本凭借特权,迅速膨胀,形成了政府和官僚资本集团对工商业的垄断,最终导致了经济全面崩溃。

思考题

1. 简述清末工商管理机构改革及其意义。
2. 简评清末工商业立法。

参考文献

1. 中国第二历史档案馆编,《中华民国档案资料汇编》第三辑,江苏古籍出版社,
2. 沈家五,《张謇农商总长任期经济资料选编》,南京大学出版社,1987年。
3. 汪敬虞,《中国近代经济史1895—1927》,人民出版社,2000年。
4. 陶百川、王泽强主编,《最新综合六法要旨增编 判解指引 法令援引 事项引得全书》,三民书局印行,民国七十一年四月。
5. 林纪东、郑玉波、蔡墩铭、古登美,《新编六法参照法令 判解全书》,五南图书出版公司,民国七十五年九月。
6. 刘佛丁、王玉茹、于建伟,《近代中国的经济发展》,山东人民出版社,1997年。
7. 刘佛丁、李一翔、张东刚、王玉茹,《中华文化通志/工商制度志》,上海人民出版社,1998年。
8. 王处辉,《中国近代企业组织形态的变迁》,天津人民出版社,2001年。

---

① 张忠民,《艰难的变迁——近代中国公司制度研究》,上海社会科学出版社,2002年,第261页。

9. 王玉茹、刘佛丁、张东刚,《制度变迁与中国近代工业化——以政府的行为分析为中心》,陕西人民出版社,2000年。

10. 周俊旗、汪丹,《民国初年的动荡》,天津人民出版社,1996年。

11. 张忠民,《艰难的变迁——近代中国公司制度研究》,上海社会科学出版社,2002年。

第九章

金融市场的形成

本章考察了近代中国金融市场形成、发展的历史过程、特点及其对近代中国经济的影响。由于外国资本主义的影响和近代中国资本主义经济的发展,中国原有的封建金融机构如钱庄、票号、当铺等逐步改革或被淘汰,银行等新式金融机构开始出现,同时近代化的金融规章制度也得以推行。近代中国金融市场在此基础上形成并逐步发展起来。但是近代中国金融市场是在半殖民地半封建社会的历史条件下成长的,所以它虽具有近代化的气息,同时也是非常不成熟和不完善的,有着浓厚的封建性和殖民地色彩。近代中国金融市场的特点决定了它的作用,既有积极的一面也有消极的一面。

1840年鸦片战争以后,随着西方列强的入侵,外国金融势力迅速侵入中国,并很快成为近代中国金融业和金融市场的垄断力量。同时,中国原有的传统金融机构有所变化,中国人自己办的新式银行也出现了。国内资本主义经济的发展和银行业的兴起,为近代中国金融市场的形成和发展创造了条件。近代中国金融市场以上海为中心,由大城市到中等城市,由沿海到内地逐步发展起来。

第一节 金融体制的变化

一、传统金融机构

在新式银行出现前,中国近代金融市场上,除外商银行外,还有传统金融机构如钱庄、票号及典当业等。

(一)钱庄

钱庄起源于银钱兑换业,是在市场流通中形成的。中国古代货币制度的一大特点是多种货币同时流通,唐宋以来尤甚,这就使货币兑换业发达起来。唐代的金银铺、宋代的交引铺、明代的钱铺,都具有货币兑换的职能。明代的钱铺是最早的钱庄。到了明末,钱庄已成为重要的信用机构,不仅从事金、银、钱之间的兑换,还办理放款、存款和汇兑业务。

钱庄在清朝有了进一步发展。在北方还有账局(账庄),性质类似于钱庄。鸦片战争以后,钱庄发展很快,其数量和资本额有大幅度的增长,业务也有了扩大。除了传统的银钱兑换、办理存放款、签发银钱票以外,随着进出口贸易的增长,钱庄开始广泛地使用庄票、汇票,向进出口商人提供信贷。钱庄在口岸使用庄票,在口岸和内地之间使用汇票。钱庄的发展和业务的扩大,带来了钱庄款项划拨清算问题。钱庄之间对所签的庄票的清算,起初大概是直接划抵的。到1890年,钱庄业实行了汇划制度,由汇划总会根据各钱庄应收应付票据办理结算。"汇划"就是钱庄业的票据清算,这是具有现代意义的票据交换制度的雏形。

19世纪60年代末至70年代初,外国银行为了进一步控制上海的金融市场,开始贷款给上海的钱庄,钱庄和外国在华银行建立了资金拆借关系。钱庄既为洋货内销提供信用服务,又通过向丝行、茶行提供贷款为外商搜购中国土特产提供服务。

民国初年特别是第一次世界大战爆发后,民族工商业有了进一步的发展,钱庄业也在新的历史条件下再度繁荣。以上海钱庄业为例,1914年上海有钱庄28家,到1926年发展到87家,资本额也由1912年的106万两,扩大到1926年1341万两;1912年盈利49万两,1925年盈利高达323万两。[1] 原来和产业界联系很少的钱庄,这时也开始面向民族企业。上海著名的福源钱庄在1925年~1927年的3年间做过31笔工业贷款,总额达到219万元。这一时期钱庄开始经营抵押放款业务。在内地及在一些中小城市,如长沙、芜湖、绍兴等,钱庄的势力仍然很大,当地的金融机关仍以钱庄为中心。

1928年南京国民政府成立中央银行,开始对钱庄实行监理。同时,由于银行业的竞争,钱庄开始走下坡路,1933年废两改元之后钱庄就日益衰落了。上海是钱庄业最为集中的城市,1927年时全市有钱庄85家,到1937年时只剩下46家。[2] 抗日战争后,钱庄大多改组为银行。

(二)票号

票号是清代重要的信用机构,初始以汇兑为主,又称票庄和汇兑庄,大约产生于19世纪20年代初,刚开始票号多为山西人经营。继山西票号之后,另有南帮票号,有的称银号,或称汇兑庄、票庄、庄号。票号的兴起源于贩运商业资金调拨的需要。鸦片战争后,随着国内市场的扩大和农产品商品化的加速,汇兑业务日益增长,票号业也随之发展。19世纪50年代初,票号已发展到9家,50年代末再增为12家。[3] 有些票号除了经营商业汇兑外,已开始经营存放款,票号放款大抵通过钱庄进

---

[1] 中国人民银行上海市分行编,《上海钱庄史料》,上海人民出版社,1960年,第191、202~203页。

[2] 中国人民银行上海市分行编,《上海钱庄史料》,上海人民出版社,1960年,第260页。

[3] 山西票号史料编写组,《山西票号史料》,山西人民出版社,1990年;另参照卫聚贤,《山西票号史》,说文社,1944年版,第148页。

行。

19世纪50年代,太平天国农民战争爆发,清政府开始利用票号为其汇兑京、协饷,使得票号和清政府的关系非常密切。太平天国战争以后,清政府不仅要依靠票号进行金融汇兑,而且还常常向票号借贷。有时各地方政府还经常依靠票号垫款汇结。进入20世纪以后,由于清政府每年必须偿还大量的外债和庚子赔款,各省各关每年必须按期上缴一大笔的款项。这些巨额款项往往需要票号汇兑,使得20世纪初票号业有了更大的发展,票号的经营区域有了进一步的扩大,票号盈利总额及每股分红额也有了很大的增长,票号业开始进入鼎盛时期。

但是票号在经营方针上带有较为浓厚的对封建政府的依赖性和保守性,在经营业务上墨守成规。外国在华银行势力和中国新式银行业的兴起,也逐渐成为票号业的有力竞争对手。而1911年的辛亥革命又推翻了作为票号业最大靠山和最大客户的清政府。在随之而来的社会大动荡当中,许多票号的钱物被抢。在这一连串的打击下,票号由鼎盛迅速转为衰落。辛亥革命前,票号总号有26家,到1921年只剩下4家,10年间倒闭了80%多。① 日升昌、天成亨、蔚泰厚等十多家颇具声誉的票号,虽经多方努力,仍无法摆脱衰败的命运,终于先后闭歇清理。此后尽管仍存有少数几家票号在极力支撑,但已经很难扭转整个票号业的衰落命运。

(三)典当业

典当业俗称当铺,经营以物品抵押的个人放款业务,具有高利贷资本的性质。典当业在古代一直发达,南北朝的典质、唐朝的质库、宋朝的解质,都可称为当铺。到了清代典当业更加发达,规模更大,地位也更重要。1664年(康熙三年),全国有大小当铺两万多家。当铺的业务已不仅仅经营抵押放款,也开始经营信用放款、存款和货币兑换等业务,大当铺还签发银票、钱票。除私人外,地方政府也用公款开设当铺牟利。

鸦片战争后,典当业曾有所发展,当铺的数量虽有所减少,但资本额却在增加,利润也增多。咸丰年间发行大钱和官票宝钞,清政府还曾

---

① 黄鉴晖,《中国银行业史》,山西经济出版社,1994年,第117~122页。

利用当铺搭付搭收以推行通货膨胀政策。到了清末,银行兴起,钱庄、票号发展,各地有设立官银钱号,公款存放逐渐被这些机构取代,典当业务大大萎缩。但是,它的抵押放款本业却始终不衰。

二、外国金融势力的入侵

鸦片战争后,各资本主义国家争相涌入中国,以求占得最大的市场份额,外国资本主义工商业在中国逐渐发展起来了,银行作为现代金融机构也随之很快进入中国。

1845年,英国的丽如银行在香港和广州两地设立分支机构,成为第一个进入中国的外国银行。到了50年代又有汇隆银行、阿加剌银行、有利银行、麦加利银行4家英国银行在中国设立了分支机构。英国汇丰银行于1865年4月在上海设立分行,此后发展很快。法兰西银行是60年代进入中国的唯一非英国银行。70年代中叶汇丰等英国银行在中国形成垄断地位。直到80年代末,除了一家法兰西银行之外,其余都是英国银行,它们在华的分支机构即丽如6家,有利8家,麦加利5家,汇丰14家,合计33家。①可说是英国银行的独霸时期。进入90年代以后,英国银行独霸的局面顿然改变,各主要资本主义国家都在中国设立资本雄厚的银行。在1890年~1902年的13年间,德国的德华银行、日本的横滨正金银行、俄国的华俄道胜银行、法国的东方汇理银行和美国的花旗银行相继设立,加上原已存在的英国汇丰银行形成六强并存的竞争局面。

各帝国主义国家在中国的银行势力不断扩张,通过银行对华输出资本。1914年~1926年,各帝国主义国家在华新设银行44行125个分支机构,加上原有的在华银行,共66行226个分支机构。②这些银行及其分支机构,分布范围十分广泛,深入中国的内地和边疆,势力已达极盛。1929年秋,资本主义世界爆发了空前严重的经济危机。列强加紧对中国的侵略以转嫁危机,金融侵略仍然是其重要组成部分。据统计,到

---

① 洪葭管,《中国金融史》,西南财经大学出版社,1993年,第159页。
② 吴承明,《帝国主义在旧中国的投资》,人民出版社,1955年,第40、63页。

1936年,外国在华银行共32家141处(不包括日本在东北开设的地方性小银行),其中英国7家27处、美国4家16处、日本11家54处。① 外国银行资产在中国金融市场上占极大的比重。1936年全国69家华商银行和储蓄银行的全部资产是14.3亿元,而同年33家外国在华银行的资产是19亿元,比69家华商银行还多1/3。②

外国在华银行资力雄厚,依靠政治经济特权,业务获得迅速发展,除经营存放款、国际汇兑、买卖金银、发行货币外,还经手对中国政府的巨额政治借款和铁路借款。这些银行在中国掠夺了大量财富,控制了金融市场,进而控制了中国的财政经济命脉,是各国在华投资的枢纽。

甲午战争前,外国银行向清政府的贷款共25笔,总额约4600万两白银,其中通过外国银行借的约占74%,较重要的有西征借款、福建台防借款、中法战争借款和实业借款等。甲午战争以后,清政府对外赔款急剧增加,财政逾加拮据。于是大量举借外债,从1894年至1911年清政府举借外债共计白银120384万两,主要是赔款、铁路、军火、船炮及财政等借款。③ 其中最大的三笔是1895年7月俄法借款4亿法郎、1896年3月和1898年2月英德两次借款各1600万英镑,这三次借款折合银两为数达3.1亿两之巨。④ 随着资本输出的增加,势力范围的扩张,各国垄断集团达成经济上的国际协定,在1910年5月,英、法、德、美四国在巴黎签订协定,对清政府进行湖广铁路的借款,四国银行团由此成立。继四国银行团之后,又先后出现了所谓六国银行团、五国银行团和新四国银行团。1913年12月,五国银行团与袁世凯正式达成善后大借款协议,这笔善后大借款金额为英镑2500万镑,合银元24827万元,⑤ 这是中国历史上向帝国主义国家举借的最大一笔外债。1912年~1926年,北洋政府向美、英、法、德、日、俄组成的银行团借款总额近10亿银

---

① 中国银行总管理处经济研究室编,《全国银行年鉴》(1936),第64页。
② 吴敢群,《外商银行概况》,现代经济通讯社,1949年,第41页。
③ 袁远福、缪明杨,《中国金融简史》,中国金融出版社,2001年,第82页。
④ 徐义生,《中国近代外债史统计资料》,中华书局,1962年,第22、28~30页。
⑤ 《民国外债档案史料》,第3卷,第372~379页[北京国民政府财政部档案]。

元。① 中国对外的借款都以关税、厘金、盐税等财政收入做担保,而且中国的关税、盐税,除偿还借款、赔款外,均存于外国在华银行。

此外,外国在华银行还获得了中国一些重要矿山的开采权,一些重要的轮船、铁路、码头、仓库、公用事业的经营权。它还通过贷款给洋行,从而控制了中国的进出口贸易,并与钱庄建立了联系,进入了内汇市场。外国在华银行是近代中国金融业和金融市场的垄断者。

三、中国新式银行业的产生及发展

中国银行业的兴起,是在19世纪末20世纪初,其原因是帝国主义侵略的加深以及这种侵略的刺激所形成的近代产业的发展。

第一家华资银行——中国通商银行,于1897年在上海设立,是一家官商合办的银行。该行的建立,奠定了中国银行业发展的基础。大清户部银行成立于1905年8月,设总行于北京,相当于国家银行。1908年,户部改为度支部,户部银行也改为大清银行。辛亥革命爆发后,大清银行于1912年8月改组为中国银行。交通银行于1908年由邮传部在北京成立,它名义上也是一家官商合办银行。

此外,还设立了一些地方国营银行,有浙江省银行、广西省银行、福建省银行等。

20世纪初,尤其是中华民国成立以后,由于国内经济的发展、金融市场的拓展、银行法和其他有关金融法规的相继出台以及政府债券的大量发行使得华资银行,尤其是私营银行有了迅速的发展。到1937年,各类银行共计162家,其在各地的支行1700家,实收资本43430.2万元,② 存款总额406750.6万元,放款总额为259455.6万元。③

北洋政府时期中国银行和交通银行作为国家银行,成为北洋政府的财政支柱。南京国民政府成立后,于1928到1935年间为垄断全国金

---

① 陆仰渊、方庆秋,《民国社会经济史》,中国经济出版社,1991年,第85页。
② 《银行周报三十年纪念刊》,Thomas G. Rawski, Economic Growth in Prewar China, Chapter3。
③ 刘佛丁、王玉茹,《中国近代的市场发育与经济增长》,高等教育出版社1996年,第238页。

融和经济而建立了由中央银行、中国银行、交通银行、中国农民银行、邮政储金汇业局、中央信托局组成的"四行两局"国家垄断金融体系。

私营银行中发展较好的有"南三行"和"北四行"。"北四行"是金城银行、盐业银行、中南银行、大陆银行这四家商办银行的统称。"北四行"于1922年成立了四行联营事务所,主要从事联合放款业务,后又建立四行联合准备库,共同发行中南银行的钞票,由于准备充足,信誉卓著。"南三行"是上海商业储蓄银行、浙江兴业银行、浙江实业银行的统称,这三家商办银行以上海为基地,在经营业务上相互支持,它们之间的董事、监事也相互兼任。它们之间虽然没有联营事务所之类的组织形式,但是实际上收到了联营互助的效果。

这些私营银行的设立与投机政府公债有很大关系。但随着经济的发展,它们的业务逐步扩大,除买卖有价证券、吸收存款、发行货币、经营汇兑、从事房地产投机外,也积极向工业、交通业及农业发放贷款。金城银行在1917年至1936年的20年间,放款额由381.01万多元增加为9592.43万多元,增加了24倍。贷款结构发生了明显的变化,商业放款由1917年占总额的78.19%下降为1936年的39.41%,而工业放款的比重则由8.05%上升为16.50%,农业贷款由2.47%增加为6.48%;交通及公用事业更由0增加为占全部放款的15.05%,增长最为迅速。① 为满足各大企业所需的巨额资金,银行还组成银行团联合向大企业贷款。随着银行业的发展,中国货币供应量明显增加,从而缓解了长期以来资本供给的限制。

抗日战争期间,南京国民政府进一步加强对金融的控制,由中国银行、中央银行、交通银行、中国农民银行四大银行在上海组成"四行联合办事处"(简称"四联总处"),并先后在国内几个重要城市设立50多个分处。"四联总处"随着战局变化迁到重庆,并于1939年9月按照政府颁布的《战时健全中央金融机构办法纲要》进行了改组,由一个联合机构改组成为统一的中央集权机构,并扩大组织,提高职权,使其担负起筹划与推行政府战时金融经济政策的任务。

---

① 周作民,《金城银行创立二十周年纪念刊》,上海世界书局,1937年,第154页。

第九章 金融市场的形成

抗日战争期间,在战争、通货膨胀以及国家银行不断扩张及其统制下,大后方私营银行的存款、放款等业务均受到限制。金城银行是私营银行中实力较强的银行之一,1937年6月其各项存款总额为法币1.59亿元,折合黄金139万两,到1945年6月,各项存款总额有伪中储券30.7亿元和法币11亿元,估计折合黄金仅有10695两。① 由于法币的剧烈贬值,存款数额虽账面上增长很快,但实际购买力却急剧下降。存款来源减少,可运用的定期存款减少和法币币值的贬低,必然使银行的放款能力大大削弱,对工商业放款日益减少。但对各项政府禁令阳奉阴违,采取各种手段加以回避、应付。它们设立暗账,隐匿真相,逃避管制。此外,还设立商店,囤积居奇,套购黄金、外汇和证券,经营房地产,在通货膨胀中分沾利益。

抗战胜利后,政府接收了大量敌伪资产,国家垄断金融体系迅速膨胀,并在国民经济要害部门占据了垄断地位。据1946年6月的一项统计,在国统区的3489家银行分支机构中,国家垄断性质的银行及其分支机构达2446家,占总数的70%以上,到1946年年底,仅"四行两局"的分支机构已有852处。② 1946年12月,全国存款总额为56735亿元,而四行两局存款总额高达51765亿元,占全国银行存款总额的91.2%;全国放款总额为82208亿元,而四行两局为79928亿元,占97.22%。③ 1946年11月,政府又宣布成立"中央合作金库",其分支机构遍布各县市,更有利于把这一金融体系势力渗入到城乡每一个角落,使国家垄断金融体系发展到了顶点。政府利用国家垄断金融体系所集中的巨大货币资金,竭力扩大放款,扩大对工商业的投资,控制了整个国家的经济命脉。同时,政府由于发动内战,军费支出倍增,为了弥补财政赤字,法币发行指数扶摇直上,恶性通货膨胀日益加剧。很多游资不是通过银行、钱庄,而是直接以"地下钱庄"形式拆放。私营银行经营的存款、放款、汇款等业务受到种种限制。银行、钱庄在这种情况下,大多

---

① 中国人民银行上海市分行金融研究室编,《金城银行史料》,上海人民出版社,1983年,第730页。
② 陆仰渊、方庆秋,《民国社会经济史》,中国经济出版社,1991年,第764页。
③ 黄鉴晖,《中国银行业史》,山西经济出版社,1994年,第226页。

从事投机活动,同时也为社会上的投机活动提供便利。最后,整个国家的金融业由于日益加剧的恶性通货膨胀开始衰落,最终走向崩溃。

近代中国还出现了其他一些新式金融机构,主要是各种银公司、储蓄会、信托公司、保险公司等。

银公司类似于银行,但重在投资,所以其业务重点在放款而非存款。清末曾设立过几家公司,后来在政局变化中倒闭。南京国民政府成立后,上海又先后成立了 6 家银公司,都是股份有限公司,其业务有存放款、买卖有价证券和代客买卖有价证券、汇兑、房地产经营等,有的还办理贴现、押汇、保险、买卖金银等。中国建设银公司于 1934 年在上海成立,是当时规模最大的银公司,资本总额 1000 万元。① 1934 年 7 月,《储蓄银行法》颁布后,银公司被纳入储蓄银行类管理。

储蓄会是专门经营储蓄业务的机构。除了北洋政府时期的四行、万国、中法等 3 家外,南京国民政府时期又新设了四明储蓄会和中央储蓄会。储蓄会开办储蓄的种类很多:存本取息、整存整取、零存整取、整存零取、定活两便以及复利储蓄等。1934 年《储蓄银行法》规定禁止有奖储蓄,一向以有奖储蓄行骗的法资万国储蓄会被取缔。这一时期,不少银行也成立储蓄部办理储蓄业务,一些信托公司也办理此项业务。储蓄业务的发展,聚集社会小额货币,有利于资金市场的扩展。

信托投资公司是随着商品经济发展,金融事业发达,民间财务关系繁复而产生的。而中国产生于 1921 年的一批信托投资公司则主要是投机驱动的结果,不久在"信交风潮"中几乎全部倒闭。1930 年始有新公司成立,到 1934 年共有 12 家,实收资本额 982 万元。② 许多银行也设有信托部或兼营信托业务,甚至一些地产公司也兼营信托。这些信托公司除经营一般信托业务外,还经营房地产和买卖有价证券。

中国近代保险业的出现,是外资保险业先于华资保险业。鸦片战争前,英商就在澳门和广州开设了保险公司。中国人自己办的保险公司开始于 1876 年的保险招商局和 1886 年的仁济和保险公司。华商保险业

---

① 中国银行总管理处经济研究室编,《全国银行年鉴》(1934),第 L1 页。
② 同上书,据第 K1—K33 页计算所得。

的发展则在辛亥革命后。到1934年,全国有华资保险公司28家,资本3173万元。① 据1937年《中国保险年鉴》统计,全国有保险公司40家,分支机构126处,已经从上海等地延伸到内地,也有扩展到国外。

中国信用合作组织于1923年由中国华洋义赈会首创后,到1928年以前,虽有所发展,但一直是民办,且分布偏重于北方;到1927年,信用合作组织发展到南方各省,引起政府的注意,才得以宣传和推广。信用合作社发展很快,到1934年6月,全国有合作社9948家,分布于21省7个市,社员人数37万。②

四、币制改革

清朝时期币制混乱,银两、制钱、铜元以及"官票"、"宝钞"等各种货币同时流通。货币的不统一使其兑换十分麻烦,严重影响国内的市场流通和经济发展。民国初年,因为军阀混战、地方势力割据,币制更加紊乱。北洋政府决定采用银本位制。1914年2月,颁布了《国币条例》及其实施细则,规定废除银两,统一银元。但这次改革并没有达到目的,银两银元并行流通的局面没有改变。而且北洋政府时期,国家银行、省及地方银行、私营银行和外国银行都可以发行货币,纸币发行和流通也很混乱。

南京国民政府时期,为了垄断金融,统一货币,1933年3月1日财政部发布《废两改元令》,先从上海实施。特规定上海市面通用银两与银本位币1元或旧有1元银币之合原定重量成色者,以规元7钱1分5厘合银币1元为一定之换算率。3月8日,又公布《银本位币铸造条例》,规定银本位币定名为元,重量为26.6971克,成色为银88%、铜12%,即含纯银23.493448克,重量之公差不得逾万分之三,成色的公差不得超过千分之三;银本位币的铸造权专属中央造币厂;实行自由铸造制度,申请铸造时应付铸造费2.25%。由中、中、交三行联合组织"上

---

① 中国银行总管理处经济研究室编,《全国银行年鉴》(1934),据第N1—N40页计算所得。

② 洪葭管,《中国金融史》,西南财经大学出版社,1993年,第282页。

海银元银两兑换委员会"负责兑换事宜。财政部又于4月5日发布《废两改元布告》,银两制在全国被废除了。

  1929年~1933年,各资本主义国家陷入严重的经济危机。为了对付空前严重的经济危机,美国实施白银政策,收购白银。美国的白银政策造成中国大量白银的外流,中国货币的银本位受到严重威胁。1935年11月3日,财政部发布了《实施法币布告》,实行币制改革,基本内容为:中央、中国、交通三行(1936年2月2日加入中国农民银行,发行之钞票"与法币同样行使")发行的纸币为"法币";禁止白银流通,将白银收归国有,作为外汇准备金;规定汇价为法币1元等于英镑1先令2便士半。法币本身没有法定的含金量,它的价值须由外汇汇价来表示。这种货币制度是一种汇兑本位币,即国家银行以供应外汇来保证币值的稳定。法币与英镑紧紧相连,美国不甘心,于是美国用停止在伦敦购银的办法,给中国施加压力。南京国民政府于1936年5月与美国鉴订了《中美白银协定》。根据这个协定,政府继续把大量白银输往美国,以换取美元作为外汇储备。这样法币既与英镑联系,又与美元挂钩。1942年起,法币放弃了与英镑的联系,只与美元保持联系。

  法币政策没有涉及辅币问题,迟至次年1月12日,才颁布《辅币条例》。辅币分镍币和铜币两种,前者有20分、10分、5分,成色纯镍;后者有1分、半分,成色为铜95%,锡锌5%。每次付给镍币以20元为限,铜币以5元为限,但赋税及中央银行兑换不在此限,新辅币于2月10日开始发行。

  法币政策的实施,改变了以往货币的混乱状态,结束了分散发行的历史,有利于社会经济的发展。同时,南京国民政府则加强了对全国金融的控制,并为其实行通货膨胀政策提供了便利条件。

第二节 金融市场的构成

  金融市场是为融通资金而办理各种票据、进行有价证券买卖或各种货币借贷的场所。金融市场是商品经济发展的产物。明中叶以后,由于政治上比较稳定,商品生产有了较快的发展,特别是浙江一带出现了市镇勃兴的局面。由此带来了金融业的兴盛,出现了早期形态的金融市场——钱业市场。钱业市场是钱庄同业之间兑换货币和调剂资金余缺的市场。钱业市场土生土长,同当地的工商业有着极为密切的关系,生命力很强,在近代中国金融市场产生之后仍长期存在。

1840年鸦片战争之后,资本主义经济和银行业的发展,促进了金融市场的产生和发展。近代金融市场以银行业为主体,但也继承和包含了原有钱业市场的一些特点。上海自1840年对外开放、1845年开辟租界以后,很快发展为全国的金融中心。全国对外贸易的一半以上在这里进行,许多全国性银行的总行设在这里,其余全国性银行中的绝大部分也在这里设立分支机构。全国近半数的资金在上海集散,各地存、放款利率和其他金融行市围绕这里的利率或行市变动。上海有全国最大的证券交易所,也是全国最大的投资场所。上海的黄金交易量在远东首屈一指,外汇的交易量也很大。抗日战争爆发后,南京国民政府迁至重庆,使重庆成为战时国统区的政治经济中心,自然也成为国统区的金融中心。但由于全国处于战争状态,经济比较发达的地区已大部分沦丧,重庆地区原来的金融业及金融市场的基础又比较薄弱,因此重庆作为金融中心有很大的局限性。抗日战争胜利后,上海等沦陷区收复,政府由重庆迁回南京,上海重新设立证券交易所,接着开放外汇市场,逐步恢复了全国金融中心的地位。不过由于内战爆发,全国经济逐步衰落,通货膨胀严重,金融市场不但无法恢复兴盛局面,而且愈加衰败,到解放前已濒临崩溃。

实际上近代中国长期处于不统一的状态,各地金融市场不完全相合,综合各地的情况,近代中国的金融市场大致包含以下内容:

一、同业拆借市场

同业拆借是近现代金融机构之间相互拆借资金"头寸"的一种融资行为。"头寸"是指金融机构当日营业结束时全部收付款项轧差的差额。收入大于支出谓之"多头寸",支出大于收入谓之"缺头寸"。由于"头寸"余缺不同,金融机构之间需要调剂,促成了金融同业间的拆借,从而形成同业拆借市场。"同业拆借"在不同地区,做法是不一样的。

上海最初有两个拆借市场,一个是钱庄同业间的拆借市场,另一个是银行同业间的拆借市场。钱庄拆借市场历史悠久,最早南市、北市各有市场,每日各钱庄均派人到场公议行市。凡寸头的拆进、拆出,现洋的买卖,以及划头的划进划出,都取决于市场。1921年,钱业公会新屋落成,南、北两市合二为一,遂迁入公会新屋。这个市场虽为钱业市场,但银行、信托公司和其他金融机构,均可派人来场接洽,托钱庄同业代为在场交易。这时的钱业市场的交易实际上代表了上海金融界的全部交易,它所挂牌的行市,也就成为上海金融界唯一的标准行市。银行同业间的拆借,根据1920年10月18日上海银行公会组织"行市委员会"的决议,于每日上午9时,由各会员银行,派人到会集议,将决定行市悬挂公告。但由于加入公会的银行太少,大多数银行仍到钱业市场拆借,因此,未能形成市场。直到1932年3月,上海银行业联合准备委员会成立后,该会才办理拆放业务。

抗日战争胜利以后,随着金融业的复兴,上海原有的银行业联合准备委员会与钱业联合准备库两个团体于1946年9月2日合并,成立上海银钱业联合准备会,建立统一的拆借市场。自上海银钱业联合准备会成立后,办理同业之间的拆放,对调剂行庄资金方面起了一定的作用。但由于受到政府经济政策变化的干扰和恶性通货膨胀的影响,作用很有限。1947年后,上海的黑市利率已经高出该联合准备会很多,场外拆放盛行,联合准备会的正常拆放反而减少,甚至形同虚设。

其他的同业拆借市场还有天津同业拆借市场、昆明拆借市场、厦门拆借市场等,各地方的拆借市场做法都不一样。天津的同业拆借市场,一直处于无形的状态,可分为同业日拆、同业往来和临时融资三类市场。厦门近代的拆借市场,早在20世纪20年代就开始形成。厦门资金拆借市场,大致可分为四种形式:一是央行与商业银行之间的同业拆借市场;二是钱庄之间的同业拆借市场;三是外国银行与钱庄之间的拆借市场;四是厦门与上海、港澳地区之间的拆借市场。拆借时间一般是1~5天不等。

二、证券市场

有价证券指的是具有一定票面金额,代表财产所有权或债权的书面凭证。有价证券存在的形式,主要是股票和债券。

有价证券及其交易,随着最先进入商埠的外国洋行在中国出现。1869年,上海出现了中国第一家专营有价证券的英商长利公司,后来又有几家这样的公司相继设立。1891年,上海股份公所成立,以买卖外商在华所设各事业公司的股票。而中国人自己发行的第一张股票是随着1872年上海轮船招商局的成立和第一期股本的认定和筹集而出现的。之后,一批华商证券应运而生。随着华资企业股票交易日益增多,1882年9月,经营华商证券买卖的上海平准股票公司成立了,为华商股票交易提供了便利。1895年后随着中国近代化高潮的出现,尤其是银行的创办和商办铁路公司的出现,华商证券交易渐有起色。但1910年间因虚假的橡皮公司股票交易而爆发了"橡皮股票风潮"。这次金融风潮使中国新兴的证券市场遭受沉重打击,中国股票市场自此进入低谷。

北洋政府时期实业、金融业的发展以及政府公债的大量发行,推动了证券交易市场的发展。民国初年,许多商人转向股票买卖,一时间上海出现了许多股票公司,形成了十分热闹的证券交易市场,1914年秋,经当时的农商部批准,上海股票商业公会成立。1914年年底颁布了中国第一部《证券交易所法》,中国证券交易所开始筹建。1918年6月5日北京证券交易所率先开业,成为中国人自己开办的第一家证券交易所。1920年7月1日上海交易所(后改名为上海证券物品交易所)正式开业。接着,上海股票商业公会经农商部批准改组为上海华商证券交易所,于1920年11月成立,第二年的5月20日正式开业。由于交易所收益率很高,从事证券买卖的股东、捐客、经纪人也都获得厚利。于是各业受利润刺激,纷纷仿效,投资兴办交易所及与交易所事业密切相关的信托公司。这些信托公司和交易所勾结在一起,一方面以信托公司的股票作为在交易所投机的筹码,另一方面又以交易所的股票向信托公司拆借款项,相互利用,兴风作浪,牟取暴利。第一次世界大战结束后,社会上游资充斥,在暴利的引诱下,一齐涌向证券市场。1921年,银钱业为了资金安全,开始收缩资金,抽紧银根。投机者措手不及,资金周转不灵,告贷无门,破产者十之八九。股票价格下跌,交易所、信托公司大量倒闭,"信交风潮"由此爆发。从此股票市场再次跌入低谷,公债市场取而代之,后来居上。

公债制度于1894年引入中国,刚开始由于发行量很小,还未形成交易市场。北洋政府时期由于财政困难,开始大量举债。1912年~1926年,政府先后发行公债27种,共计6.12亿元,[①] 此外,还有各类短期库券1.08亿元,以及各种地方公债,政府采用高息大折扣的做法,吸引银行承销,公债买卖交易非常兴隆。但公债市场也是风波迭起,较大的有1924年8月发生在京沪两地证券交易所"二四公债风波"和1926年12月的"二六公债风波"。南京国民政府成立后,公债市场迅速扩大,由此出现的繁荣局面,一直持续到1937年7月抗战爆发。在1927至1936年的10年间,南京国民政府发行的公债额达26亿元,[②] 是北洋政府16年中所发行公债的4倍。

南京国民政府时期,证券监管力度有所加强,客观上推动了证券市场的发展。以上海为龙头的全国证券市场开始形成。根据1929年10月颁布的《交易所法》,上海证券物品交易所的证券部于1933年4月并入上海华商证券交易所。合并后的上海华商证券交易所统一经营上海的证券交易,业务快速增长。1934年,证券交易所的成交额达到47.7亿元,[③] 获利丰厚。上海华商证券交易所成为当时中国乃至远东设备最完备、规模最大的证券交易所。北京证券交易所此时改名为北平证券交易所。由于政治中心南移,公债发行中心也随之南移,北平证券交易所经营公债失去往日优势,经营每况愈下。于1939年初歇业。天津当时虽然未成立证券交易所,却有许多证券行(证券公司),银行证券部和信托部也都进行证券交易。1931年"九·一八"事变后,大量社会游资从东

---

① 千家驹,《旧中国公债史料》,中华书局,1984年,第10~11页。
② 千家驹,《旧中国公债史料》,中华书局,1984年,第23页。
③ 张一帆、潘文安编,《财政金融大辞典》,世界书局,1937年,"附录"第80页。

北、华北各地流向天津,形成了一个独特的局部股票市场。此外,其他地区也陆续建立了几家证券交易所,如宁波四明证券交易所、青岛物品证券交易所、汉口证券交易所和重庆证券交易所。这些交易所规模都不大,交易量也较小,除买卖中央政府公债和本地少数几家知名企业股票外,主要经营地方政府证券的买卖。

抗战爆发后,上海租界成为"孤岛"。由于租界"孤岛"政治上的苟安局面,证券市场非常活跃。1941年,太平洋战争爆发,日军占领租界,"孤岛"成为沦陷区,证券市场兴盛局面才告结束。抗战结束后,政府执意内战,造成军费开支急剧增加,财政赤字巨大,导致恶性通货膨胀。在这种情况下,股票市场出现了短暂的繁荣。1949年天津、上海等地先后解放,证券交易所也随之停业。

三、内汇市场

内汇市场是指国内汇兑市场,经营国内汇兑业务,即银行等金融机构把客户交付的现款支付给异地受款人。在近代中国金融市场中,内汇市场是一个非常重要不可或缺的方面,它在全国范围内起到调剂资金余缺和汇划清算的作用。

中国早期内汇市场是以票号为中心。19世纪后半期,在国内外贸易发展推动下,票号在沿海口岸和西南、西北地区先后建立了业务机构,在国内设分号的地点约有100处左右。从而形成了一个广泛的汇兑网,在组织结构上具备了经营内汇业务的条件。票号经营汇兑的方式主要有票汇、信汇、电汇三种。票号在内汇市场上独霸了半个世纪。到了清朝末年,渐渐遇到了各种金融势力的挑战,票号汇兑业务由极盛而逐渐衰落。到辛亥革命后,原有的市场基本上消失了。

鸦片战争后,由于内外贸易逐渐扩大,需要金融周转的地方日益增多,钱庄的汇兑业务逐渐发达,对活跃内汇市场起到了一定的作用。上海的钱庄业在为外国资本推销商品和掠夺原料的过程中,自身的业务也获得了迅速的发展和扩大,与内地商埠的联系进一步增强。到19世纪末,一个以上海为枢纽的全国性的内汇网络——申汇市场已经形成。申汇使用的汇票有三种:钱庄汇票、庄号汇票和庄客客票。

由于上海是近代全国资金的划拨中心,各地之间的汇兑行市,以申汇为基础,款项划拨也以上海为中心,进行间接汇兑。于是,在当时的天津、汉口、重庆、西安、南昌、杭州和宁波等城市都形成了申汇市场。各地申汇市场是上海申汇市场的组成部分。例如,汉口的申汇市场,由当地钱业公会主持,钱庄参加,受各商号委托,进行申汇交易。天津的申汇市场,是由经纪人从中"跑合"的,设在针市街的"公记跑合铺",实为申汇市场。

新式银行产生后,都致力于发展内汇业务。大银行资金雄厚,分支机构众多,这是开展汇兑业务的有利条件。特别是机构方面,更占明显优势。到30年代初期,中国、交通、"南三行"、"北四行"等9家大银行等分支机构和国内通汇处共达1112处。①

银行经营汇兑业务,使中国金融业的国内汇兑逐渐制度化和规范化,这是一个显著特点。汇兑分"顺"、"逆"两大类。顺汇即银行在本埠先收托汇人的款项,而后在它埠代交其款项予收汇人。其中又因手续不同而有多种方式,有电汇、信汇、条汇、票汇、活支汇款等。逆汇即银行在本埠先付款予请求人,然后再向请求人所指定的外埠银行,取回其所付的款项。这种汇兑对银行而言是先付后收,故称逆汇。逆汇有三种形式:押汇、购买外埠票据、代收款项。

四、外汇市场

外汇市场是进行各种外汇买卖的交易场所。它是国际金融市场的组成部分之一,通过外汇买卖,为国际清算或债权转移提供重要媒介。

外汇交易是近代中国金融市场上的一项重要内容,尤以上海、天津、青岛、厦门等口岸城市最为活跃。外汇交易参加的对象为:外国银行、华资银行、汇兑经纪人、专办进出口业务的洋行和商行、投机商等。其中外国银行占主导地位。以上海的外汇市场为例,各国在沪银行均各自经营对该国的汇兑,如英国银行出售英汇、法国银行出售法汇,并同时经营其他国家的汇兑。由于当时进出口贸易的商行绝大多数为外商,

---

① 洪葭管、张继凤,《近代上海金融市场》,上海人民出版社,1989年,第122页。

第九章 金融市场的形成

均在外国银行开户往来,因而,这些银行实际上垄断着进出口贸易的国际汇兑,其中尤以汇丰银行为甚,其买卖外汇总数常占上海外汇市场成交额的60%～70%。[①] 由于汇丰银行有足够的资金买卖外汇,因此,其外汇的牌价也就成为中国实际有效汇率。上海各外国银行,为了谋求外汇上营业的方便,还设立了外国银行公会。一战以后,华资银行开始经营外汇业务,最早的是中孚银行和上海银行,均于1917年开办。到30年代初期,华资银行兼营外汇业务的有中央、中国、交通、广东、浙江兴业、浙江实业、金城等10余家,但业务量远不及外国银行。外汇买卖一般经由外汇经纪人办理,直接买卖比较少。上海外汇经纪人,在一战前共69名,其中外国人53名,中国人16名,[②] 各有汇兑经纪人公会的组织。这些经纪人多无固定场所,他们奔走于中、外各银行之间,以承揽本外埠各种外汇买卖、收取佣金为业务。开始时华商经纪人不得与外商银行往来,后来打破了这条规定,几经认可的经纪人均可互相交易。但由于外籍经纪人占优势,结果大部分外汇交易,仍由外籍经纪人承揽。上海是对外贸易的中心,进出口商人需要大量的外汇交易,故对汇市有决定性的影响。

上海外汇市场的交易,可分为因商业需要、银行需要和投机需要三类。因商业需要的交易主要从事为进出口商订结远期外汇和做押汇;因银行需要的交易则从事外汇头寸的抵补;因投机需要的交易主要是获取汇价涨落的差额利益。

外汇交易市场并无固定场所,多在银行柜台上或电话中进行,也有用书面交易。

天津外汇市场受外国银行设在天津的"天津外国银行汇兑银行分会"的操纵。该分会由英国汇丰银行和日本正金银行居统治地位。行情也由天津汇丰银行所操纵,天津每天的行情都是根据汇丰银行的每日牌价而定。华北沦陷后,各外国银行的外汇业务受到一定的影响,但仍操纵着中国的外汇市场。1942年,太平洋战争爆发,海运受阻,英、美等

---

① 刘惠吾,《上海近代史》,上册,华东师范大学出版社,1985年,第204页。
② 徐寄庼,《最近上海金融史》,上海商务印书馆,1929年,第423～424页。

盟国银行撤离天津,全市对外贸易基本停止。日本投降后,天津各外国银行又重新恢复营业,此时美国已成为世界的债权国,美元成为"世界货币",因此,外汇市场都以美元为结算标准。1946年,南京国民政府公布《中央银行管理外汇暂行办法》,开放外汇市场。但由于国内通货膨胀严重,实际汇率日渐偏高,外汇政策无从实现。

青岛外汇市场,早在日本占领时期,就推行日金票,诱使中国商民使用日本银行钞票。1931年"九·一八"事变后,东北游资充斥,不少银行钱庄为了给多余资金寻找出路,以经纪人身份,参与日金买卖活动,日金交易空前兴旺。"七七"事变后,日本侵略者再次占领青岛,并推行"银联券",日金交易趋于消失。抗战胜利后,美军策应南京国民政府接收青岛,在青岛建立美军基地,并将大量美钞带进市场,由于法币贬值,美钞黑市盛行。

五、黄金市场

黄金市场是买卖黄金的交易场所。在黄金市场交易中,有各国货币当局调节黄金储备的交易,有个人为了保值进行的交易,有为取得工业用黄金的交易,也有很大数量的投机交易。

近代上海是当时世界黄金市场之一。最初上海各种金货交易无固定地点。1905年金业同业才组织了金业公所,入会金号有30余家,1917年改组为金业公会。公所成立后,才有了金货交易的场所。金业交易所的正式组织形式始自1920年,开始有两个组织,即1920年设立的上海证券物品交易所和1921年成立的上海金业交易所。1934年上海证券物品交易所将其中的黄金部分的业务合并于金业交易所,从此上海金业交易所成为上海唯一的黄金市场。上海金业交易所规定上市交易的金货有四种:国内金矿、各国金块金币、赤金和标金四种。而实际上交易的主要是标金,其他三种交易数极少,因此习惯上称上海黄金市场为标金市场。交易方式有现期和定期两种。定期交易中可以产生投机交易。标金投机的方式有"空头"、"多头"、"套头"等做法。根据调查,上海黄金市场黄金买卖,1924年2870万条,1925年4689万条,1926年

6232万条。①其中买空卖空的投机交易成分极大。1935年11月南京国民政府实施法币政策后,对外汇价照英镑1先令2便士半以及美金30元的水准,黄金买卖失去了投机的条件,成交数额骤减。

抗战爆发后,上海沦陷期间,一部分金号、银楼曾仿照交易所组织联易公会,进行黄金现货及期货买卖,完全是投机市场。后来这个公会随着敌伪垮台而告终。

抗战胜利后,南京国民政府颁布的经济政策朝令夕改,时而收兑黄金,时而公开出售黄金;时而禁止黄金自由买卖,时而恢复黄金公开市场。上海黄金市场也随政策而变化。到1949年,由于恶性通货膨胀,整个国民经济处于崩溃边缘,上海黄金市场也陷于停顿。

厦门市从清朝开始到1949年为止,一直是一个黄金、银元的交易中心。厦门经营金银者,多为钱庄和银钱商。其金银来源,一是靠福建临近地区的输入;二是由进出口贸易结算而来。其吞吐量很大,从厦门历年金银输出入数值看,自1899年～1933年的长达34年间,吞吐量最大的是1916年,全年出口金银值753.6万元国币,进口为344.3万元国币,进出总值1097.9万元国币。② 而从1899年～1931年,每年金银吞吐量均在数百万元以上,由此可见,厦门的金银拥有量与流通量之大,是厦门金银市场长盛不衰的主要原因。1947年《经济紧急措施方案》实施前,是一个全盛时期,这一时期黄金不仅准许持有,而且可以自由买卖。但时隔不久,1947年4月,方案实施后,尽管当局严禁黄金买卖,但金银炒卖之风,却越演越烈。到1949年,厦门镇邦路一带,"黄牛"与"银牛"投机甚盛,他们利用与香港、上海等地差价进行交易,从中牟利。参与投机者,不仅有本地金银贩子、外地游客,还有国家银行。

六、贴现市场

贴现市场是短期资金市场的重要组成部分。所谓贴现市场,是指通

---

① 杨荫溥,《中国金融论》,上海黎明书局,1931年,第528页。
② 中国人民银行总行金融研究所、金融历史研究室编,《近代中国的金融市场》,中国金融出版社,1989年,第333页。

过票据贴现这一途径为企业或个人提供资金和取得资金的组织体系或中心,并不一定固定在某一场所,而可以是各种票据贴现所形成的诸项交易关系。

近代中国贴现市场的形成十分缓慢。19世纪末,钱庄已开始办理票据贴现业务。华资银行的贴现业务随着银行的产生就开始了。但刚开始业务量很小,还赶不上钱庄。20世纪20年代后,这种状况才开始有所变化。原始的"重贴现"业务,在上海也有发生。其基本形式为钱庄或小银行买入(贴现)了外地商人所开的由其本省庄号付款的汇票,然后即转卖给(重贴现)大银行,转送外省收款。

第一次世界大战及战后初期的经济繁荣过后,中国新办工业企业很少,整个工商业缺乏资金。1928年6月,银价开始了四年漫长的惨跌过程,全国各界纷纷探求解救办法,一致认为要根本解决问题,在于振兴工商业。于是建立票据市场,加快资金运转,融通资金的倡议提出来后,得到银行界、企业界的响应。1929年10月,《票据法》颁布实施,在法律上保证了票据当事人的权利义务,并促进了票据的统一和票据市场的形成。

1930年至1931年之交,经过前一两年的理论研究与宣传,上海部分银行开始办理商业承兑汇票与银行承兑汇票及其贴现业务。1931年春以后,办理票据贴现业务的银行不断增加,先后有交通银行、国华银行、上海商业储蓄银行、大陆银行、国货银行、中南银行、浙江实业银行、和平银行等。1933年1月10日,上海银行业联合准备会成立了上海票据交换所。当时加入该所的银行有32家,以后又增加4家。之后天津、杭州、重庆等地的票据交换所也相继成立。1932年3月,中国银行、上海商业储蓄银行、浙江兴业银行、浙江实业银行及新华信托储蓄银行5家银行组建中国征信所。1932年6月,由银行业同业组成的中国征信所正式开业。1934年初,加入该所的会员银行有91家,其中基本会员20家。上海票据交换所和中国征信所这两个机构的成立,对推行票据制度具有重要的作用。1932年至1934年初,银钱业票据贴现业务有所增长,不过商业票据的承兑贴现仍没有太大的起色。

1934年,美国实施白银收购政策造成中国银价暴涨,白银外流,导致银根奇紧,物价下跌,工商业凋敝,银行钱庄的贷款大幅度减少。在这种情况下,商业汇票承兑和贴现再一次作为救济工商业和金融业的好办法被提出来了。1935年10月上海工商业贷款总会第15次会议修正通过了《推行承兑汇票办法》,而上海银行业同业公会于12月下旬举行第9届会议,重申"赞助推行商业承兑汇票"。这些措施促进了商业承兑汇票的推行。1936年3月由38家银行组成的票据承兑所正式成立并开业。这是中国第一家专营票据承兑贴现的机构,标志着近代中国票据贴现市场的出现。1937年7月抗日战争爆发后,该所业务逐渐清淡,到1941年,上海局势愈加紧张,该所遂告停业。

中央银行的重贴现制度是在抗日战争爆发后才开始初步确立并发展起来的。1937年8月9日,中、中、交、农四行联合贴放委员会在上海成立,制定并公布了《贴放委员会办理贴放办法》、《贴放委员会办事法则》。这样,中央银行章程上的"贴现、重贴现"业务就在战争环境下与其他三行一起开始经常地正规化地办理了。8月26日,财政部又颁布了《中、中、交、农四行内地联合贴放办法》,中、中、交、农四行联合办事处又通过了《办理内地贴现细则》,把贴现业务推广到全国各地。1940年1月,四联总处又制定了《推进银行承兑贴现暂行办法》,这样,中央银行的贴现、重贴现又有了新的进展,重贴现政策从此开始实施。1942年7月,中、中、交、农四行业务划分之后,中央银行要完成其所规定的调剂金融市场职责,必须健全调节控制金融市场的职能,重贴现及公开市场操作方式自然首先运用,而这又有赖于票据为主要工具。因此,推行票据制度、建立贴现市场提上日程。财政部于1943年4月2日公布了《非常时期票据承兑贴现办法》,使中央银行的重贴现制度第一次以政府法令的形式确立下来。抗战胜利后,中央银行重贴现手段功能在形式上日趋完备,业务范围由政府行局扩大到一般商业行庄,业务量也增多。但1948年后,通货膨胀日趋严重,中央银行的重贴现政策无法实施。

在近代金融市场上还有一种比较特殊的市场即货币买卖市场。由于中国社会的半殖民地半封建性质,各地的货币流通和记帐使用的货币迥异。流通的货币有银两、外国银元、中国自行铸造的银元、铜元、制钱、华资银行发行的纸币、外国银行发行的纸币等,记帐使用的货币有上海的"规元"、天津的"行化银"、武汉的"洋例银"等。因此地区之间的资金流通,一般都要经过货币兑换。即使在同一地区的同一时期,也往往流通使用多种货币,需要进行兑换,才能实现资金和商品流通。于是经营货币兑换和买卖业务非常普遍。经营货币买卖业务的除钱庄等金融机构外,还有许多小摊贩。货币买卖市场存在反映了近代中国长期遭受帝国主义侵略、地方势力割据和全国货币不统一的状况。

第三节 金融市场的特点与作用

金融市场经过了将近一个世纪的经营,已经形成了一个具有相当规模的体系,对中国经济、贸易的发展起到过促进作用。但是由于政治上、经济上的种种原因,也常于政治上、经济上的种种原因,也常常会使市场功能的发挥受到限制。下面分析一下近代中国金融市场的特点和作用。

一、金融市场的特点

(一)外国银行占据垄断地位

外国银行在中国设立了大量机构,并在中国发行大量的货币,以厦门为例,流通最多的是美钞、港币,其次为荷兰盾、澳洲镑、新加坡纸币等。中国的资本市场长期为外国银行垄断。外国银行还控制了中国的一些传统金融机构,如贷款给钱庄,同钱庄建立资金拆借关系,达到控制和利用钱庄的目的,使钱庄为其服务。

中国境内第一家证券交易所是由外国人建立的。在第二次世界大战前,上海有过三个证券交易所。其中,两个是外国人办的,一是几国商人设立的"上海众业公所";一是日本人办的"取引所"。这两个交易所的成立时间都早于华商证券交易所。它们包揽了外国企业在中国发行股票和租界内外国统治机构发行债券的业务。

近代中国的外汇市场更是基本上操纵在外国人的手里。外国银行垄断了国际汇兑。以上海为例,外汇买卖业务 2/3 由英国汇丰银行经营,外汇市场的汇价也由汇丰银行上海分行挂牌决定。

(二)金融市场和产业资金联系薄弱

金融市场应该为工商业服务,为产业发展提供资金。但在近代中国,金融市场和产业联系甚少。

首先,长期以来近代金融市场上黄金、外汇的交易量占据很大比重。上海即是国内金融中心又是远东金融中心,为当时世界大黄金市场之一。

其次,近代金融市场上买卖证券多是国家债券,几乎成为大小新旧军阀维持统治,互相混战筹集资金的场所,因此,金融市场的政治色彩特别浓厚。

再次,票据贴现业务不发达。中国虽然很早就有票据流通,如钱庄的庄票、银行的本票、企业的期票等,但出现票据贴现业务的时间却很迟,上海市 1936 年 3 月才成立票据承兑所,正式进行票据承兑和贴现业务,但贴现额一直都不大。据中国、交通、浙江兴业等 12 家银行在 1936 年底统计,他们在上海的贴现额仅相当于放款额的 3.5%,[①] 其中,商业票据贴现额的比重更低。

(三)市场发育程度极不平衡

东南沿海城市的金融市场产生早,发展也比较快,其中上海、广州和天津等沿海大城市的金融市场发育程度很高。而内地一些城市的金融市场产生较晚,发育程度也很低。在抗战爆发后,天津、上海等沿海城市先后失守后,国统区的金融市场曾一度转移到重庆、西南和西北部分城市,使那里的金融市场一度活跃。抗战胜利后,全国金融中心仍然很快回到上海等沿海城市。

二、金融市场的积极作用

(一)调剂资金的作用

金融市场上的短期资金市场具有调剂资金,合理配置资金的作用。

[①] 褚葆,《中国短期资金市场建立问题》,摘自交通银行经济丛刊,第二种,《金融市场论》,第 252 页。

同业拆借业务就可以弥补钱庄之间、钱庄和银行之间、银行和银行之间头寸暂时不足和灵活调动资金。天津银钱业在特殊情况下,曾由公会出面组织同业互相融通资金以应急需。贴现业务虽然在近代才刚起步,但它对于加快工商业资金周转、融通资金,帮助工商业渡过经济萧条期起了积极的作用。

近代中国各地都有申汇市场,各埠之间在调度资金和进行埠间交易上的款项交割方面,可以利用申汇以达目的。加之上海的钱庄在代理外地同业汇兑时,可以为之垫款,这就扩大了在资金上酌盈济虚、互为调拨的范围。外汇市场可以调剂个人或企业之间由于各种涉外经济业务而发生的外汇余缺。1840年以后,中国对外贸易发展很快,外汇市场在调剂外汇余缺上起了很重要的作用。

由于缺少长期资金,通过证券市场上的交易活动,可以变短期资金为长期资金,促进资金余缺调配。在20世纪二三十年代,上海的证券交易所交易兴盛时,其中所买卖的主要是政府公债。反映在银行的金融资产中,也是有价证券的购置在其全部金融资产中占有一定的比重。而在银行的拆放款中,很多是以有价证券(主要是公债)作抵押。无论是证券持有者以证券作抵押向银行融通资金;还是银行、钱庄同业间以有价证券作担保,从短期货币市场(主要是同业间的拆借市场)拆入资金,都与证券市场发生关系,那么这种以借贷方式筹集长期资金的过程,实际上也就是变短期性资金为长期性资金的过程。

(二)促进工商业的发展

鸦片战争后,沿海和内地一些大城市成为对外通商口岸,贸易的发展促进了金融市场的发展,同时金融市场的形成和发展又为贸易的发展提供了有效的信用工具。就内汇市场上的银行押汇业务来说,其手续为由本地售货商签发应由外埠货商付款的汇票,并以货物的提单、发票、保险单等附于汇票之后,向往来银行商量做押汇形式的借款,银行同意后,即订立押汇契约,由银行就汇票金额在扣取利息及各项费用后,以余额交付售货商;或由银行斟酌情形,除扣取利息及费用后,暂按票面七成或八成付款,余额等收回后找讫。实际上是把汇兑和贷款两项业务结合起来,即解决了商品流通货款的结算问题,又解决了流通资金

第九章 金融市场的形成

不足的困难,不仅以资金支持商业企业,而且对埠际交易的买卖双方起到了中间信用的作用。对商家来说,只要能不断获得银行的押汇贷款,则仅需少量自有资金就能经营大宗买卖。押汇业务深受厂商的欢迎。上海商业储蓄银行1933年在上海一地所做的出口押汇共计3300余万元,约为当年上海埠际出口贸易总值63100万元的5.23%,①所作出口押汇商品达70余种。

金融市场促进了工业的振兴。贴现市场上各种票据的使用和证券市场的出现,对集中资金、调剂资金发挥了显著的作用,有利于工矿业筹资,弥补华资企业资金少的弱点。到1933年,除外商股票外,上海本地公司至少发行了1亿元以上的股票。②30年代后,公司债券的发行逐渐增多。仅1934年,闸北水电、六河沟煤矿、启新洋灰等7家著名企业就发行了1750万多元的公司债券。③ 资料表明,到30年代末,全国发行公司债券的企业大致有19家,债券发行总额约为5000万元。④ 据此估计,到抗战前夕,全国历年发行的产业证券,包括股票和公司债券在内,至少5亿元以上。虽然公司股票和债券发行很有限,但在一定程度上促进了中国股份制经济和华资工矿业的发展。从公司注册来看,1912年~1927年11月经北洋农商部(1927年改称实业部)注册的股份公司为1635家,1935年6月已达1966家。抗战前统计,股份公司占公司总数的25%,在公司集中程度较高的上海,1931年股份公司企业仅占18%,1933年已达28%。⑤

(三)对吸收游资,缓冲物价波动起了一定的作用

游资问题是经济发展中一个至关重要的方面,利用得当可以起到稳定资本市场的作用,利用不当破坏力极大。金融市场对吸收游资,稳

---

① 洪葭管、张继凤,《近代上海金融市场》,上海人民出版社,1989年,第129页。
② 陈光甫,《怎样打开中国的经济出路》,《新中华》,创刊号。
③ 马寅初,《上海证券交易所有开拍产业证券行市之可能呼》,《东方杂志》,第33,卷1号。
④ 张春廷,《中国证券市场发展简史(民国时期)》,《证券市场导报》,2001年,第5期,第49页。
⑤ 陈真,《中国近代工业史资料》,三联书店,1961年,第四辑,第19、27页。

定物价起了一定作用。特别是抗日战争开始后,由于战争造成的通货膨胀和生产的萎缩,使大量资金脱离生产,集中于黄金和实物商品市场,刺激了物价的上涨,直接影响了民众的生活。证券市场使黄金市场一部分资金转移过来,从而减轻了黄金市场的压力。由于证券市场的价格一向尾随黄金与商品的上涨,其上涨的幅度又低于黄金和商品,因此证券市场或多或少地对整个市场尤其是商品价格的上涨起到了缓冲作用。抗战结束后,战时金融中心重庆的资金回流,加之法币发行增多,游资集中涌向商品、黄金、外币市场,致使物价上涨极快。1947年3月《经济紧急措施方案》实施后,游资趋向证券市场。在年底很短的时间内,证券市场吸收游资达 1500~2000 亿元。[①] 1948 年 8 月 11 日一天吸收游资估计达法币 30 余万亿元,约合法币发行总额的 6%。[②]特别是 1946 年 9 月至 1947 年底,证券市场直接减轻通货对物价的威胁,曾起到调剂资金,平抑利率的作用。

三、金融市场的消极作用

(一)外国银行控制了金融市场,阻碍了中国经济的发展

在近代金融市场上,资金吞吐、国际汇兑、金银的输出入等都在外国银行的控制之下。外国银行经手列强对清政府的大借款,使其在中国金融方面的势力达到举足轻重的地位。外国银行更是依仗其债权地位,对于中国重要企业发展力加阻挠。

有关金融方面的一切改革,不得外商银行同意,中国金融界与有关财政当局,均不敢单独进行,如由上海中外银行及企业组成的国际银钱公会的 15 名委员中,外国代表占绝对多数,并指定麦加利银行经理或其代表为第一任主席。1933 年南京政府废两改元之后所组织的审查新币委员会,汇丰、麦加利、花旗、东方汇理、华比、意华、德华、荷兰、沙逊各银行的经理均加入为委员。中国金融市场如不求得外商银行同意,就有被其扰乱的危险。

[①] 朱斯煌,《民国经济史》,银行周报社,1948 年,第 156 页。
[②] 上海市档案馆编,《旧上海的证券交易所》,上海古籍出版社,1992 年,第 258 页。

(二)金融市场上投机活动盛行,导致金融风潮迭起,对社会经济产生巨大的破坏作用

近代金融市场交易中,违法投机屡有发生。外商在华组织的证券市场是少数洋商投机的工具。1910年因购买虚假的橡皮公司股票而引起金融风潮就是最好的例子。这次风潮使中国新兴的证券市场遭受沉重的打击。1921年信交风潮中,上海证券物品和上海华商证券交易所组织多头公司,操纵本所股票。1924年公债风波中北京证交所操纵公债市价。这些交易所投机手段多样,如散布虚假消息,合伙拉抬本公司股票,虚报买卖价格等,往往是多种投机手段并用。

抗战时期,由于严重的通货膨胀,私营金融业的正常业务无法开展,于是便把资金用于投机事业,投机活动成了资金运用的重要组成部分,设立暗帐,进行金银、外汇的投机买卖,开设商店,囤积物资等。抗战胜利后,在通货膨胀继续恶化的情况下,私营金融业自然不会放弃,仍然从事投机活动。由于物价飞涨,有钱人集中抢购黄金美钞。当时上海金融、工商部门、江浙财阀为了大量抢购黄金美钞,除了自己的钞票外,更设法向银行贷款。贷款到手后,马上抢购黄金美钞。因此加剧了上海黄金美钞市场的紊乱。黄金美钞涨价,一般物价也都上涨,导致很多企业破产。这些投机活动对生产只有破坏作用,对整个社会经济的动荡起了推波助澜的消极作用。

(三)政府对金融市场管理不当,利用金融业为政治服务,阻碍了金融市场的发展,使其不能发挥应有的作用

晚清时期,中国金融市场才刚起步。清政府屈从于外国资本,没有作出必要的管理金融业和金融市场的筹划,亦不可能对金融活动作出一些有力的干预与调节。清末20年间,金融风潮迭起,钱庄大批倒闭,工商业受累深重,市场动荡不宁。清政府在金融风潮中无所作为,任由外国银行对中国金融市场进行摆布和控制,对国内金融机构和商行也没有作出适当的管理。

北洋政府时期,军阀混战,国家处于一盘散沙的状态。虽然政府也象征性地颁布一些金融法规,但根本不可能严格执行。北洋政府更把银行作为货币发行工具,不顾经济需要,大量增发纸币,为其财政服务。这

一时期发生两次严重的停兑风潮,人们纷纷抢购商品,物价昂贵,市场混乱,币值下跌,投机盛行,交易停顿,给经济生活造成很大的损失和不良影响。

1927年南京国民政府成立后,进一步加强了对金融的控制,用行政手段取代市场信用,而恶性通货膨胀则摧毁了一切信用。战后国民政府由财政部和经济部出面重新组建上海的证券市场,中、交、农三行及两局出资4亿元,占10亿元资本的40%,官股成为控股的大股东。① 交易所规则、营业范围、人事安排等,均由官方决定。政府垄断了金融,可以任意地重新分配资源。1940年度中央银行放款总额为509亿元,而贷给政府中央机关的为484亿元,占95.1%。② 1947年9月,中央银行核定中国银行全国各地转质押总额1100亿元、交行总额1000亿元,而同年6月中央银行垫款给财政部的余额高达126565亿元,相比之下,中央银行用于经济方面的资金少得可怜,③ 不能弥补恶性通货膨胀的负面影响,更谈不上支持经济发展。

思考题

1. 试述近代中国金融业的变化过程。
2. 近代中国金融市场的构成及其特点是什么?
3. 如何看待近代中国金融市场的作用?

参考文献

1. 黄鉴晖,《中国银行业史》,山西经济出版社,1994年。
2. 洪葭管,《中国金融史》,西南财经大学出版社,1993年。
3. 中国人民银行上海市分行金融研究室编,《金城银行史料》,上

---

① 上海银行学会编,《银行周报》,第30卷,第37期。
② 伪中央银行总分行放款分析汇报表,1940年度,宁档:396/9469。
③ 中央银行常务理事会议记录,1947年9月27日,宁档:396/1501。

海人民出版社,1983年。

4. 张国辉,《晚清钱庄和票号研究》,中华书局,1989年。

5. 钟思远、刘基荣,《民国私营银行史》,四川大学出版社,1999年。

6. 汪敬虞,《十九世纪西方资本主义对中国的经济侵略》,人民出版社,1983年。

7. 中国人民银行总行金融研究所、金融历史研究室编,《近代中国的金融市场》,中国金融出版社,1989年。

8. 洪葭管、张继凤,《近代上海金融市场》,上海人民出版社,1989年。

第十章
对外经济关系

鸦片战争以后,中国经济进一步融入世界经济之中。此后百余年间,起伏涨落,表现出其特有的发展轨迹。西方列强在华掀起的投资高潮使得外国资本在中国近代工矿交通等部门中始终占据着垄断和支配地位。在对外贸易方面,西方列强凭借其在华种种特权,低价掠夺中国的农副产品和矿产原料,高价倾销其工业品,用不等价交换来攫取巨额利润。但总体来看,由于封建经济的顽固性和经济的低水平发展,中国融于世界经济潮流的速度一直是缓慢的。同时落后的关税制度、不断下跌的白银价格也深刻地影响着近代中国对外经济的发展。

第一节 外国在中国的投资

外国投资,是资本跨国界的一种运动。近代对华投资的主要国家有:英国、法国、美国、德国、俄国、比利时、意大利和日本。列强在中国进行了大规模的资本输出,对中国的财政、金融、贸易、工矿和交通运输等关系国民经济命脉的重要部门实行了全面控制。

一、外国在中国的投资概况

严格地讲,外国人在中国的投资活动始于1840年鸦片战争以后,但其源头则可以追溯到鸦片战争前的中西贸易和外国在华洋行。1715年英国东印度公司在广州设立洋行,这是外国资本在中国办企业的始创者。其后外商来华者日益增多,1818年美商在广州设立的旗昌洋行,是19世纪美国在中国最大的商业机构。1834年,东印度公司在远东的贸易独占权被废止,英商来华者增多。但由于清政府实行严格的广州一口通商政策,外资在中国的活动范围是很有限的。

鸦片战争使中国的国门大开,西方列强在特权的保护下,不断扩大其在华的商品输出和对中国所产原材料的掠夺,并开始在中国创办银行、航运公司、工厂企业,进行早期资本输出。尽管在中日甲午战争以前,列强还尚未取得在华设厂制造的权利;但到1894年时,外国资本所设立的非法工厂已有100多家。这一时期外国在华的各种投资,总计在2~3亿美元左右,[①] 数量不算很大,而且多服从于商品输出的需要,其来源主要是外国商人在华所得利润的再投资。它不同于过剩资本的输出,却为甲午战争后的对华投资奠定了基础。

1895年,《马关条约》赋予了日本在华办厂的合法权利,列强依据片面最惠国待遇,利益均沾,在其后的20年时间里掀起了在华投资的

[①] 吴承明,《帝国主义在旧中国的投资》,人民出版社,1955年,第35页。

高潮。资本输出开始成为对华经济侵略的主要手段,并成为一种突出的经济现象,对中国经济产生了深远的影响。

表 10-1 外国在中国的投资　　　　　　　单位:百万美元

		1902年	1914年	1930年	1936年	1941年	1948年
直接投资	企业	478.3	1000.3	1977.1	2693.5	7080.4	698.6
	房地产*	50.1	134.9	440.4	671.3	1142.2	788.6
间接投资	借款	284.4	576.0	897.1	814.1	872.9	1,581.6**
	赔款	696.5	544.5	173.0	106.5	66.3	30.1
合计		1509.3	2255.7	3487.6	4285.4	9161.8	3098.9

资料来源:吴承明,《帝国主义在旧中国的投资》,人民出版社,1955年,第52页。
* 不包括外商企业所占有的房地产,但包括外商房地产公司所占有的房地产。
** 不包括未转做借款部分的美"援",这项美"援"估计有470920美元。

从表 10-1 可以看出,甲午战争后,西方各国对华投资呈迅速上升之势。1902年,各国对华投资总额达到15亿美元以上,比甲午战争前增加了5～8倍;1914年达到22亿美元以上,比甲午战争前增加了8～11倍;1930年则已接近35亿美元,比甲午战争前增加了11～15倍多。1902～1914年,外国投资平均年增长率为6.2%,1914年～1920年为3.2%,1920～1930年为6.1%。

上述估算中包括庚子赔款尚未偿付的本息,它是20世纪初期中国人民所负担的最大一笔外债。如果不计这笔完全没有资本输入的债务,那么1902年列强在中国的资本合8亿余美元,1914年合17亿余美元,1930年合33亿余美元。

由此可以看出,甲午战争以后,列强对华经济侵略形势发生了转变,资本扩张的速度加快了,对中国经济命脉的控制加深了。发生这种根本性转变的原因在于这时的资本主义国家已渐发展到了帝国主义阶段,资本的扩张,垄断的形成,使其更注重于资本输出,其在中国的活动也就不能满足于经济权益的一般竞争,而是要求瓜分中国,建立自己的殖民地。

1930年以后,各帝国主义国家加紧对中国的侵略,资本输出与商品输出急剧增长。这时,列强在华势力出现了一些新的特点:英、法、德在华势力相对下降,日、美势力急剧上升。1936年～1945年日本投资的增长率达 10.5%,1936 年~1940 年其他国家投资的增长率为 2.1%。

抗日战争结束以后,外国对华投资的格局发生了很大变化,构成对华投资 65% 左右的日本投资被中国政府接收,美国成为在华投资的霸主。1936 年时,美国在各国对华投资总额中的比重尚为 8%,而 1948 年就上升到了 44.1%。①

总的说来,1930 年以后外国在华投资呈上升趋势。从表 10-1 可以看出,1936 年外国在华资本为 42 亿美元以上,1941 年已达到 91 亿美元以上,5 年中间增加了近 1 倍;1941 年~1948 年这 7 年中,如果不计战后被收回了的日本和德国资本,增加在 40% 以上,如果连同未转入借款的美"援",估计有 470920 万美元,增加将超过 2.5 倍。

二、外国在中国的投资结构

外国在中国的投资结构是指外国在华总投资中直接投资和间接投资所占的比例及其内部构成。外国直接投资包括企业投资和房地产投资两部分,企业投资又分为金融业、贸易业、航运业和工矿业等投资;房地产投资既包括企业所占用的房地产,又包括非企业所占用的房地产,但企业占用的房地产一般已直接在企业财产中予以反映,不再单列,故近代外国在华房地产投资主要指非企业占用的房地产,即教会、房地产公司和慈善机构等占用的房地产。间接投资主要是外国借款,包括军事财政借款和铁路借款,但不包括庚子赔款。

(一)总投资结构

总投资结构分为直接投资和间接投资两部分。列强在对外输出的资本中,一般间接投资比重较大,如英国 1929 年在印度的投资中,约有一半是借款和购买印度证券的间接投资;美国 1939 年在加拿大的投资中,约有 38% 是美元借款,7.6% 是用于购买加拿大证券。十月革命以前,外国在俄国的投资中,70% 以上是借款,企业投资中也有很多是收买帝俄证券。②

---

① 许涤新、吴承明,《中国资本主义发展史》第三卷,人民出版社,1990 年,第 602 页。
② 吴承明,《中国资本主义与国内市场》,中国社会科学出版社,1985 年,第 31 页。

外国在华投资却有所不同,间接投资比重较小,而直接投资比重极高,外国在华企业全部是直接投资,少数所谓"中外合资"企业也是由外国人经营管理。据美国人雷麦在20世纪30年代的估计,1902年间接投资占全部在华资本的36.1%,外国直接投资占63.9%;1914年,前者为32.7%,后者为67.3%;1931年,前者为21.9%,后者为78.1%。① 后来,吴承明先生也对此做过估计,如果不计算战争赔款的未付额,那么外国在华资本中,直接投资所占比重依次为:1914年为66.3%,1930年为72.9%,1936年为80.5%,1941年为90.4%。见表10-2。抗日战争胜利以后,由于美国提供大量贷款供国民党政府作内战经费之用,间接投资才居于重要地位。

表10-2 外国在华投资结构比例   单位:%

	1902年	1914年	1930年	1936年	1941年	1948年
直接投资	65.1	66.3	72.9	80.5	90.4	48.8
间接投资	34.9	33.7	27.1	19.5	9.6	51.2

资料来源:吴承明,《帝国主义在旧中国的投资》,人民出版社,1955年,第55页。

外国在华投资主要是直接投资,原因在于当时中国政局动荡,列强不容易找到稳固可靠的中国代理人,害怕贷款收不回来;而直接创办企业则可以根据一系列的特权,无限制地利用中国廉价的劳动力和原料,并受租界法律的保护。

(二)间接投资结构

间接投资分为军事财政借款和铁路借款两类,其中占重要地位的是财政军事借款,铁路借款比重较小。从表10-3中可以明显看出:军事财政借款呈增长趋势,而铁路借款呈下降趋势,铁路借款的总数不过占军事财政借款的1/5。

清政府举借外债,开始于19世纪50年代。但是,这一时期的借款一般期限短,数额小,没有对中国经济产生太大的影响。甲午战争以后,情况有所不同,无论是借款期限还是数额都是过去无法比拟的。这一时期比较大的借款有:1895年俄法借款,总额计4亿法郎(约合银1亿

---

① 雷麦,《外人在华投资论》,商务印书馆,1937年,第76页。

两),借期 36 年;1896 年英德借款,总额计 1600 万英镑(约合银 1 亿两),偿还期限 36 年;1898 年英德续借款,借款共计 1600 万英镑(约合银 1 亿两),借期 45 年;1913 年袁世凯政府向英、法、德、俄、日五国银行团的善后大借款,借款总额计 2500 万英镑(约合银 2.4 亿两),偿还期限 45 年,是自 1911 年至 1927 年,北洋政府的借款数额中最大的一笔。

表 10-3　外国对中国的借款　　　　单位:百万美元

	军事财政借款		铁路借款	
	借款总额	平均每年借款额	借款总额	平均每年借款额
1865~1902	286.4	7.5	48.3	1.3
1903~1914	238.3	19.9	205.2	17.1
1915~1930	304.1	19.0	161.5	10.1
1931~1936	35.8	6.0	51.2	8.5
1937~1941	635.9	127.2	18.8	3.8
1942~1948	999.8	142.8	34.2	4.9
合　计	2500.3	29.8	519.2	6.2

资料来源:吴承明,《中国资本主义与国内市场》,中国社会科学出版社,1985 年,第 47 页。

说明:不包括庚子赔款、"九·一八"以后日本对伪满的借款和未转作借款的美国对蒋介石的"援助"。

"铁路借款"只是一个名义上的分类,事实上铁路借款并未完全用于铁路,有的甚至完全不用于铁路,而成为变相的财政借款。电信借款中也至少有半数被移做政务。据吴承明先生估计,铁路借款中被挪用于军事政务的有 6900 万美元,电信借款中被挪用的有 750 万美元。经过这样的调整,总计 1865 年~1936 年间,军事财政借款和被挪用于军事财政借款的约占外国借款总额的 70%;而在 1937 年~1948 年国民党统治后期,这一比重上升为 97%。在 1936 年外国对中国的借款投资中,有 36.5%投于铁路等事业,到 1948 年就仅有不到 11.7%了。由此可见,借款的大部分并未用于国家的生产事业上,而是"假经济借款之名,行政治借款之实",借款更多的不是促进而是阻碍了中国经济的发展。

(三)直接投资结构

直接投资包括企业投资和房地产投资。企业投资一直是外人在华投资的主要方式。从表10-1中可以看出,1902年～1941年的40年间,外国在华企业资本增加了14.8倍,1902年外国在华企业投资占全部外国资本的31.7%,1914年为44.3%,1930年为56.7%,1936年为62.9%,1941年占到了全部外国资本的77.2%,抗日战争胜利以后,庞大的日本企业被收回,美国以大量借款支持蒋介石政权进行内战,企业投资才开始下降,1948年只占到全部外国资本的22.5%。

外国在华企业投资集中在金融、商贸、运输和工矿等行业。从表10-4中可以看出,甲午战争以前外国在华企业投资以商贸和金融业为主,两者相加约占70%,工矿运输等行业的投资比重较小;甲午战争以后,情况有所变化,除外国资本在贸易与金融领域的投资继续增长外,1914年在工矿运输业的投资有了明显的增长,增长最快的是运输业。1894年运输业中外国资本为1330万美元,1914年时已经达到33560万美元,20年间增长了25倍之多,占外国企业资本总额的34.9%,在各行业中的比重也占到了首位。究其原因是甲午战争后西方各国在中国疯狂地掠取铁路权益,铁路企业投资增加。20世纪30年代以后,贸易业、金融业、运输业一直是外国资本较为集中的领域,三者相加1930年约占全部外国企业投资的64.7%,1936年为64%,1948年为44.1%;而制造业投资原不多,这是因为最初列强要向中国输出制成品的缘故。20世纪30年代,中国提高进口税后,外国在华工业投资才有所增加。

从表10-4中可以看出,1914年,外国在华制造业、矿业和公用事业三项投资相加共有1.96亿美元,占全部企业投资的20.4%。可见,甲午战争以后,尽管列强已经正式取得设厂权和大批采矿权,但实际投资并不多,不到商业投资的60%。可以说,帝国主义在华投资的基本性质是"商"而不是"工"。下面仅就外国资本较为集中的银行、贸易、运输和工矿业作一简要介绍:

表 10-4　外国在中国的企业资本　　　　　　单位:百万美元

	1894年		1914年		1930年		1936年(关内)*		1948年	
	投资额	占%	投资额	占%	投资额	占%	投资额	占%	投资额	占%
金融业	34.1	31.3	75.6	7.9	317.1	16.0	310.2	22.6	143.3	20.5
贸易业	42.0	38.5	142.6	14.8	555.0	28.1	397.7	29.0	96.0	13.8
运输业	13.3	12.2	335.6	34.9	407.2	20.6	169.3	12.4	68.6	9.8
矿业	—	—	59.1	6.1	151.1	7.6	69.8	5.1	55.3	7.9
制造业	13.2	12.1	110.6	11.5	312.2	15.8	281.6	20.6	163.0	23.3
公用事业	1.0	0.9	26.6	2.8	119.0	6.0	132.3	9.7	172.4	24.7
其他	5.4	5.0	211.4	22.0	115.5	5.9	8.4	0.6	—	—
合计	109.0	100.0	961.5	100.0	1977.1	100.0	1369.3	100.0	698.6	100.0

注:*1936年日本在东北的企业资本为132420万美元。
资料来源:1894年数据参考许涤新、吴承明,《中国资本主义发展史》第三卷,人民出版社,1990年,第133页。其后数据参考吴承明,《中国资本主义与国内市场》,中国社会科学出版社,1985年,第36页。

金融业:帝国主义控制中国的财政金融和经济命脉,是通过在中国开设的银行进行的。1895年以前,外国资本在中国开设的银行只有8家,分支机构16处,主要任务是为对中国进行商品输出服务,担任工商业支付的中介。甲午战争以后,银行资本与工业垄断资本融合,成为财政资本统治的中枢。1895年~1913年间,外国在华新设银行就多达13家,分支机构85处。1914年~1926年间,又新设44家,分支机构125处。这样至1926年,中国共有外资银行65家,分支机构226处。这些银行是帝国主义垄断资本输出的指挥机构和执行机构,如汇丰银行是英国在华资本的代表,东方汇理银行是法国侵华资本的中心,花旗银行是美国垄断资本在华势力的中枢,横滨正金银行承担了为日本资本输出开辟道路的任务。直到1936年,由于中国银行的兴起,华商银行和中国国家银行的总资产超过了外国在华银行的资产,外国银行通过钱庄操纵金融市场的局面才有所改变。但是在国际汇兑市场上仍是由外国银行垄断,并操纵汇率。① 外资银行在中国星罗棋布,掌握对中国政府

---

① 许涤新、吴承明,《中国资本主义发展史》第三卷,人民出版社,1990年,第44页。

的贷款,控制中国的财政,在中国吸收存款、发行货币,进行铁路、航运、贸易、工矿业投资,控制中国的国民经济命脉。

商业:商业投资的比重是不断增加的,一些大资本集团和托拉斯在中国设立商馆,同中国进行贸易往来,这些贸易机构亦称洋行。1892年在华经营贸易的洋行为579家,1913年为3805家,1930年为8297家;在华贸易业的投资额,1914年为14000多万美元,1930年为55500多万美元,15年内增长幅度达2.9倍。据推测,1936年,出口的80%和几乎全部进口仍为洋行经营。银行家陈光甫认为,20世纪30年代初期上海的进出口贸易中90%是由外商经营的。1936年,总公司在上海的外国贸易机构平均每家资本为50万元,而中国贸易商行平均每家资本却只有5万元左右。①

20世纪以来,最显著的变化是世界性的托拉斯组织侵入中国,如英国的卜内门洋碱公司、利华肥皂公司、亚细亚火油公司;美国的美孚石油公司、杜邦公司、通用电气公司;日本的三井、三菱等。他们通过一个相当完整的买办销售网,垄断了中国的市场。

运输业:运输业主要包括铁路和航运业(如表10-5)。1895年以后,列强对中国运输业的投资增长很快,1914年～1930年,各国在华的全部投资中,运输业的投资均占1/5以上,其中铁路投资占的份额最大。列强争夺中国铁路权利曾形成三次高潮:第一次是在1897年～1898年,攫取路权不下1.4万公里;第二次是1911年～1914年,所攫取的路权达1.8万公里;第三次是在1935年～1938年,攫取路权达7000公里。1930年,由于价值2亿多美元的中东铁路改变了性质,对运输业投资就以船运企业为主了;这时,美国、日本和德国投资的航空公司也相继在中国成立,中国的海、陆、空运输都控制在帝国主义国家手中。

---

① 吴承明,《帝国主义在旧中国的投资》,人民出版社,1955年,第41、60、100页。

表 10-5　外国在中国的运输业资本　　　　单位：百万美元

年份	铁路投资			航运投资**	航空投资	总　计
	借　款	直接投资	合　计			
1914	192.5	292.0	484.5	46.8	—	531.3
1930	356.6	196.4	553.0	208.8	2.0	763.8
1936(关内)*	346.1	52.4	398.5	111.7	5.2	515.4
1948	185.0	13.5	198.5	51.6	3.5	253.6

资料来源：吴承明，《帝国主义在旧中国的投资》，人民出版社，1955 年，第 62 页。

注：*　1936 年日本在东北的运输业资本约为 55000 万美元，关内直接经营的铁路 41170 万美元

**不包括远洋轮船，只包括航行中国沿海和内河的外商轮船。

航运业是外人对华投资经营最早的部门之一（如表 10-6）。早在 19 世纪 60 年代，外国资本就开始在中国设立轮船运输公司。1890 年以前，经营中国沿海和内河航运的轮船公司达 13 家。甲午战争以后，随着中国通商口岸的增开以及内河航运权的丧失，外国在华轮船公司不断增多。1892 年～1913 年间，新增 14 家。1914 年～1930 年间，又新设 15 家。外国资本在华商船航行吨位，1892 年为 2944 万吨，1913 年为 9333 万吨，1930 年则达到 1.55 亿吨，① 1930 年与 1892 年相比，吨位增加了 4.29 倍。投资航运业的主要是英、日两国。英国的怡和、太古和日本的大阪、日清等大轮船公司控制着中国的航运，形成了垄断势力。

表 10-6　往来各通商口岸的中外轮船　　　　单位：万吨

年份	总吨位	外国轮船	%	中国轮船	%
1920	9964.2	7601.0	76.3	2363.2	23.7
1930	15170.0	12556.2	82.8	2613.8	17.2
1936	14501.9	9784.7	67.5	4717.2	32.5

资料来源：吴承明，《中国资本主义发展史》第三卷，人民出版社，1990 年，第 46 页。

工矿业：甲午战争以后，外国在华的工矿业投资比重增大了。1895 年～1913 年设立的重要外资厂矿共约 136 家，资本达 1.03 亿元。

列强对中国矿山权利的攫取差不多是同争夺铁路权同时开始的。

---

① 吴承明，《帝国主义在旧中国的投资》，人民出版社，1955 年，第 41 页。

1895年以后,帝国主义国家掀起了一个争夺中国开矿权的高潮。1895～1912年间,列强掠夺中国矿区的条约、协定、合同不下40项。1895～1936年间,在中国获得的矿权达90多处(不包括东北)。他们还通过贷款、兼并、骗买、合办等形式强占了许多原本属于中国资本的煤铁厂矿。如八国联军侵华时,英国资本骗买了开平煤矿;1912年,又以联营方式兼并了滦州煤矿;1915年,英国资本兼并了河南焦作煤矿;日俄战争以后,日本以合资形式强占了抚顺煤矿和本溪湖煤矿;1913年,日本资本以贷款方式控制了汉冶萍煤铁公司。但除东北外,他们所掌握的矿区大部分都未进行开采,矿业投资所占比重很小。尽管如此,却已掌握了绝大部分中国的矿产,如铁矿几乎全部被帝国主义各国掌握。

甲午战争以后,帝国主义各国获得了在中国设厂权利,纷纷在华开办工厂。1895年～1913年,外国资本在华设立的比较大的工厂就达104家,平均资本都在10万元以上,而资本不足10万元的外资工厂更是多如牛毛。

外国在华工业投资以轻工业居多,包括棉纺织、食品加工、卷烟、缫丝、榨油、火柴、肥皂等许多部门,其中尤以棉纺织、面粉和卷烟业为其重点投资部门。1936年,在关内的制造业中,纺织工业占48%,烟草和食品工业占26%,合计已达3/4左右;而属于重工业的机器和制造工业只占11%,且基本上只是修理轮船和装配外国进口器材的工厂,是为外国进出口贸易商服务的工业。[①] 日本在东北的投资有所不同,1937年以后,为掠夺战略资源,对铁、煤和石油等矿业的投资有了较快发展。但到了1941年,铁路等运输投资仍占最大比重。可以说,日本在东北的企业完全是为战争服务的。

房地产投资是直接投资中的一个重要组成部分。外国在华房地产投资,是通过开辟租界、强行租借、租赁、建教堂、组织垦殖公司等手段实现的。外国在中国没有土地所有权,但可以租赁土地,通过此种方法,强占了许多土地。1949年前夕,上海市中心最热闹的地带黄浦区,被外

---

① 吴承明,《中国资本主义与国内市场》,人民出版社,1955年,第36页。

国人占有的地皮就达 50.5%。① 另外,外国传教士利用传教的机会,也从中国教友手中骗取了不少土地。

据吴承明先生估计,帝国主义各国在近代中国所占有的房地产价值(包括外国企业所占房地产),1914 年约合 2.25 亿美元,1930 年增至 7.26 亿美元,1936 年不计日本约值 7.75 亿美元,至 1948 年,除掉了被收回的日、德、意财产,约值 11.4 亿美元(战后币值)。其中地产约占 4/5,房产只占 1/5。②

三、外国在中国投资的国别结构和地区结构

1894 年～1940 年间,帝国主义各国在华投资总额由 2～3 亿美元增至 67 亿多美元,呈现出急剧增长的趋势。操纵在华投资的主要有英、德、法、俄、日、美等六个资本主义国家,他们在华投资额始终占全部外国对华投资额的 90%以上(如表 10-7)。由于帝国主义国家政治、经济发展不平衡规律的作用,各国在华投资的比重是有很大变化的。

表 10-7 外国在华投资的扩张   单位:百万美元

	1902 年		1914 年		1920 年		1930 年		1936 年		1940 年(日本 1945 年)		1948 年	
	投资额	%	投资额	%	投资额	%	投资额	%	投资额	%	投资额	%	投资额	%
英国	264.4	32.5	626.9	37.5	745.7	37.0	1 008.9	27.7	1 020.8	25.9	940.3	13.9	1 115.4	34.9
德国	171.3	21.1	264.7	15.8	164.1	8.1	174.6	4.8	136.4	3.5	137.0	2.0	—	
法国	97.8	12.0	193.9	11.6	197.7	9.8	246.3	6.8	276.3	7.0	257.5	3.8	297.2	9.3
美国	27.0	3.3	61.2	3.7	121.1	6.0	264.4	7.2	328.2	8.3	382.9	5.7	1 410.1	44.1
日本	1.0	0.1	224.0	13.4	466.4	23.1	1 489.7	40.8	1 818.8	46.1	4 451.6*	65.8		
俄国(苏联)	246.2	30.3	258.2	15.4	213.1	10.6	230.9	6.3	26.1	0.7	276.1	4.1	—	
其他	5.0	0.7	43.5	2.6	109.6	5.4	234.0	6.4	335.3	8.5	316.6	4.7	374.6	11.7
总计	812.7	100.0	1 672.4	100.0	2 017.7	100.0	3 648.8	100.0	3 941.4	100.0	6 762.0	100.0	3 197.3	100.0

注:* 日资采用 1945 年日本投降前为基期,以表现日本投资的最高峰。
资料来源:吴承明,《中国资本主义发展史》第三卷,人民出版社,1990 年,第 39、600 页。

甲午战争以前,英国资本在中国金融业、贸易业、航运业及各种工

---

① 蓝以琼,《揭开帝国主义在旧中国投资的黑幕》,上海人民出版社,1962 年,第 61 页。
② 吴承明,《中国资本主义与国内市场》,人民出版社,1955 年,第 46 页。

业企业投资中都占有绝对优势,外国在华投资的工业企业共有191个,英国就占到了144个。甲午战争以后,英国继续扩大其对华资本的输出,同时也遭到了其他强国更为有力的竞争。中东铁路、胶济铁路的修筑,使俄、德两国对华投资开始上升;法国的对华投资也呈缓慢增加趋势。在19世纪末期,支配中国的主要是英、德、俄、法这四个欧洲国家。1902年,这四个强国在中国的资本占外国在华资本总额的95.9%。这时的日本和美国尚处于劣势。

第一次世界大战以后,各帝国主义国家在华势力发生了重大变化。因为德国是战败国,国力被削弱,在华投资受到较大影响,增长速度明显减缓。俄国被十月革命推翻,苏维埃政权宣布放弃在华权益,作为帝国主义的俄国在中国消失了。法国由于战争的破坏,基本上失去了资本输出的能力。原执外资牛耳的英国,1920年投资增长率仅为2.0%,尽管1936年时,其仍占各国投资总额的25.9%,但已让位于后起的日本。对华投资势力增长最快的是日本与美国。从表10-7中可以看出,1902年日本对华投资额仅为100万美元,而1914年已经达到了2.24亿美元,增长速度在西方列强中居于首位。到了30年代,它就压倒了其他国家,跃居对华投资的首位,投资额占全部外国在华投资的40.8%。此后,日本对华投资随着其军事扩张迅速膨胀,1945年时,日资已占全部外国在华投资总额的65.8%以上,居于绝对优势地位。二战以后,日本战败,中国政府接收了所有日伪经营的企业,日本在华投资停止了。美国本来是最早对华投资的国家之一。但是,甲午战争以前,它的在华资本在竞争中被英国资本严重削弱;甲午战争以后,它又忙于和西班牙争夺菲律宾群岛,对华投资慢了一步;因而其对华投资落后于英、俄、德、法等国。但一战以后,其对华投资增长极快,1902年,其对华投资额仅为2700万美元,1930年,已达26440万美元,投资增长速度仅次于日本。抗日战争爆发以后,美国的投资主要是对国民党政府的借款大量增长,1937年~1941年间增加了40%以上,而其他国家则相对较少。二战以后,日本和德国的在华资产被国民党政府没收,英、法在华投资能力大大减弱,美国利用各种条件独霸了中国市场。据吴承明先生估计,1937年~1948年间美国供给了南京政府14.4亿美元的借款,如果连同其未转做借款的美"援",它合计超过了60亿美元。到1948年,这些美"援"和其他美国投资合计,将占各国在华资本总数的80%。[①] 见表10-8。

表 10-8 外国在中国投资的地理分布　　　　单位:百万美元

	1902 年		1914 年		1931 年	
	投资额	%	投资额	%	投资额	%
上　海	110.0	14.0	291.0	18.1	1112.2	34.3
满　洲	216.0	27.4	361.6	22.4	880.0	27.1
中国其他地方	177.2	22.5	433.1	26.9	607.8	18.8
未分配的	284.7	36.1	524.6	32.6	642.5	19.8
总　计	787.9	100.0	1610.3	100.0	3242.5	100.0

资料来源:雷麦,《外人在华投资论》,商务印书馆,1937年,第73页。

外国资本在华投资的另一显著特点,就是投资地区集中在中国沿海的大城市,如上海、天津、汉口等,以及利用特权修建的铁路沿线,尤以东北为典型。这与外国侵略者在中国划分势力范围的竞争以及口岸通商条约和租界等特权有关,同时也由于这些地区集中了工矿业发展所必需的金融、交通、动力等条件。

第一次鸦片战争以前,广州在对外贸易中居于主导地位,外商早期的洋行均集中在广州。南京条约签订,广州、厦门、福州、宁波和上海辟为通商口岸。上海以其得天独厚的条件迅速成为中国对外贸易的中心和外国资本主义势力扩张的中心,据不完全统计,甲午战争以前,外国在华投资的半数集中于上海。甲午战争以后,俄国伙同法国和德国强迫日本退出辽南,修筑了中东铁路。自此东北在外商对华投资中占有了一席之地。之后,其他资本主义国家特别是日本对东北的争夺,使得东北在外商对华投资中的地位变得更为重要。据美国人雷麦估计,1902年,外国在上海的投资占总投资额的14%,在东北的投资占27.4%;1914年,这二者的比例是,前者为18.1%,后者为22.4%;1931年,前者为34.3%,后者为27.1%。见表10-8。后来,吴承明先生对此也做过估计,比例略有不同。按吴承明先生的估计,1902年,在外国的企业投资总额

[①] 吴承明,《中国资本主义与国内市场》,中国社会科学出版社,1985年,第29页。

中,上海占21.7%,东北占43.1%;1914年,上海占27.7%,东北占33.3%;1930年,上海占42.8%,东北占33.9%。到抗日战争前,在东北的日本资本占各国对华投资总额的43.2%。而同时期的上海,则集中了关内银行业投资的79.2%,进出口和商业的81.2%,工业的67.1%,房地产的76.8%。① 由此可见,上海和东北是帝国主义对华投资的两个大本营。抗日战争时期,日本在东北的投资继续增长,据吴承明先生估计,1945年日本在东北的直接投资达30.364亿美元,占外国在华投资总额的44.9%。② 日本投降以后,所有在华日资被中国政府接管,外国在华投资的地区结构也就发生了很大的变化。东北的外资基本上停止发展,上海成了外国在华投资的唯一中心。此外,各帝国主义国家还有各自的投资中心。例如,法国资本集中在云南,英国资本集中在长江沿岸,日本资本集中在东北,第一次世界大战前德国资本集中在山东。这种情况造成了沿海大城市的畸形膨胀,工业分布的极端不合理,城乡关系的严重对立和中国经济的分裂状态。

第二节 进口与出口贸易

近代以来,中国对外贸易主要是对西方(欧美)的贸易,并为外国资本主义、帝国主义经济势力所操纵。反映在贸易结构上,便是以进口消费资料为主,出口以农产品和手工业品为主的特点,这是由当时的社会性质与生产、贸易条件所决定的。

一、对外贸易的变迁与发展

(一)对外贸易的增长

外国人管理下的海关编制的贸易数据几乎是近代中国唯一有内容

---

① 吴承明,《中国资本主义与国内市场》,中国社会科学出版社,1985年,第34、56页。
② 许涤新、吴承明,《中国资本主义发展史》第三卷,人民出版社,1990年,第601页。

的长期统计资料,创始于1859年。但由于1859年～1866年8年间,海关报告只有各关贸易统计,未有全国对外贸易统计,而且内容也较为简单,所以研究对外贸易的起点定在1867年。此外,贸易统计一直是以海关银两计算,而当时白银折成黄金的价值一直在下跌,这使得贸易的记账价值如与其黄金价值或实际购买力相比较则被夸大了。

表10-9中列出了1867年～1936年期间中国对外贸易的价值(以当时的海关两为单位)和指数。这70余年间,中国对外贸易的发展大致经历了三个时期:

1. 1867年～1895年是中国对外贸易呈缓慢发展的时期。在鸦片战争以后的一段时期内,中外之间的贸易联系还比较松散,列强对华经济关系仍以暴力掠夺为主,对华商品输出没有取得显著进展。1867年中国对外贸易总额11461.7万关两,1884年计13990.9万关两,17年间增加22%。19世纪后半叶,西方世界生产力普遍提高,加之苏伊士运河的开通及欧洲至上海海底电缆的敷设,外国银行对中国通商口岸金融市场的控制以及买办商业剥削网的形成等因素,1885年～1895年10年间,对外贸易总额由15320.6万关两增加到314990万关两,增加率为106%。其中出口贸易额由6500.6万关两增至14329.3万关两,增加率达120%;进口贸易额由8820万关两,增至17169.7万关两,增加率达95%。这一时期发生了一件对于中国贸易统计很有影响的事件:1887年,中国政府在接近香港、澳门之地的九龙和拱北二处设立海关,从而第一次对这两个外贸门户同大陆上邻近地区间的帆船贸易实行一定程度的控制。据1888年统计记载,两关进出口帆船贸易约在4380万关两左右,约占是年中国对外贸易总值的20%。而中国在两关设立后(1888年)的对外贸易较设立前(1886年)突增了32%。年对外贸易增长的部分,无疑只是统计记录上的,也就是说,它并非实际增长。

2. 1896年～1931年是中国对外贸易迅猛增长的一段时期。就数额观察,中国对外贸易总额,1896年为33367.1万关两,1913年为97346.9万关两,1931年为234296.5万关两。1896～1913年的18年间,对外贸易增加了近两倍,其中出口贸易由13108.1万关两增至40330.6万关两,增加率为207%,进口贸易额由20259万关两增至57016.3万关两,增加

表10-9 中国对外贸易值及其指数（1867年～1936年）

(1913年=100)

年份	值（1000关两）				贸易总值指数	贸易总值（美元）		物量指数		贸易率指数（进口物价/出口物价）
	出口净值	进口净值	总值	贸易平衡		1000	指数	进口	出口	
1867	52158	62459	114617	−10301	11.8	*	—	24.7	31.9	104.0
1868	61826	63282	125108	−1456	12.9	193918	27.3	25.4	33.7	90.7
1869	60139	67109	127248	−6970	13.1	203596	28.7	26.4	35.4	100.2
1870	55295	63693	118988	−8398	12.2	*	—	25.9	33.3	101.3
1871	66853	70103	136956	−3250	14.1	216391	30.5	28.1	39.4	100.4
1872	75288	67317	142605	7971	14.6	228168	32.1	27.9	43.3	95.2
1873	69451	66637	136088	2814	14.0	212298	29.9	27.3	39.1	93.3
1874	66713	64361	131074	2352	13.5	201854	28.4	31.5	40.1	83.9
1875	68913	67803	136716	1110	14.0	205074	28.9	33.8	42.2	86.9
1876	80851	70270	151121	10581	15.5	219124	30.8	36.3	42.8	71.8
1877	67445	73234	140679	−5789	14.5	206798	29.1	36.1	40.8	87.0
1878	67172	70804	137976	−3632	14.2	200065	28.2	34.9	41.4	88.8
1879	72281	82227	154508	−9946	15.9	208587	29.4	40.8	43.2	85.2
1880	77884	79293	157177	−1409	16.1	216904	30.5	36.2	47.2	93.2
1881	71453	91911	163364	−20458	16.8	222992	31.4	40.8	43.5	97.8
1882	67337	77715	145052	−10378	14.9	200172	28.2	36.4	45.9	103.9
1883	70198	73568	143766	−3370	14.8	194802	27.4	35.0	47.2	100.8
1884	67148	72761	139909	−5613	14.4	188876	26.6	34.5	50.6	112.8

续表

年份	值(1000关两)				贸易总值指数	贸易总值(美元)		物量指数		贸易率指数(进口物价/出口物价)
	出口净值	进口净值	总值	贸易平衡		1000	指数	进口	出口	
1885	65006	88200	153206	−23194	15.7	196103	27.6	40.5	47.6	112.4
1886	77207	87479	164686	−10272	16.9	200917	28.3	35.3	54.2	122.7
1887	85860	102264	188124	−16404	19.3	225749	31.8	41.6	41.2	83.0
1888	92401	124783	217184	−32382	22.3	249762	35.1	50.3	43.6	83.2
1889	96948	110884	207832	−13936	21.3	239007	33.6	44.0	45.2	83.1
1890	87144	127093	214237	−39949	22.0	272082	38.3	54.8	42.0	79.0
1891	100948	134004	234952	−33056	24.1	281942	39.7	60.8	47.9	74.0
1892	102584	135101	237685	−32517	24.4	254323	35.8	59.9	49.8	77.0
1893	116632	151363	267995	−34731	27.5	257275	36.2	59.4	57.2	88.0
1894	128105	162103	290208	−33998	29.8	223460	31.4	45.3	60.1	118.9
1895	143293	171697	314990	−28404	32.4	251992	35.5	45.8	66.3	123.6
1896	131081	202590	333671	−71509	34.3	270274	38.0	53.2	56.4	116.3
1897	163501	202829	366330	−39328	37.6	263758	37.1	49.7	61.6	108.6
1898	159037	209579	368616	−50542	37.9	258032	36.3	51.3	63.4	115.4
1899	195785	264748	460533	−68963	47.3	336189	47.3	69.2	62.5	86.2
1900	158997	211070	370067	−52073	38.0	277550	39.1	49.5	54.9	103.7
1901	169657	268303	437960	−98646	45.0	315331	44.4	62.5	59.8	106.7
1902	214182	315364	529546	−101182	54.4	333614	46.9	70.9	65.1	95.5

续表

年份	出口净值	进口净值	值(1000关两) 总值	贸易平衡	贸易总值指数	贸易总值(美元) 1000	指数	物量指数 进口	物量指数 出口	贸易率指数(进口物价/出口物价)
1903	214352	326739	541091	-112387	55.6	346299	48.7	65.1	59.8	99.2
1904	239487	344061	583548	-104574	59.9	385141	54.2	69.2	64.0	94.1
1905	227888	447101	674989	-219213	69.3	492742	69.3	96.6	62.5	89.8
1906	236457	410270	646727	-173813	66.4	517381	72.8	95.3	64.6	83.2
1907	264381	416401	680782	-152020	69.9	537818	75.7	88.7	67.1	84.3
1908	276660	394505	671165	-117845	68.9	436258	61.4	72.7	73.0	101.4
1909	338993	418158	757151	-79165	77.8	477005	67.1	77.1	92.9	105.1
1910	380833	462965	843798	-82132	86.7	556907	78.4	79.2	102.9	111.7
1911	377338	471504	848842	-94166	87.2	551747	77.6	80.9	102.1	111.7
1912	370520	473097	843617	-102577	86.7	624277	87.8	82.8	103.8	112.9
1913	403306	570163	973469	-166857	100.0	710632	100.0	100.0	100.0	100.0
1914	356227	569241	925468	-213014	95.1	620064	87.2	91.6	83.8	103.3
1915	418861	454476	873337	-35615	89.7	541469	76.2	70.3	96.5	104.8
1916	481797	516407	998204	-34610	102.5	788581	111.0	73.7	102.3	104.6
1917	462932	549519	1012451	-86587	104.0	1042824	146.5	73.4	108.3	123.4
1918	485883	554893	1040776	-69010	106.9	1311378	184.5	66.1	105.5	128.4
1919	630809	646998	1277807	-16189	131.3	1776152	249.9	75.4	140.0	134.1
1920	541631	762250	1303881	-220619	133.9	1616813	227.5	75.9	119.3	155.6

续表

第十章 对外经济关系

年份	值(1000关两)					贸易总值(美元)		物量指数		贸易率指数(进口物价/出口物价)
	出口净值	进口净值	总值	贸易平衡	贸易总值指数	1000	指数	进口	出口	
1921	601256	906122	1507378	-304866	154.8	1145607	161.3	94.7	126.9	142.3
1922	654892	945050	1599942	-290158	164.4	1327952	187.0	112.6	130.5	117.7
1923	752917	923403	1676320	-170486	172.2	1341056	188.7	108.5	137.3	109.1
1924	771784	1018211	1789995	-246427	183.9	1449896	204.0	119.6	136.6	105.4
1925	776353	947865	1724218	-171512	177.1	1448343	203.8	109.9	132.9	103.5
1926	864295	1124221	1988516	-259926	204.2	1511272	212.7	130.5	141.1	98.6
1927	918620	1012932	1931552	-94312	198.4	1332770	187.5	109.8	154.1	108.6
1928	991355	1195969	2187324	-204614	224.6	1553000	218.7	131.5	156.1	100.4
1929	1015687	1265779	2281466	-250092	234.4	1460138	205.5	139.9	149.2	93.1
1930	894844	1309756	2204600	-414912	226.5	1014116	142.7	131.0	131.1	102.5
1931	909476	1433489	2342965	-524013	240.7	796608	112.1	129.9	136.5	116.0
1932	492641	1049247	1541888	-556606	158.4	524242	73.8	106.0	100.8	128.6
1933	392701	863650	1256351	-470949	129.1	515104	72.5	97.5	124.7	142.7
1934	343527	660889	1004416	-317362	103.2	528323	74.3	85.1	118.6	136.1
1935	369582	589994	959576	-220412	98.6	542161	76.3	83.6	126.7	122.9
1936	452979	604329	1057308	-151350	108.6	489534	68.9	77.9	125.6	109.4

* 没有汇率的资料

资料来源:《中国的对外贸易和工业发展》,上海社会科学院出版社1984年版,第334—337页

率达181％。1914年～1931年的17年间，对外贸易增加率为153％，出口增加率为155％，进口增加率为151％。这一时期，对外贸易发展迅速的原因主要有三点：(1)1895年以后，各国依据《马关条约》在华取得了设厂制造的权利，投资增加；同时中国的民族工业也渐入草创时期。(2)铁路的广泛修筑。1895年时，中国几乎没有铁路，而到1913年时，中国已有6000英里以上的铁路了。除了满洲，此后铁路经营实际上一直仅限于现有铁路系统的扩建及其直线的建设。(3)1904年～1905年日俄战争的结果使满洲对外贸易真正开放。1895年，中国通商口岸计24处，至1913年忽增至48处，增长达1倍之多，其中最大部分是在1907年～1910年在满洲新开辟的。满洲是中国最重要的出口地域之一，这些商埠的开放对中国出口贸易数额的影响是显而易见的。

3. 1932年～1936年是中国对外贸易走向衰落的时期。1931年之后，整个世界的国际贸易普遍萎缩，加之"九·一八"事变后，东北地区的对外贸易不再列入中国的《海关贸易报告》统计，所以自1932年始，贸易统计仅为关内各口的数值，对外贸易跌幅很大。1932年与1931年比较，总额为154188.8万关两，减退27％，其中，出口额49264.1万关两，减退46％，进口额104924.7万关两，减退27％。1935年，贸易总额更跌至95957.6万关两，同1931年相比，减幅达60％左右。

1937年"七·七"事变以后，日本发动了全面侵华战争，华北和东南大片国土相继沦陷，日本对沦陷区的贸易实行统制，贸易逆差不断增大。国民党政府在对日进行军事抵抗的同时，同日本侵略者展开了贸易战。战争初期，尽管有政府的鼓励和资助，国统区的进出口贸易下降仍很大，出口值1938年时还有5945万美元，1939年陡降至2128万美元，1940年更降为1494万美元；进口方面，1938年达8639万美元，1939年为3908万美元，后因政策放宽1940年增至6713万美元。太平洋战争以后，由于日军封锁，国统区出口呈下降趋势，而进口方面，由于物资紧缺，政府鼓励进口，进口值不断增加。

纵观近代中国的对外贸易，大体呈上升发展趋势。但应注意的是，统计值是以海关两计值的，如果折成美元计算，情形又有所不同。例如，1884年中国对外贸易折成美元计算，反而较1868年减少3％（海关两计值则增加约12%),1895年较1885年仅增加28%(海关两计值则增加105%),1913年较1896年增加162%(海关两计值增加191%),1931年较1914年仅增加28%(海关两计值增加153%)。[①]由此可见,中国对外贸易受金银比价变动的影响很大,折成美元计算的贸易增长率是微小的。

(二)对外贸易的国别变动

近代中国外贸国别比重的变化充分反映了世界资本主义发展的不平衡性。当时与中国有贸易往来的国家和地区有数10个,遍及五大洲,但是无论进口,还是出口,贸易量值大部分集中在英、美、俄、法、德、日和英国的殖民地印度,还有中国的香港等地。如表10-10所示。

表10-10 对外贸易中各国所占的比重(1868～1936) 单位:%

年份	1868	1888	1896	1906	1913	1919	1927	1931	1936
进口自:									
英国	33.4	24.0	21.1	18.4	16.5	9.5	7.3	8.3	11.7
香港	21.4	55.1	43.2	33.8	29.3	22.6	20.6	15.3	1.9
英属地(不包括香港)	37.6	7.9	13.7	9.7	10.2	1.4	3.9	5.9	9.0
日本*	3.6	4.6	8.2	14.3	20.4	36.3	28.4	20.0	16.3
美国	1.1	2.5	5.6	10.4	6.0	16.2	16.1	22.2	19.6
俄国	0.1	0.4	1.1	0.1	3.8	2.1	2.2	1.7	0.1
法国**	—	—	—	1.0	0.9	0.5	1.4	1.5	2.0
德国**	—	—	—	4.0	4.8	—	3.8	5.8	15.9
其他	2.8	5.5	7.1	8.3	8.1	11.4	16.3	19.3	23.5
总计	100.0	100.0	100.0	100.0	100.0	100.0	100.0	100.0	100.0
出口到:									
英国	61.8	18.1	8.6	5.6	4.1	9.1	6.3	7.1	9.2
香港	13.0	36.3	41.2	35.0	29.0	20.8	18.5	16.3	15.1
英属地(不包括香港)	5.5	6.6	4.1	2.7	3.7	1.2	1.9	2.0	8.1
日本*	1.3	3.9	8.7	14.1	16.2	30.9	22.7	27.4	14.5
美国	9.5	9.7	8.5	10.9	9.3	16.0	13.3	13.2	26.4
俄国	1.2	7.9	11.4	7.9	11.1	3.4	8.4	6.0	0.6
法国**	—	—	—	10.7	10.1	5.4	5.6	3.8	4.3
德国**	—	—	—	2.4	4.2	—	2.2	2.5	5.5
其他	7.7	17.5	17.5	10.7	12.3	13.2	21.1	21.7	16.3
总计	100.0	100.0	100.0	100.0	100.0	100.0	100.0	100.0	100.0

注:* 1895年以后包括台湾。** 1906年前的数字包括在"其他"一栏。
资料来源:郑友揆,《中国的对外贸易和工业发展》,上海社会科学出版社,1984年,第25、58、61页。

[①] 何炳贤,《中国的国际贸易》,商务印书馆,1937年,第9、10、16页。

英国是以武力打开中国门户的国家,故其贸易势力也最悠久、最雄厚。1868年占中国进口贸易的33.4%,出口贸易的61.8%;如果连印度、香港等地一并算上,占中国进口贸易的92.4%以上,出口贸易的80%多。可以说,直到19世纪末叶,中国的对外贸易一直是操诸英国之手。1895年甲午战争以后,因日本在华贸易势力的兴起,英国、印度及香港在贸易中的地位减退,但仍居各国首位。1914年第一次世界大战以后,美国对华贸易兴起,英国地位继续下落。1936年,英国、香港及印度三地合计虽然仍占中国进口贸易的22.6%,出口贸易的32.4%,可是同1868年时的独占地位相比,已不可同日而语。

　　日本对华贸易的兴起,始于甲午战争以后,尤其是1905年日俄签订了《朴次茅斯和约》,日本继承了俄国在东北地区的大部分特权以后。从表10-10中可以看出,1888年日本仅占中国进口贸易的4.6%,出口贸易的3.9%;而1896年即增至8.2%和8.7%;第一次世界大战前增至20.4%和16.2%,进口贸易的百分比超过了英国的百分比,而出口贸易方面为英国所占百分比的四倍。一战以后,日本更是利用时机发展对华贸易,1919年日本竟占中国进口贸易的36.3%,出口贸易的30.9%。但1931年"九·一八"事变以后,日本的比重急剧降至不足20%,这主要是由于中日战争颇多,加之东北各关已不归中国所有的缘故。

　　美国对华贸易以1914年世界大战为关键。1868年,美国在中国进口贸易中的比例不过1.1%,出口比例不过9.5%;1913年,进口贸易比例为6.0%,出口为9.3%;一战以后,1919年美对华贸易进口比例升至16.2%,出口比例升至16.0%,此后呈平稳发展之势。20世纪30年代以后,因美输华小麦、棉花激增等原因,美国在华进口地位猛增,1931年占进口贸易总额的22.2%,超过日本一跃而居对华进口贸易的首位。

　　俄国对华贸易除了在日俄战争后数年间停滞外,一直在稳步增加。1913年俄国占中国进口贸易的百分比为3.8%,占出口贸易的百分比为11.1%,这是俄国在近代中国所达到的最高比重。十月革命以后,中俄两国贸易联系有所阻滞,此后两国间贸易额始终不大。日本占领东北后的1932年,苏联与中国关内的贸易几乎降到零。直到1936年,中国对苏联出口或由苏联进口的商品,在进口与出口总值中的比例从未超过1%。

法国与德国在中国对外贸易总值中所占比重各在5%以下,但这两个国家同中国的贸易性质截然不同。1906年～1913年间,法国占中国出口总值的10%左右(主要是丝),进口总值的1%,中国对法贸易为顺差,顺差总额达2000～3000万关两。战后,中法贸易在贸易总值上无重大变化,仍保持顺差态势。而中国对德贸易呈逆差态势,1906年～1913年间,德国占中国出口总值的3%左右,进口总值的4%左右。一战以后,德国因战败,国力受损,中德贸易实际上并不存在。直到20年代后期,德国与中国的贸易才开始迅速发展,到1936年时,中国从德国进口的商品已达9 643万关两,对德出口的商品则达2 514.4万关两,[①]分别占中国进口和出口总额的15.9%和5.5%。

二、进出口商品结构的变化

要了解一国对外贸易的真正性质,决不能仅仅观察其贸易总额的消长,而是要进一步分析其进出口商品的性质。一般而言,一国的工业发展程度越高,其输入物品越是以食品及原料为主、输出商品以制造品为大宗。

(一)进口商品结构

受19世纪后期西方新工业革命的影响,中国的进口结构发生了显著变化,进口商品呈现出多样化发展趋势,各种消费品即日用杂货进口的品种和数量日益增多,外国工业制品进口增加,从表10-11中可以看出,1871年～1873年12项主要进口货物所占进口总值的比重为78.1%,其他占21.9%;到了1936年12项主要进口货物所占进口总值的比重已降至37.5%,其他类则上升为57.5%。下面具体分析一下主要进口商品:

---

① 郑友揆,《中国的对外贸易和工业发展》,上海社会科学出版社,1984年,第26、56页。

直到 19 世纪 90 年代为止,鸦片一直是中国进口商品中最为重要的项目,每年进口 5.5～7.5 万担左右(不包括走私),价值在 3000～4000 万关两之间,1871 年～1873 年间,鸦片输入占总进口值的比重为 37.7%。1906 年英国政府被迫承认印度与中国间的鸦片贸易是不道德的;同年清政府赦令十年内禁绝鸦片吸食并禁止在中国种植罂粟,1917 年鸦片进口量减至 1072 担,此后,鸦片这个项目在中国海关贸易统计中正式消失了。

表 10-11　中国进口商品所占进口总值的比重(1871～1947)　单位:%

年份	鸦片	棉布	棉纱	棉花	染料、颜料、油漆、凡力水	煤油	糖	米	小麦	面粉	钢铁	机器及工具	其他
1871～1873	37.7	30.2	2.8	3.8	0.9	—	0.9	0.9	—	—	0.9	—	21.9
1881～1883	37.0	22.8	5.8	2.1	0.8	—	0.5	0.3	—	—	1.1	—	29.6
1891～1893	20.5	20.5	14.6	0.9	1.4	3.7	2.7	5.9	—	0.5	1.8	0.5	27.0
1901～1903	12.3	19.7	18.6	0.6	1.3	4.9	5.5	4.2	—	1.3	1.7	0.4	29.3
1909～1911	10.3	16.7	12.6	0.6	2.3	5.8	5.3	4.8	*	1.1	3.0	1.9	35.4
1919～1921	*	18.4	9.6	2.6	2.9	6.9	6.3	2.4	*	0.3	5.0	4.5	41.1
1929～1931	0.1	10.0	0.7	10.0	2.4	4.4	6.8	6.1	3.0	3.0	4.4	3.5	45.6
1933	—	4.3	0.3	7.3	3.0	6.5	3.1	11.2	6.5	2.1	6.1	3.2	46.4
1934	—	2.6	0.3	8.7	3.8	7.2	2.0	6.4	3.1	0.7	8.3	5.7	53.3
1935	—	2.3	0.2	4.5	4.1	8.0	4.3	9.8	3.8	0.1	7.2	52.2	
1936	—	1.3	*	3.8	4.4	4.2	2.9	1.3	0.5	9.8	6.4	63.0	
1947	—	0.2	*	18.5	4.6	2.2	0.3	1.8	*	1.4	5.2	8.3	57.5

注:* 不及 0.05。

资料来源:严中平,《中国近代经济史统计资料选辑》,科学出版社,1955 年,第 76 页。

除鸦片外,在中国进口商品中,棉纺织品始终是一个重要项目。其中棉布又常居首位,因其增长速度与进口总额的增长速度相仿,棉布进口始终占进口总额的 1/5～1/4。棉纱进口在 1891 年～1913 年间名列第三,占进口总额的 10%～15%。一战以后,一方面因中国纱厂出纱量增加,另一方面日本在华设立纱厂数目增多,故棉纺织品所占比重下滑很快,其中又以棉纱下降最为显著。20 世纪 20 年代末期棉纱进口数量已经微乎其微了,到了 1936 年时仅有 10,000 担而已。为供应这些新纱厂,中国变成了一个相当大的原棉进口国。1929年~1931年间,棉花进口占进口总值的10%左右,1936年这一数值有所下降,为3.8%,国内棉花基本上可以满足需要。但1945年以后,原棉再度严重短缺,进口比例上升至18.5%(1947年),足见农业生产的下降和内战对运输业的破坏。

进口的日用必需品和消费品还有粮食(小麦及米为主)和糖类。19世纪70年代到20世纪20年代,进口粮食主要是米。进入30年代以后,小麦和面粉的进口数量才逐渐增加。1933年时,三者合计比例占进口总值的比重已达19.8%,但随着1935和1936年的经济复苏,该比例又降至1936年的4.7%。城市人口的增长,停滞的农业产量,落后的运输,使得供应中国城市人口的任务艰巨。此外,洋糖的纯度比中国土糖的纯度高,进口也呈上升趋势,进口量最多的1929年计1485.67万担,比1867年的18.62万担增加了近80倍。

1888年以前,煤油进口尚不占重要地位,1887年进口量仅为1200万加仑;但此后由于煤油价格不断下降,加之中国豆油和其他植物油在国外市场的销路不断加大,国内燃料不足,故煤油进口逐年增加。1897年增至1亿加仑,第一次世界大战前增至2亿加仑。1928年曾达到2.6亿多加仑,30年代因东北不再计入海关统计,更由于城市电灯应用的扩大,煤油进口有所下降。

重工业如钢铁、机械等产品的进口,历年来均呈稳步增长趋势。1890年时钢铁进口为867.2万关两,到了1931年时进口已达8536万关两,上升近10倍;到了1936年时,钢铁进口已占全国进口总值的9.8%,位于进口商品的首位。甲午战争以前,外商在华设厂较少,故机器进口有限,1891年~1893年间仅占进口总值的0.5%,甲午战争以后,中国开始兴办近代工厂,机械进口值遂有增加。1913年,机器进口达到了808.7万关两,尚不到进口总值的2%。1921年,机器进口达5894.9万关两,已占进口总值的4.5%。①

(二)出口商品结构

19世纪60年代到20世纪初的40年间,中国的出口商品品种较

---

① 上海社会科学院经济研究所,《上海对外贸易》,第346、352页。

为单一,此后到20世纪40年代,虽然仍以自然资源产品为主,但出口已经呈现多样化趋势。从表10-12中可以看出,1871年~1873年12项主要出口货物所占出口总值的比重为87.5%,其他占12.5%;到1936年,12项主要出口货物所占出口总值的比重下降为43.1%,其他占56.9%。

表10-12 中国出口商品所占出口总值的比重(1871~1947)　单位:%

年份	茶	丝	豆	豆饼	花生	棉花	棉纱	桐油	猪鬃	蛋	锡	钨砂	其他
1871~1873	52.7	34.5	0.1	—	—	0.2	—	—	—	—	—	—	12.5
1881~1883	46.2	26.2	0.2	—	—	0.4	—	—	—	—	—	—	27.0
1891~1893	26.9	24.6	1.2	—	—	4.8	—	—	—	—	—	—	42.5
1901~1903	11.3	26.7	2.3	2.6	—	5.1	—	—	1.0	1.0	—	—	50.0
1909~1911	9.8	18.2	7.4	5.1	0.9	5.8	—	—	1.1	1.1	1.6	—	49.0
1919~1921	2.5	16.0	5.9	7.6	1.1	3.1	0.4	1.1	0.9	4.0	1.4	—	56.0
1929~1931	3.6	12.1	14.8	5.5	2.2	2.9	2.5	2.7	1.1	5.0	0.8	0.3	46.5
1933	5.6	7.8	0.8	*	2.8	4.9	6.5	4.9	2.0	5.9	3.3	0.5	55.0
1934	6.7	4.5	1.3	*	2.2	2.8	5.8	4.9	2.8	5.6	2.6	1.1	59.7
1935	5.2	6.3	0.9	*	3.5	3.8	3.3	7.3	2.8	5.6	3.5	1.2	56.6
1936	4.4	5.2	1.1	0.3	1.6	4.0	1.7	10.3	3.9	5.9	2.6	1.3	56.9
1947	2.6	2.8	3.7	0.1	0.6	*	6.6	15.2	8.8	2.3	0.6	2.8	52.9

注:* 不及0.05。

资料来源:严中平,《中国近代经济史统计资料选辑》,科学出版社,1955年,第76页。

下面具体分析一下主要出口商品:

茶叶和生丝是中国的主要出口商品。据海关贸易报告记载,1868年时,丝和茶叶的出口值合计占中国出口总额的94%。此后比重不断下降,1900年为46%,1913年为34%,1928年两项合计已不足20%。1936年更是跌至9.6%。

1868年~1898年30年间,茶叶出口一直居中国出口商品之首位,1886年更是达到历史最高记录221.72万担。此后,丝的出口值超过了茶叶,茶叶出口的绝对值呈下降趋势。19世纪末,中国受到印度、锡兰红茶以及日本绿茶的激烈竞争,茶叶出口一落千丈。1900年出口为147.3万担,在世界茶叶出口量中占30%;1918年,下降到40.4万担,占世界的7.6%,到了1920年更降为30.59万担了。

生丝是早期西方人来华搜购的主要商品,出口数量仅次于茶叶,但发展速度很快,到1894年,生丝出口货值已扩大到了3 360万关两,较战前增加约21倍,占中国出口商品总值的26%,已超过茶叶高居中国出口商品首位。到第一次世界大战前夕的1913年增加到8315.6万关两,1929年更增加到16419.6万关两的历史最高峰,为1894年的4.9倍。但是,由于中国出口贸易总值增长更加迅速,以及新的出口商品增多,因而同其他出口商品相比,其在出口中的相对地位稍有下降。1929年~1931年,生丝出口占出口总值的比重已降为12.1%,在世界生丝贸易市场中,中国生丝所占的比重更是不断下降。1895年,中国生丝占世界生丝出口的一半左右,到了1925年,仅占17%了。

豆类的出口在1868年~1893年间所占比重极低,自甲午战争及日俄战争之后才大为增加。两次战争的结果,使得盛产大豆的东北完全开放,大豆出口日益增多,大豆的附属品豆饼和豆油的出口也随之增加,到1931年时,它们已占到出口总额的21.4%,成为中国首要的出口商品。1932年以后,因为东北沦陷,各关的进出口商品不再包括在中国海关统计之中,故豆类所占比重骤然下降。从1928年的1171.4万关两降为1936年的111.5万关两,降幅达90.5%,仅占中国出口总值的1.3%。

蛋制品是20世纪新发展起来的出口商品。外国洋行利用中国十分丰富的鲜蛋资源和廉价的劳动力,设厂加工制成蛋制品(咸蛋、皮蛋等),运销欧美各国。20世纪初,冷藏事业发展,外商洋行又在中国沿海大城市开设了规模较大的冷藏厂,大量收购鲜蛋,制成冰蛋出口。这类商品发展很快,20世纪初时,出口总额仅为17.8万关两,1930年出口总额计4191.5万关两,增幅达230倍之多;20世纪30年代经济大危机,西方国家大幅提高蛋品进口税,中国蛋制品的出口有所下降。1934年为1648.4万关两,仅及1930年的24.53%。

出口商品中,桐油一向是独占世界市场的。因桐油是中国特产,世界其他各地对此生产极少,而油漆、防腐、防水诸工业品,都以桐油为原料,故只要中国出口,就不愁没有销路。1912年,桐油在国际市场上真正打开销路,输出数为582815担,1930年更是升至1167255担的高峰。①

---

① 朱美予,《中国桐油业》,中华书局,1939年,第114~117页。

(三)贸易结构的特性与工业发展程度

对外贸易商品结构的变化,一方面反映对外贸易的性质,另一方面也反映产业结构的发展,尤其是工业化的进步。

据严中平先生对中国1873年~1936年间进出口货物的分类统计显示(如表10-13),在进口商品中,消费资料的进口比重远大于生产资料的进口比重,而直接消费品的进口又较消费品原料进口为巨。1873年,消费资料占进口总值的91.9%(其中直接消费资料占83.4%),1910年,消费资料占82.4%(其中直接消费资料占65.4%)。1920年以后,随着国内工业的发展,生产资料比重有所上升,1936年达到44.4%。出口商品中,以农产品原料及手工业制品、半成品为主的格局未能改变。只是农产品原料比重升幅较大,1893年农产品原料占全部出口商品的15.6%,1910年为39.1%,1930年升至45.1%;与此同时,手工产品比重呈下降趋势,1893年,手工产品占全部出口商品的81.8%,1910年为41.4%,1930年则降至30.6%。而随着国内工业的发展机制半成品和成品,进口比重有所增加。

表10-13 按经济类别划分的进口商品(1913年~1936年) 单位:%

品种	1913年	1916年	1920年	1925年	1928年	1931年	1936年
牲畜	0.1	*	*	*	0.1	*	*
饮料和食物	18.1	22.5	11.5	23.3	22.5	22.6	11.0
未制成	3.6	7.0	1.1	7.1	6.1	10.8	4.8
已制成	14.5	15.5	10.4	16.2	16.4	11.8	6.2
原料	5.3	7.7	9.3	15.4	13.9	21.7	13.4
半制成品	26.7	26.2	30.7	21.8	20.1	19.7	22.3
制成品	40.4	40.5	47.0	38.1	41.9	34.4	44.2
其他	9.4	3.1	1.5	1.4	1.5	1.6	9.1
合计	100.0	100.0	100.0	100.0	100.0	100.0	100.0

注:* 不足0.05%。** 1917年前主要是鸦片,其后主要是军火。
资料来源:郑友揆,《中国的对外贸易和经济发展》,上海社会科学院出版社,1984年,第45页。

中国进出口贸易的商品结构60余年来有相当大的变化,但进口以直接消费资料为主,出口以农产品原料及手工制品、半成品为主的实质却少有变化,这反映了中国半殖民地性质的贸易格局基本未变。

从对外贸易结构的长期变化中,还可以看出近代产业结构的发展,特别是近代工业的发展程度。中国工业化发展是缓慢的,这从按加工程度划分的进出口商品结构变动表中可以清晰的看到。

在进口方面,包括棉花与烟叶在内的原料类进口,在进口总额中所占比重,从1913年的5.3%上升到1936年的13.4%,而半制品的进口比重则下降了;饮料和食物进口也从制成品向未制成品转化,这些均反映了中国轻工业的发展。在1873年~1936年间,制成品在进口总额中的比重一直维持在40%左右,说明中国重化工业发展缓慢。但在20世纪30年代的最后数年里,这一类中的生产资料及建筑制成品的比重则有所增加。

在出口方面,原料的出口比重非但不减,反而上升,从1913年的29.1%,增加到1936年的35.8%,这主要是因为中国拥有丰富的自然资源,能够出口大量原料,一些原先不引人注目的新原料,如桐油、大豆、籽仁、猪鬃等均在后期发展为主要的出口商品。而中国本身工业发展尚处于初期阶段,无法完全吸收各种可供出口的原料。此外,制成品(包括半制成品)的出口有所下降,这主要是由于国内对这些产品的消费量增加,同时国外需求不稳所致。如表10-14所示。

表10-14 按经济类别划分的出口商品(1913年~1936年) 单位:%

品种	1913年	1916年	1920年	1925年	1928年	1931年	1936年
牲畜	1.7	1.1	1.0	0.5	0.4	0.7	*
饮料和食物	17.4	16.9	20.6	13.9	15.7	15.0	24.7
未制成	4.1	2.4	8.9	4.5	5.1	4.3	**
已制成	13.3	14.5	11.7	9.4	10.6	10.7	**
原料	29.1	24.7	23.9	31.3	35.4	37.7	35.8
半制成品	38.7	43.2	37.7	38.9	34.8	32.5	23.2
制成品	12.2	11.0	14.6	13.8	13.3	13.6	16.3
其他	0.9	3.1	2.4	1.6	0.4	0.5	—
合计	100.0	100.0	100.0	100.0	100.0	100.0	100.0

注:* 已经包括在其他类别中。 ** 未分列。
资料来源:郑友揆,《中国的对外贸易和经济发展》,上海社会科学院出版社,1984年,第45页。

第三节 中国在世界经济中的地位

19世纪,世界正处于自由资本主义高度发展的时期,武力侵略、掠夺殖民地、扩大商品销售市场是资本主义各国的共同目标。中国成了资本主义各国侵略的主要目标。从1840年开始,中国封建经济一步步解体,资本主义经济渐渐产生并发展,逐步融入世界市场,体现着其特有的发展轨迹。

一、中国在世界资本输出市场中的地位

19世纪末到20世纪初,西方列强掀起了一次在华投资高潮,到第一次世界大战前,外国资本在中国近代工矿交通业等部门中占据着垄断和支配地位。但是若从世界资本输出市场考察,中国吸引外国资本的比重是微不足道的。这一时期,作为最大的资本输出国的英国和法国,海外投资的重点在美国、阿根廷、加拿大和澳大利亚等国。第一次世界大战后,美国取代英国在世界资本输出市场中的地位,但中国仍非其投资重点。美国资本较多的聚于欧洲和拉美。据雷麦估算,1930年以前,英国对外投资为2000,000万美元左右,而对华投资仅占5.9%;美国国外投资为1500,000万美元,在华投资占总额的1.3%;法国对外投资总额计400000万美元,对华投资占4.8%;德国对外投资计200000万美元,对华投资占4.8%。[①]由此可见,中国在西方各资本输出国中实在不过占各国海外投资中极小的一部分。

中国在世界资本输出市场中不仅地位微小,而且中国外资占全世界外资的份额(累积直接投资)也呈现出明显的下降趋势。从表10-15中可以看出,1914年进入中国的累计直接投资为110000万美元,占世界累计直接投资总额的7.8%,到1938年,累计直接投资总额只上升

---

① 雷麦,《外人在华投资论》,商务印书馆,1937年,第69页。

到 140000 万美元,24 年间只上升了 27%,在世界累计直接投资总额中的比重竟降到了 5.8%;而同为发展中国家的印度和锡兰,24 年间,累计直接投资总额增长了近 3 倍多,在世界中的比重,也由 1914 年的 3.2%上升为 5.6%。

表 10-15　世界各东道国或地区累积外来直接投资总额估计(1914 年、1938 年)

国家或地区	1914 年		1938 年	
	百万美元	%	百万美元	%
发达国家	5235	37.2	8346	34.3
美国	1450	10.3	1800	7.4
加拿大	800	5.7	2296	9.4
英国	200	1.4	700	2.9
俄国	1000	7.1	—	—
日本	35	0.2	100	0.4
其他	1750	12.5	3450	14.2
发展中国家	8850	62.8	15969	65.7
印度与锡兰	450	3.2	1359	5.6
中国	1100	7.8	1400	5.8
其他	7300	51.8	13210	54.3
总数	14085	100.0	24315	100.0

资料来源:节选自 John. H. Dunning:*Explaining International Production*, Unwin Hyman Ltd, London, 1988, P75

若按照人口平均的外国资本额来看,中国更是十分有限。据候继明先生对 1938 年世界 44 个发展中国家的人均资本估算为 22.2 美元,其中以拉丁美洲最多,平均每人 90.5 美元,亚洲最少,为 11.3 美元,而中国尚不及亚洲的平均水平,只有 5.7 美元,在所有不发达国家和地区中排名倒数第二,仅在葡属亚洲地区之上(见表 10-16)。可见,中国并非外国投资之沃土。

表 10-16　1938 年不发达国家的人均外国资本

国家	总人口(百万)	人均外资份额(美元)
亚　　洲:	946.0	11.3
中国(包括满洲)	452.4	5.7

续表

国家	总人口(百万)	人均外资份额(美元)
印度、缅甸、锡兰	325.6	9.6
荷属东印度	67.4	35.3
马来亚	4.1	169.8
土耳其	16.8	35.1
葡属亚洲地区	1.4	1.4
拉美：	123.2	90.5
墨西哥	18.7	95.1
阿根廷	14.0	228.1
古巴	4.4	183.4
巴西	30.7	50.7
非洲：	118.9	32.0
埃及、苏伊士	16.0	32.1
利比里亚	1.5	8.0
比属刚果	10.2	42.0
欧洲	87.4	30.4
波兰	34.4	21.2
罗马尼亚	15.5	41.9
南斯拉夫	15.2	20.5

资料来源：Chi-ming Hou, *Foreign Investment and Economic Development in China*, 1840—1937. Cambridge：Harvard University Press, 1973. P98.

二、中国对外贸易在世界贸易中的地位

中国与西方相接触的媒介主要是贸易关系，不过初期贸易的直接经济结果并不大，直到 19 世纪末，随着苏伊士运河的开通和上海伦敦间电报交通的成立，对外贸易才开始增加起来。这种增加，表明了中国经济地位确已改变，但中国经济一直是在缓慢地融于世界贸易的潮流。从表 10-17 中可以看出，在 1925 年世界主要 56 个国家当中，中国的进口贸易额居世界 12 位，出口贸易额居世界 13 位。1868 年~1933 年间，中国进口贸易增加了 13 倍，与最高的 1931 年相比，也只增加了 23 倍；但同时期的日本，进口增加达 179 倍，出口增加达 119 倍，总额增加了 144 倍。

表10-17　各国在世界贸易中的位次(1925年)

进口		出口	
位次	国家	位次	国家
1	英国	1	美国
2	美国	2	英国
3	德国	3	法国
4	法国	4	德国
5	日本	5	印度
6	意大利	6	加拿大
7	荷兰	7	日本
8	加拿大	8	澳大利亚
9	比利时关税同盟	9	意大利
10	印度	10	荷兰
11	阿根廷	11	英属马来
12	中国	12	比利时关税同盟
		13	中国

资料来源：武育干，《中国国际贸易概论》，商务印书馆，1930年，第15页。

根据国际联盟的统计，中国占世界进口贸易的百分比，1933年为2.91%，虽然较1913年的2.14%略有增加，但增幅不大；占世界出口贸易的百分比，1933年不过1.69%，较1913年的1.60%只略有增进。若按人口折算，中国人均占有量更加微小。如1933年人均进口贸易额仅为0.61美元，人均出口贸易额仅为0.27美元，较第一次世界大战前均有减退。如表10-18所示。

表10-18　中国每人所占的贸易额及中国在世界贸易中所处的地位

	进口		出口	
	每公民所占数额（美元）	中国占世界贸易%	每公民所占数额（美元）	中国占世界贸易%
1913年	0.94	2.14	0.67	1.60
1926年	1.90	2.74	1.46	2.26
1927年	1.55	2.07	1.49	2.02
1928年	1.88	2.45	1.56	2.15
1929年	1.79	2.27	1.44	1.97

续表

	进 口		出 口	
	每公民所占数额（美元）	中国占世界贸易%	每公民所占数额（美元）	中国占世界贸易%
1930年	1.33	2.07	0.91	1.56
1931年	1.08	2.34	0.68	1.63
1932年	0.76	2.48	0.36	1.26
1933年	1.61	2.91	0.27	1.69

资料来源：何炳贤，《中国的国际贸易》，第17页。

以上分析表明中国在世界贸易中地位的低下，究其原因在于经济发展水平的低下，这是最为直接影响近代中国对外经济发展的因素。中国的人均国民收入，1936年为50.51元，1949年仅为34.98元。[①] 中国的关税制度也极不合理，主要目的在于增加税收，而非保护本国工业，促进贸易发展。20世纪30年代，进口税额增加了4倍，这并不意味着进口贸易量也相应地增加了4倍。相反，同税准的增加（从4.1%增至35.3%，即增加了7～8倍）相比，贸易量显然受阻了。再者，中国货币的对外汇率由于白银价格持续跌落而不断下降，因而无法对恢复贸易平衡产生适当的影响。中国度量衡不统一，不同省份、甚至同一城市内的标准亦有不同；国内外各种金融机构发行的纸币多种多样；1933年以前，全国使用的银元和铸币也是成色各异，质量差别很大，十分紊乱。这些都是贸易发展的极大障碍，同时也有诸多政治、社会因素深刻地影响着近代中国对外贸易的发展。

思考题

1. 从某一角度出发，分析外国在中国投资的特点。
2. 简述近代中国贸易结构的特性及其与工业发展程度的关系。
3. 评价近代中国在世界经济中的地位。

---

① 巫宝三，《中国国民所得，1933》，中华书局，1947年。

参考文献

1. Chi-ming Hou: *Foreign Investment and Economic Development in China*, 1840—1937, Cambridge: Harvard University Press, 1973.

2. John. H. Dunning: *Explaining International Production*, Unwin Hyman Ltd, London, 1988.

3. 吴承明,《帝国主义在旧中国的投资》,人民出版社,1956年。

4. 吴承明,《中国资本主义与国内市场》,中国社会科学出版社,1985年。

5. 许涤新、吴承明,《中国资本主义发展史》第三卷,人民出版社1990年。

6. 武育干,《中国国际贸易概论》,商务印书馆,1930年。

7. 严中平,《中国近代经济史统计资料选辑》,科学出版社,1955年。

8. 郑友揆,《中国的对外贸易和工业发展》,上海社会科学院出版社,1984年。

9. 雷麦,《外人在华投资论》,商务印书馆,1937年。

第十一章

国民收入分配

关于近代化过程中中国国民收入分配趋势的研究,在学术界空白了30余年。本章对这一趋势作出了一个尝试性的概括和总结,并阐述了高收入阶层与中低收入阶层在国民收入分配中所占份额的消长及变动的原因。经济起飞的基本条件是要在一个国家中创造一种机制,使国民收入的剩余转化为生产投资。近代中国经济发展的障碍并不是国民收入中没有剩余,而是缺乏一种把剩余集中起来转化为投资的机制。笔者认为,近代产权制度安排的不明晰和不确定是形成这种局面的深层原因。

第十一章 国民收入分配

第一节 国民收入分配的变动趋势

20世纪30年代开始,虽然也曾有人试图对国民收入分配的变动趋势作出判断,但大多从理论原则和政治需要出发,根据一些现象和片断的材料加以臆测。其观点大体可以概括为:中国长期以来处于农业社会,财富和收入分配本来已不平等。而这种不平等,工业化国家比农业国更甚,城市比农村更甚。资本主义越发展,财富和收入分配越不均。由于外国资本主义入侵和中国近代工业的发展,帝国主义、封建势力和资产阶级对中国广大人民群众的掠夺和剥削不断增强,从而加剧了城乡收入分配的不平等。随着殖民地化程度的加深,中国社会各阶层收入的差距进一步扩大。① 近半个世纪以来,这种观点广为传播,被各种经济类与历史类教材普遍采用,被视为不容置疑的定理。

战乱时期,由于条件的限制和形势的需要,对某些理论问题未经系统研究,匆匆作出结论,实属难免。遗憾的是建国以后,当一些发达国家在这方面的研究取得重大突破的时候,关于近代化过程中,中国国民收入分配趋势问题的研究,却在学术界空白了30余年。本章将针对这个问题进行探讨。

一、1887年~1933年间中国国民收入分配的变动趋势

本章的分析以19世纪80年代中期作为中国经济近代化的起点。根据张仲礼先生的估算和我们所作的修正,19世纪年代中期(以1887年为代表性年份),中国的国内生产总值为320271.5万两,而最为富有

---

① 这些观点散见于参加20年代末30年代前期关于中国社会史和农村社会性质问题论战的文章。专门讨论财富和收入分配的以丁洪范:"中国的财富与收益及其个人分配"为代表,该文载《大公报》,1937年1月12日。

的绅士阶层收入为 67135 万两。① 该年中国人口估计为 37750 万人。②其中绅士阶层的人口为 750 万人，其余 3.7 亿普通人的收入为 253136.5 万两。

巫宝三在《中国国民所得，1933》一书中，将消费额的估算分为农业区与非农业区两大部分，每部分又分为上户、中户、下户三种。1933年全国人口共计为 427819889 人，消费总额为 2044057.2 万元。其中非农业区的上户是全国少数最富有的阶层，其人口共计为 4293310 人，消费额为 95397.19 万元。如果把非农业区中等消费人口（其年消费额远远高于农业区的上户）包括进来，共计为 27759000 人，其消费额为 482168.1 万元，其余广大农村、边远地区城市和东南沿海地区城市中的低消费阶层共 4 亿多一点的人口，其消费额为 1569189.1 万元。③

将上述 1887 年与 1933 年数字加以比较，在近代经济发展较为有代表性的近 50 年时间里，国民收入分配的变动趋势确乎给人以下述几个印象：

（一）富有阶层的收入在全部国民收入中所占的份额明显缩小，普通民户的收入在国民收入中所占的份额略有扩大

1887 年时占全国人口 2% 的富有阶层的收入占全部国民收入的比例高达 21%，而 1933 年时占全国人口 1% 的最富有阶层的收入只占全部国民收入的 4.7%，如果计算占全国人口 6.5% 的富有阶层（包括非农业区的上、中户）的收入，也仅占全部国民收入的 23.6%，只略多于1887 年时占全国人口 2% 的富有阶层收入在国民收入中所占的份额。与之相应，1887 年时占全国人口 98% 的普通居民收入占国民收入的比

---

① 张仲礼先生在《中国绅士的收入》一书的附录 2 中估算了 1887 年的绅士收入为 67522.5 万两，其中地租收入为 2.2 亿两，商业收入为 11360 万两，房租收入 3000 万两，政府劳务收入 1.21 亿两，私人劳务 19062.5 万两。我们在《近代中国的经济发展》第一编第五章附录 3 中以张仲礼先生的估算为基础，重新估算了 1887 年的中国国民收入。现依据修正中同样的原则对绅士收入作相应的调整，即将地租收入上调 1/3，商业收入不变，房租、政府和私人劳务收入均下调 1/3，从而得到的结果是 1887 年中国绅士的收入共计为 67135 万两。
② 这是引用的张仲礼先生书中 1887 年中国人口数字。
③ 巫宝三，《中国国民所得，1933》上册，第 3 部分，中华书局，1947。本章所用 1933 年数字除另注明出处者，均引自该书或以之为基础推算，下面不再一一注明。

重为79%,而1933年时,占人口93.5%的普通民户的收入占国民收入的比重则为76.4%,即比重相对大为减少了的中下层收入者占有了与过去大体相等的国民收入份额。

(二)高收入阶层与中低入阶层的收入差距显著缩小

1887年占全国人口2%的高收入阶层人均年收入近90两白银,而其余98%的中、低收入阶层的人均年收入只有6.8两白银。前者约为后者的13.2倍,收入的差距是十分悬殊的。到1933年时,这种状况有了明显的变化。该年占全国人口1%的最富有者人均年收入为222元略多一些,其余99%的中低收入者的人均年收入为46元略多一些,前者仅为后者的4.8倍。如果计算占全国人口6.5%的富有者,其人均年收入则减少为174元,而占人口93.5%的中下层收入者人均年收入亦减少为39元,前者的收入只为后者的4.5倍。

需要说明的是,前述1887年的数字是人均国民收入的数字,为了与1933年人均消费额比较,用缴纳税后居民可以自由支配的收入将更为贴切。如计算税后收入,1887年最富有的绅士阶层人均每年为79.7两,其余的普通居民只有5.4两,前者的收入为后者的14.8倍,也就是以居民可以自由支配的收入为标准衡量,1887年较之1933年,高收入者与中低收入者的差距更大。

(三)富有阶层人均年收入的绝对值明显下降,普通居民的年均收入显著上升

为了进行比较,需要把1887年数字折算为1933年币值。张仲礼书中所采用的银元的兑换率为1两＝1.4686元,1933年的物价指数为1887年的3倍。以这两个参数为依据,可以推算出1887富有阶层的人均年收入约为397元,为1933年时全国1%最高收入者人均年收入222元的1.8倍,为占全国6.5%的高收入阶层人均年收入174元的2.28倍,1887年普通居民人均年收入6.8两,折合成1933年币值仅30元,为1933年占全国人口99%的中低收入阶层人均年收入46元的65%,或为占全国人口93.5%的中低收入者人均年收入39元的77%。

1877年如用税后收入与1933年数字加以比较,则富有阶层年均收入下降幅度略有减少,而普通居民的年均收入则有更大幅度的上升。

由于缺少1949年及前后年份中国国民所得的调查统计资料，所以无法确切说明1933年～1949年期间国民收入分配的变动趋势。按照西方国家在第二次世界大战期间及战后恢复初期阶段的一般情况，高收入和低收入阶层年收入的绝对值都不同程度地有所下降，而高收入组下降的幅度则大于低收入组，从而造成前者在全部国民收入中所占份额减少，而后者所占份额相对上升，二者之间的差距缩小。① 以之推论中国1949年以前的10多年间，基本趋势应当是相同的。

由于没有连续的调查统计数字，只凭两个年份的比较作出的结论，显然是缺乏说服力的。因为在这近50年期间，收入分配的起伏变化无从知晓。为了弥补这一不足，理应寻求多种有连续统计数字的间接指标加以验证，例如全国或地区性地租率的变动，企业利润和工资历比例的变动等。可惜这些方面可资利用的长期趋势的材料亦属凤毛麟角，有待于发掘和整理。笔者能够举出的只有开滦煤矿的个案研究。在1887年～1937年的50年期间，开滦矿工的实际工资是在曲折的变动中有所提高，其在全部煤炭产值中的比重亦由20世纪初的不足20％，上升为抗战前的30％～35％，而利润在产值中的比重则呈相反的变动趋势。其后直至1949年，矿工实际工资呈下降趋势，但由于资产收入以更大幅度下降，所以工资在全部产值中的比重反较抗战前有所增加，到40年代后期约占全部煤炭产值的45％～50％。另外，从开滦的档案资料中还可以明显看出，40年代，当战争使企业陷入困境时，曾经享有优厚待遇的中外职员，其收入下降的幅度远远大于低收入的矿工，因为矿工的工资本已微薄，为了维持劳动力再生产，资本家降低其工资收入的余

---

① 以美国为例，占居民5％的高收入阶层的税前收入占全部国民收入的比例，1929年为30％，1935年～1936年为26.5％，1941年为24％，1944年～1947年为21％。与此同时，占居民60％的低收入阶段层的税前收入占全部国民收入的比例，1929年为26％，1935年～1936年为27％，1941年为29％，1944年～1947年为32％，参见库兹涅茨《现代经济增长》，第211页(Simon Kuznets, Modern Economic Growth: Rate, Structure and Spead, New Haven and London Yale University Press, 1966)。

地是有限的。① 从上述情况可以看出,开滦煤矿半个多世纪以来利润与工资、高收入与低收入,及其相对比例的变动,与近代中国国民收入分配的变动趋势是一致的,可以提供一个佐证。另据美国学者马若望和珀金斯的研究,认为没有证据说明 20 世纪前半期中国农村的地租率有所提高,相反,倒有下降的趋势。②

二、近代化、经济增长与国民收入分配变动的关系

马克思主义经济理论认为,在资本主义制度下,平均利润呈下降的趋势,工人阶段级日趋贫困化。在国民收入的分配中,财产收入与工资收入的比重朝着不利于劳动的方向变化,从而导致资产者与无产者之间收入的差距不断扩大。

近年来西方一些经济学家和经济史学家认为上述观点不能为 19 世纪 60 年代以来 100 余年的统计数字所证明。发达国家工人的实际工资不但没有下降,反而有明显的上升。劳动者可以用较短的工作时间,获得比以前丰裕的报酬。无论是用衣、食、住、行或寿命长短来衡量,都存在着稳定的、长期的最低生活标准的改善。利润率也没有下降,而是上下波动,无明显的趋势。财产收入在国民收入中的比重,19 世纪中期为 20%～40%,在一个长期内稳定和轻度的增加后,有些国家从第一次世界大战后一开始,另一些国家从第二次世界大战开始下降,现在只占国民收入的 20% 或 20% 以下。劳动收入在全部国民收入中所占的份额则作相反方向的变动。个人和家庭收入的不平等在第一次世界大战以前稳步地、轻微地扩大,以后明显地缩小,这是由于低收入阶层的收入比高收入阶层的收入增加更快。一些不发达国家处于工业化的过程

---

① 数字见《旧中国工人阶级贫困化问题管见》,《南开经济研究所年刊》,1984 年。这一研究中的工资额只包括矿工的工资,没有包括各级管理人员的薪金,因而其无论绝对值,还是在煤矿炭值中的比重都有比西方国家低。

② 参见马若望,《中国农民经济:1890—1949 年间河北、山东农业发展的研究》,(Ramon Myers, The Chinese Peasant Economy: Agricultural Development in Hopei and Shantung, 1890—1949, Harvard University Press, 1970);珀金斯,《中国农业的发展,1368—1968》,上海译文出版社,1984 年。

之中,其国民收入分配的不平等程度则较现今的发达国家为甚。5%的高收入阶层大约占有了全部国民收入的30%～40%,洛伦茨曲线显示,落后国家生活水平的差异要大于先进国家生活水平的差异。

美国经济学家凯里·享利·查尔斯认为,由于技术和设备的改进,劳动生产率的提高,工资随之增加。随着社会总产品的增加,工人分到的份额在比例上和数量上都会增加。但资本家分配到的份额虽然在数量上增加了,在比例上却减少了,从而使国民收入的分配变得比以前合理了。法国经济学家巴斯夏也有类似的观点。他们的观点可以概括为:随着资本的积累,利润将得到绝对的增加,工资则得到绝对和相对的增加。

表面看来,中国在近代化过程中国民收入分配的变动趋势与某些发达国家第一次世界大战前后所出现的情况相似,但由于所处的经济发展阶段完全不同,所以不能机械地加以类比,甚至简单地套用造成后一现象的原因来解释前者。1887年～1933年中国尚处在近代工业从无到有的起步阶段,而前述库兹涅茨对国民收入分配问题的研究,西方国家是以19世纪中叶为起点(其中一些国家由于资料缺乏,起点迟至1913年),不发达国家则以20世纪五六十年代的资料为依据,二者就工业化水平而言,都较之本文考察的对象处于更高的层次之上。因此,必须从当时中国特定的社会条件和经济发展的实际水平出发,运用经济学的原理加以分析,才能对收入分配变动的原因作出中肯的解释。

(一)劳动生产率提高和经济增长是中低收入阶层生活水平改善的基本前提条件

1887年中国的国民生产总值如果按照1933的币值计算,约为141亿元,到1933年时增加为200.44亿元,也就是在40余年的时间里增加了42%,人均国民收入由37.6元,[①]增加为46元,增加了22.3%,在此基础上,占全国人口90%以上的普通居民的年均收入则由30元增加为39元,增长了30%。在经济发展史上,从统计分组的角度看,各个时期总有一定比例的居民属于低收入阶层,但如果这个国家越来越富

---

① 此系按照张仲礼书中人口数和1933年币值计算的1887年人均国民收入。

裕,而且同时人均收入在增长,那么一般说来总是伴随着生活的最低标准的提高和居民中多数人生活的改善。中低收入阶层的收入绝大部分为劳动所得,由于技术和设备的改进,生产率不断提高,工人和雇员工资收入必然随之提高。

从1937年开始,由于日本侵华战争和国民党发动的内战对国民经济的严重破坏,国民收入和人均国民收入值都呈下降趋势,分别由1936年的257.98亿元和50.51元,下降为1949年189.48亿元和34.98元(均为1936年币值)。[①]故本章在第一节中推断,这一时期中国中低收入阶层的年均绝对值有所下降。这是由于在战争环境下市场萎缩、运输中断、生产条件恶化,导致劳动生产率下降的结果。

(二)封建特权的丧失,使高收入阶层的构成发生变化,从而导致其收入的下降

在中国传统社会中,长期以来一个基本特征是政治权力转化为财产。历代王朝的富有阶层都是以皇室和各级官吏为主体。他们凭借政治地位和权势,以合法及非法的手段聚敛大量的财富。而一旦改朝换代或某一集团、个人在政治上失势,其在朝时聚敛的财富也就随之丧失,各种收入的来源也因之断绝。

当传统社会进入后期阶段,一些世俗商人和地主手中积累了较多的金钱和地产,要求提高他们的政治地位时,一种卖官鬻爵的制度作为社会性调节的手段应运而生。但它与西方国家不同,在西方,近代化过程是以私人财产所有权在法律和观念上的确立和财产的权利争夺,控制政治权力,并使之从属于自己为特征。在中国,个人对财富追求及拥有的不可侵犯和分割权利的法律和观念则始终没有确立。通过捐纳可以买得官爵,只不过是开辟了一条上升到特权阶层的旁径,在仕途上不被视为正宗。财产的权利对于政治权力而言,仍然处于依附和从属的地位。

1887年占全国人口2%的绅士阶层的67135万两收入是由以下几个方面构成的:(1)官俸和其他专业职务的报酬20775万两;(2)地租和

---

① 刘佛丁主编,《中国近代经济发展史》,高等教育出版社,1999年,第66页。

房租 36 000 万两;3.商业利润 11 360 万两。1911 年后由于清王朝的覆灭,处于国民收入金字塔顶端的绅士阶层,其中第 1 项收入几乎全部丧失。他们当中只有一部分人,由于成为北洋政府的显贵,得以利用其握有的政治军事特权,保持并膨胀财富。但因为没有这一时期的统计数字,所以无法与 1887 年的状况进行比较。到了 30 年代,虽然官僚垄断集团已经开始从垄断金融业入手积聚私人财富,但到 1933 年时,这一部分人的年收入还远远无法与 19 世纪 80 年代的绅士阶段层相比。1933 年时高收入阶层的构成,除了上述的新官僚集团外,主要是从 19 世纪后半期开始逐渐成长起来的买办阶级、资产阶段级的中上层,以及豪绅地主阶级(其中相当大的一部分居住在城镇)。但按相同比例的人数计算,其年均收入仅为 1887 年的一半左右。

在人均收入增长的同时,高收入阶层收入的绝对值减少,中低收入阶层收入的绝对值增加,其结果必然是前者在国民收入中所占的份额下降,后者所占的份额上升,二者之间的差距缩小。

(三)近代工矿交通业的发展,由传统经济向近代经济转变,使国民收入在富有阶层和普通居民之间分配的差距缩小

为了说明这个问题,可以从国家间的比较入手。在 20 世纪 30 年代,美国国民收入中工资和薪金所得约占 72% 左右,其他所得(包括利润、利息和地租)只占 28%。而中国 1933 年时据巫宝三的调查和计算,在全部国民收入中,工资和工薪所得只占 49%,而其他所得却占到 51%。说明越是发达的国家,其工薪所得占的比重越高,富有阶层和普通居民的收入差距越小,而工业越不发达的国家,情况则相反。

1933 年中国几个主要产业部门工资薪金与其他所得分配情况如表 11-1 所示。

表 11-1　中国国民所得分配(1933 年)

行业	工资薪金所得%	其他所得%
制造业	78.0	22.0
运输交通业	75.9	24.1

续表

行业	工资薪金所得%	其他所得%
商业	69.1	30.9
矿冶业	57.9	42.1
农业	38.5	61.5

资料来源：巫宝三，《中国国民所得，1933》，中华书局，1947年。

说明：其他所得中包括地租、利润和利息三个组成部分，由于资料缺乏未能加以区分。但大体上工矿交通和商业中的非工薪所得主要为利润和利息，农业中则为地租和利息。

从表11-1可以看出，越是近代化程度较高的部门，工资和薪金收入所占的比例越高，非工薪收入所占的比例越低。与之相反，越是落后的经济部门（主要是农业），劳动所得所占比例越低，而非劳动所得占的比例越高。造成这种情况的原因一方面是由于前者的劳动生产率高于后者，另一方面则由于从18世纪中叶开始，中国人口以较快的速度增长，而耕地面积并没相应扩大，当越来越多的劳动加在固定数量的土地上时，每一劳动者只能与较少的土地发生关系，在没有显著的技术改进情况下，收入递减规律必然发生作用，劳动—土地比例的递增和产量—土地比例的递减意味着每一最后的（或边际的）劳动者对产品的贡献持续降低，从而造成实际工资水平持续下降。正如李嘉图所指出的那样，人口的增加意味着较低的按人口平均的收入和工资率，较低的工资意味较高的地租率，地主随着农民蒙受损失而得到好处。

1887年时，中国近代生产企业刚刚出现，其收入可以忽略不计，因而可以认为全部国民收入都来源于传统的经济部门。当时最为富有的绅士阶层收入主要为地租、利息及其转化形式（如官僚及其他专业职务收入等）。这就造成其收入在全部国民收入中占有较高的比重，而以农民为主体的广大劳动者的收入在全部国民收入中占有较少的份额。到了20世纪30年代，虽然地租仍然是富有阶层收入的重要来源之一——农业中的非劳动所得占全部非劳动所得的3/4左右——但这一阶层中的买办和资产者的收入则主要来源于工矿交通和商业利润，其资产所得已占到全部非劳动所得的1/4左右。由于与农业相比，这些部门资产所得的比例较低，从而使整个富有阶层的收入在国民收入中的比例下降，而以工薪为主要生活来源的广大劳动者的收入在全部国民收入中的份额有所提高。

随着国家的工业化,地租在国民收入中的比重下降,工薪收入的比重上升,从而导致高收入和低收入阶层之间收入差缩距小,这一规律已为世界很多国家经济发展过程的统计分析所证明。从历史上看,地租在国民生产总值中的比例持续下降,以美国为例,到20世纪30年代地租占国民收入的比重只有3%,而第一次世界大战以前还占9%。西方一些经济学家认为,在工业革命以前并不存在收入比较平等的黄金时代,在中世纪只不过被田园诗式的描写所掩饰的农村贫困和家庭手工业的悲惨状况下不像工业化过程中工厂工人劳动条件、工作日和生活的贫困那样易于为人所察觉罢了。现今世界一些国家偏远的乡村较之大城市贫民居住区更为落后,以及一些不发达国家较之发达的工业国家在收入分配上存在着更为严重的两极分化,也说明了这一点。无论是历史上发达国家,还是当今的发展中国家,大量人口由农村转移到城市,由农业转移到工业,固然是农村自然经济分解、农民生产资料被剥夺所迫使,但这也只是诸多因素中的一个,城乡之间、工农之间生活水平和工资水平的差别所产生的诱惑力,也是无可否认的原因之一。

此外,从20世纪20年代开始,社会舆论的压力和蓬勃兴起的工农革命运动也是提高劳动者收入、缩小分配不平等的一个不可忽视的因素。西方一些经济学家完全否认阶级力量的对比与收入分配的关系,这种观点是与历史事实不相符的。只不过它不是决定工资的惟一的因素。

第二节 国民收入剩余向资本的转化

经济起飞的基本条件是要在一个国家中创造一种机制,使国民收入的剩余习惯性地转化为生产投资,而不会被浪费掉。美国著名经济学经济学家沃尔特·罗斯托认为,一个国家的经济起飞的前提条件是生产性投资要占到国民收入的10%以上。为达到这一目标,必须增加储蓄。阿瑟·刘易斯1954年在他的《劳动力无限供给条件下的经济发展》一文中则认为"经济发展的中心事实是迅速的资本积累"。① 其后他在《经济增长理论》一书中更明确指出:"经济增长理论的中心问题是要理解一个社会从 5% 的储蓄率转变为 12% 的储蓄率的过程,以及伴随着这种转变而来的在态度、制度及技术方面的一切变化。"②

一、政府储蓄的规模及其变动的情况

在经济近代化过程,国内总储蓄和总投资在国民收入中的比重的不断上升对经济的加速发展起着至关重要的作用。投资成为经济增长的首要和持续的推动力量。因而采用自上而下的方式实现强制性制度变迁以及工业化运动的作法在经济发展水平落后的传统社会中兴起。对于经济启动阶段的初始资金来源十分困难的中国来讲,政府储蓄规模的扩大及其在整个国民经济中比重的上升,在近代化早期就显得尤为重要。

本章所言的政府储蓄是指政府经常项目收支之间的差额,以 g 表示,而政府储蓄则为政府储蓄总额与政府经常性收入的比率,以 g′ 表示,如以 Yg 代表政府经常性收入,则 g′=g/Yg。表 11-2 说明了 1899 年~1947 年中国中央政府储蓄规模。

表 11-2 中国中央政府储蓄规模(1899 年~1947 年)

年份	岁入	岁出	g	g′(%)
1899	129.2	148.3	−19.1	−14.8
1903	154.2	198.3	−44.1	−28.6
1909	386.2	395.1	−8.9	−2.3
1911	443.5	437.6	5.9	1.3
1913	557.0	642.3	−85.3	−15.3
1915	130.7	139.0	−8.3	−6.4
1919	490.4	495.8	−5.4	−1.1
1925	461.6	634.4	−172.8	37.4

---

① 施炜等译,《二元经济论》,北京经济学院出版社,1989 年,第 15 页。
② 梁小民译,《经济增长理论》,上海三联书店,1990 年,第 283 页。

续表

年份	岁入	岁出	g	g′(%)
1927	77.3	150.8	-73.5	-95.1
1929	438.1	539.0	-100.9	23.0
1931	553.0	683.0	-130.0	-23.5
1933	62106	769.1	-147.5	-23.7
1935	513.1	1236.9	-823.8	-160.6
1937	559.0	2091.0	-1532.0	-274.1
1939	715.0	2797.0	-2.80.0	-291.2
1941	1184.0	10003.0	-8819.0	-744.8
1943	16517.0	58816.0	-42299.0	-256.1
1945	150065.0	1215089.0	-1065024.0	-705.0
1947	120100	409100.0	-289000.0	-240.6

资料来源：1899年～1911年据《清史稿》13册，第3704～3706页和吴廷燮，《清财政考略》；1913年～1925年据贾士毅，《民国财政史》下册附录，商务印书馆，1927年和《民国续财政史》，第1册，商务印书馆，1933年，第39～45页；1927年～1947年据杨荫溥，《民国财政史》，中国财政经济出版社，1985年，第45、70、102、116、172页。

注：①单位：1899年～1954年为百万元，1947年，为法币亿元。②1913年～1925年为财政预算数，收入中包括公债和借款。③1927年～1945年岁出中扣除现金结存，收入中未包括债款和银行垫款。

中国在传统社会后期，中央政府财政收支基本上维持在3000～4000万银两左右，并长期顺差。鸦片战争以后，虽然财政支出逐步增加，1842年～1891年间，由3150万两增加至7936万两，[①]50年间财政支出增加一倍有余，直至19世纪80年代，政府财政收支仍能基本平衡。但从19世纪末期以后，清政府、北洋政府和国民党政府财政状况不断恶化，政府储蓄规模呈负增长态势，而且幅度不断扩大，20世纪20年代前，下降幅度大约在10%至20%左右。而至30年代，政府储蓄的下降幅度更大。

严重的财政收支缺口，大大限制了中国政府储蓄的能力和规模，降低了政府资本形成的供给程度。与日本在19世纪末迅速建立的资本主

---

① 《清史稿》第13册，第3704～3706页。

义财政体制不同,近代中国政府在很大程度上仍保留着封建财政制度性质。这就决定它不能象日本政府那样以国家政权形式,为促进资本主义原始积累而制定相应的政策和措施,因此,起不到加速资本积累,促使国民收入剩余向资本转化的作用。频繁的战争和沉重的债务压力,迫使中国政府只得通过举借外债、发行内债、增加税收以及向银行借贷等方式来弥补财政缺口。

与日本相比较,近代中国政府毫无储蓄可言,这种状况使得中国政府兴办近代企业时没有财政资金上的保证,其投资资金只得通过调整财政支出结构和举借债款的方式取得,这就决定了其投资资金远不及日本。以清政府创办的军用工业经费来源来看,其开办经费及常年经费以海关关税、户部拨款、地方拨款等各种形式的政府拨款为主,但它们是作为垫借款拨给企业的,多数在一定时期后归还政府。国家财政支出状况的逐年恶化,使晚清政府在继续创办经营军用工业的同时,还要创办民用工业,已显得力不从心,除拨借部分经费外,其余不足部分只能"设法腾挪借拨,以济要工",① 别无他途。

从客观上讲,运用以政府拨款和垫借款的直接融资手段,对于早期国家产业资本以及部分私人产业资本的形成和发展起到了较大的促进作用。但这种融资方式是建立在晚清政府因国力消耗过大而日趋紧迫的国家财政基础上的,从长期发展趋势观之,财政资金的供给既有限又缺乏弹性,难以为继。加之,甲午战争后,沉重的债务负担,使清政府相当一部分财力用于还债,再也无力进行大规模的产业投资。民国成立后,在北洋政府执政时期,从有决算可查的逐年度财政支出中,军费和债务费已占财政支出的70%。南京政府执政后,虽积极治理财政秩序,加强财税管理,努力促进财政体制向资本主义转化,但沉重的军费和债务压力,使这两项开支最终也未打破其占财政总支出的绝大部分的格局,二者所占比重大约在80%左右。其中被马克思称为"原始积累最强有力的手段之一"② 的公债收入也大部分用于非生产性支出,没有转化

---

① 张之洞,《张文襄公全集》,卷31,第28页。
② 马克思,《资本论》第一卷,人民出版社,1975年,第823页。

为产业投资。①

因此,与日本政府相比较,中国政府运用国家权力动员储蓄的规模及其在国内总储蓄中的比重是有限的,对经济增长的贡献也是微不足道的。

二、民间储蓄的规模及其来源情况

民间储蓄主体包括法人储蓄和私人储蓄。法人储蓄来源于企业利润;私人储蓄来源于其收入中未被消费的剩余。近代中国过渡型经济体制的特征就决定了民间储蓄转化为投资资金的渠道和形式是多样化的,它包括四种形式:一是商业利润向产业资本的转化;二是军阀、官僚、地主等由投资土地等传统项目转向投资近代企业;三是企业自身的利润和折旧费的转化;四是金融信用的转化。

在中国资本主义发展的历史中,近代产业资金来源一个重要组成部分是来自商业利润积累的转化。传统社会中商业的发展以及从19世纪20年代至80年代、近代中国沿海对外贸易的蓬勃兴盛,所造成的商业革命的出现,② 促使社会经济生活中积累了巨额的商业利润和资金,并作为一种剩余为产业资本创造了先决条件。据美国学者郝延平估计,鸦片战争前后沿海商人的平均商业利润率高达30%(内地贸易为20%,国际贸易为40%)。③ 其中活跃于沿海通商口岸的数百名洋行买办,从1842年至1894年累计积累了约5.3亿两的巨额财富,④ 其中40%即2亿两用于投资。⑤ 这源于商业渠道的积累对兴办近代企业、促进中国工业化发展都起了重要作用。据估计在1862年至1873年中,他

---

① 1912年～1934年间,北京政府和南京政府公债收入中用于生产事业投资的比重仅占0.5%。见王乃栋,《民国二十三年之内债及其用途》,《大公报·经济周刊》第126期,1935年8月14日。
② 郝延平著,陈潮、陈任译,《中国近代商业革命》,上海人民出版社,1991年,第1页。
③ 同上,第310页。
④ 郝延平著,李荣昌等译,《十九世纪的中国买办:东西间桥梁》,上海社会科学院出版社,1988年,第126页。
⑤ 许涤新、吴承明主编,《中国资本主义发展史》第二卷,人民出版社,1990年,第175页。

们为上海六家航运公司提供了30%的资金;1863年至1886年中为开办煤矿提供了所需资金的62.7%;1890年至1910年为27家大纺织厂提供了23.23%的资金;同一时期还为机器制造业提供了所需资本的30%。① 从一些具体企业的开办来看,方举赞开办发昌机器厂,陈启源开创继昌隆缫丝厂,黄佐卿创立上海第一家民族机器缫丝厂,叶澄衷创立燮昌火柴厂和伦华丝厂等等,其资本无一不是来自商业利润的积累。② 另外,像中国第一家轮船企业(轮船招商局1872年)第一个近代矿山(开平煤矿,1878年),第一个大型机器制造厂(永昌机器厂,1883年),第一家纺织厂(上海织布局,1890年),以及早期主要铁路:如沪宁铁路和粤汉铁路(19世纪末),其开办资金的很大部分也来源于商业利润。荣家企业、刘鸿生企业、周学熙企业等后来颇具实力的实业集团,在其创办之始,资本的一半或一半以上是自己经营商业所获的利润或招集部分商股而得。西方学者有"中国早期工业化的资本来源严重依赖于商业,而不是依赖于农业"之说,③ 不无道理。

在民族工业初步发展和进一步发展的时期,商业利润转化为产业资本的比例有增无减。据刘佛丁先生估计,1931年民族资本工矿交通运输业的投资额中,由剩余价值转化为资本的数量为14233.4万元,占新增加投资额的26%略强,而其余74%则主要由商业资本转化而来,达40314.7万元。④ 1936年对上海238家工厂调查表明,来源于侨商、买办商人、旧式商人、金融商人资本转化的资金占了59.7%。⑤ 1912年~1927年间,民族工业中染织、丝织、西药等行业的发展也主要是商业资本的转化。

官僚士绅将其私人财富投资近代产业,是近代中国国内储蓄中私人储蓄流向近代产业的又一重要来源,如同许多不发达国家开始实行近代化前后一样,中国传统社会中沉淀了大量农业剩余。这是因为中国

---

① 费正清主编,《剑桥中国晚清史》(下册),中国社会科学出版社,1990年,第614页。
② 黄逸平,《近代中国民族资本产商业的产生》,《近代史研究》,1986年,第4期。
③ 郝延平,《中国近代商业革命》,第390页。
④ 刘佛丁,《试论我国民族资本企业的资本积累问题》,《南开学报》,1982年,第2期。
⑤ 陈真等编,《中国近代工业史资料》,第1辑,第247页。

在中世纪后期农业生产已经缓慢发展到一个较高的水平。近代以后时,虽然农业劳动生产率几乎没有什么增长,但每年的剩余仍然是很可观的。而且,由于收入分配较之发达国家更为不平等和不合理,所以这些剩余更多地集中在少数人手中。如前所述,1887年中国最富有的绅士阶层人口仅占全国总人口的2%,但其收入却占全部国民收入的21%,达67135万两白银。该年全部国民收入为32026.5万两,平均每人8.45两。如果以这个平均数作为绅士阶层的消费标准,其全年消费额为6360万两,可节余60775万两。相当于该年国民收入的19%,这是一笔极为可观的财富。另外,中国传统社会的一个基本特征是政治权力转化为财产权利。一旦政治上得势,就可凭借政治地位和权势以合法和非法手段聚敛大量财富。晚清的皇族和官绅如此,北洋政府时期军阀和官僚亦然,他们聚敛的财富中相当部分是依仗权力榨取、受贿及种种方式巧取豪夺得来的。因此,19世纪末期以来,官僚、士绅、军阀、地主积累的财富成为中国产业资本资金的重要来源。

富有阶层是否改变其投资方向,即是否由投资土地等传统经济项目转向近代工矿企业,取决于二者收益率的大小。国外学界有一种较为流行的观点,认为整个19世纪中国农村的土地收益率不断下降,到70年代以后土地的收益率已由18世纪后期的10%下降到4%,80年代时更降至不及2%,占有土地利润的下降导致资本大量从农业转向工商业。[①]但国内学者却与这种观点颇有不同,他们认为到了20世纪30年代,地租等非工资所得仍在农业中占有绝大的比重。自19世纪以来,地租率和土地收益率并没有下降,还维持在原有的高水平之上,并有所上涨。较高的地租率和土地收益率以及这种收入较之工业投资的相对稳定,使中国资源配置向传统农业倾斜的格局难以改变,限制了中国工业化进程。[②]

据1890年~1910年上海9家本国纱厂22个主要投资人的出身分析表明:官僚士绅14人,占63.7%;买办5人,占22.6%;商人2人,

---

① 郝延平,《中国近代商业革命》,第300页。
② 这种观点以王玉茹博士最具代表,参见其前引书。

占9.1%;工厂主1人,占4.6%。① 官僚士绅占有突出的地位。其他地区的华商纱厂的情况也是一样,如大生的创办人张謇、通久源的创办人严信厚、业勤的创办人杨宗濂和杨宗瀚、苏纶的创办人陆润庠、广益的创办人孙家鼎等,均为官僚向出身。以大生纱厂为例,官僚投资6.49万两,占已知身份股东投资10.72万两的60.54%,共23户。商人投资2.54万两,占23.07%,共9户,还有少量的地主投资。其中张謇以"敦裕堂"名义投资2000两。② 此后大生资本系统企业在不断扩大生产规模过程中,官僚士绅的投资比例也不断上升。北洋政府时期,随着军阀势力的膨胀,受工业利润的驱动,许多官僚、军阀投资新式产业。这时期有45名军阀、官僚投资119家实业企业(不计金融和商业),这些企业大多是大中型的。例如天津最大的产业——棉纺业共有6家纱厂,而其中4家是由官僚、军阀集资创办的。③

除了社会资金从以上两个渠道转化为企业资金外,企业自身的资本积累对于扩大再生产也是一个不可或缺的条件。如前所述刘佛丁先生的估算,1919年～1931年期间的多数年份中,民族资本的许多行业中,大部分企业都有程度不等的积累,这些剩余价值转化为投资的数量,至1931年时已占新增加投资的26%略强。以棉纱业主要投资人出身的统计来看,第一次世界大战以前开设的纱厂绝大多数为官僚、士绅所投资,工业资本家再投资乎没有。1915年～1920年期间新设的纱厂中,商人投资占55.2%,官僚、士绅投资19.9%,工业资本家再投资占10.4%,其余为华侨、职员等投资。而至1923年～1936年期间商人投资虽仍居第一位,但比重已下降为32.8%,而工业资本家的再投资则上升为第二位,占29.7%,官僚士绅投资落居第三位。④

---

① 杜恂诚,《民族资本主义与旧中国政府(1840——1937)》,上海社会科学院出版社,1991年,第53页。

② 《大生系统企业史》编写组,《大生系统企业史》,江苏古籍出版社,1990年,第18～21页。

③ 魏明,《论北洋军阀官僚的私人资本主义经济活动》,《近代史研究》,1985年,第2期。

④ 《中国资本主义经济问题参考资料》,第7期,转引自刘佛丁前引文。

我们再以纺织、面粉、机器等行业的情况作具体的说明。大生纱厂开办于1899年,资本额44.51万两,至1913年止的15年间,累计获纯利润355.24万两,资本扩张到199.58万两,另有公积金累计39.8万两,折旧17.5万两。①1914年～1921年,大生一、二厂总计盈利在1000万两以上,资本累计到369.4万两,公积金120.45万两。②这就为企业的进一步发展奠定了基础。荣家资本集团特别注意积累资金用于扩大再生产,该企业除发股息外,一般不发红利,盈余滚存,用于再投资。据统计,1911年～1915年,荣家企业自有资本的年平均增长率为39.7%,而1915年～1922年,则更提高达59.7%。③至1932年时,荣家企业已拥有面粉厂12个,粉磨347部,为创办时的87倍;股本791万元,为创办时的158倍;纱厂9个,纱锭521万枚,为创办时的40倍;股本1137万元,为创办时的38倍,纱厂和面粉厂固定资产总值达5438万元。此外,荣家在其他纱厂和旁系事业中也有不少投资。④

民生实业股份有限公司创立之初,资金来源十分困难,资本仅为5万元。以后由于经营管理得法,民生历年利润收入相当可观,1926年～1936年期间,总额达6415878元,年盈利额从49049元增至167.4万元,资产总额从77515元增至9802260元,利润、股本、资本总额的增长速度都是很快的。创办人卢作孚非常注意积累资金以发展事业,10年间提出法定公积金1197419元,特别公积金997385元,各类准备金255.8万元,以上三项共积累达4752804元,占盈利总额的74%。别外还从成本费中提出高于政府规定一倍以上轮船、机器等折旧费,共达546.4万元,其中有300万元是扩大的折旧收入。据统计,1926年～1936年中,民生企业积累资金800万元,成为企业固定资产大量增加、船运事业迅速发展的主要来源。⑤

机器工业的资本积累也是比较明显的。如大隆机器厂、明昌机器

---

① 《大生系统企业史》,第18页,37~38页,126~131页、152~153页。
② 《大生系统企业史》,第18页,37~38页,126~131页、152~153页。
③ 许维雍、黄汉民,《荣家企业发展史》,人民出版社,1985年,第44页。
④ 刘佛丁前引文。
⑤ 数字根据《民生实业股份有限公司十一周年纪念刊》整理。

厂、中国铁工厂、华通机器厂等企业,其资本来源基本上都是剩余价值转化来的。

最后谈一谈金融信用融资情况。纵观世界各国工业化的历史,可以看出,以银行为主体的金融性筹资活动是资本形成的一个重要方面。一个国家金融筹资能力如何,实质上反映出该国整体资本形成能力的水平,从而影响并决定了工业化的速度。由于以金融信用机构为中介的间接融资方式具有更大的资金供给弹性,因此,对于资金相对短缺的发展中国家的近代产业部门来讲,合理而有效的运用这种融资手段会大大提高其现有的发展水平。

中国新式银行在1895年以后,尤其是1912年以后,有较为迅速的发展。截至1936年为止,全国银行实存总数已达168家,[1]资产总额达到727589万元,其中吸收存款455127万元,[2]定期存款占40%左右,具有储蓄性质。1927年～1936年间,中国、交通两大银行,定期存款在存款总额中所占比重不断上涨,10年间平均定期存款比例分别为34.7%和33.6%。其中自1931年开始,定期存款比重显著上升,至1936年时分别为47.5%和35.4%。[3]另据统计,1932年～1936年期间,全国18家重要银行存款总额中,平均定期存款比重达47.04%,其中1936年时高达49.7%。[4]

金融信用机构存款特别是具备储蓄性质的定期存款总额的不断增强,表明了经济的相对稳定和发展,同时也为其放款提供了物质基础。近年来研究银行业与工矿交通业关系的论著都认为20世纪二三十年代,二者的联系变得越发密切,贷款总额及其速度都有明显上升。据候继明计算,1921年～1936年期间,中国新式银行贷款额以年率12.3%

---

[1] 沈春雷主编,《中国金融年鉴》,中国金融年鉴社,1947年,第37～41页。
[2] 《全国银行年鉴》(1947年),中国银行总管理处经济研究室编。
[3] 根据阿瑟·恩·杨格著,陈泽宪、陈霞飞译,《1927至1937年中国财经经济情况》,中国社会科学出版社,1981年,第540～541页中数字计算。
[4] 中国通商银行编,《五十年来之中国经济》,六联印刷股份有限公司印,1947年,第53页。

的速度增长。① 另据学者估计,战前中国银行资本在形成的全部工业资本总额中所占比重已不算太低。截至1936年止,全国银行的工矿企业放款额大约为55400万元,工矿企业投资额为5000万元,两者合计60400万元,占关内本国工业资本总额的33.8%。② 战前银行资本对工业资本的形成所作的全部贡献由此可见一斑。

第三节 资本生成机制的障碍

资本形成不仅表示为实际投资需求的规模和水平,更被理解为一种明晰的培养资本形成机制作用下发生的经济过程。一国经济能否创造一种使国民收入剩余能动地转化为投资而不被浪费掉的资本运行生成机制,是经济起飞并持续发展的基本条件。

西方发展经济学家认为,资本短缺是阻碍发展中国家经济增长和发展的关键因素。这些国家由于收入水平低,储蓄能力就低;低储蓄率引起的资本形成不足,投资率低下;低投资率又使国民收入无从提高,这样经济就陷入贫困和低增长的恶性循环。国外也有一种观点认为中国陷入一个"高度均衡陷阱"的环境中,因而需要外来的冲击,特别是资本的注入才能引起现代化的发生,从而过分强调外国对中国经济发展的作用。

实际上,近代中国并不是一点也没有可储蓄的余地,富裕阶层有着极为奢侈、夸耀性的消费,他们手里握有大量的财富。如前所述,1887年,占全国人口2%的富有绅士阶层的收入就占到全部国民收入的21%,若将其收入按全部人均消费额加以扣除外,尚有占国民收入19%的剩余可转化为投资。传统农业中有很大的剩余,这从封建地租占

---

① 《外国投资和经济现代化,1840—1937》,载张仲礼主编,《中国近代经济史论著选译》,上海社会科学院出版社,1987年,第53页。
② 李一翔,《中国工业化进程中的银企关系研究(1897—1945)》,南开大学博士论文,未刊稿。

第十一章 国民收入分配

产量的一半可知。虽农家经营时常有亏有盈,但总的看来仍略有盈余。① 所缺乏的恰恰是把储蓄转化为投资的欲望和动力。

近年来国内外许多学者都认为中国近代经济发展的症结并不是国民收入中没有剩余可供投资,而是缺乏一种把剩余集中起来转化为投资的生成机制。造成阻碍储蓄转化投资的生成机制有许多因素,如收入水平、分配结构、税收政策、人口结构、社会福利水平等等都程度不同地影响着生成机制的形成和稳定。但是近代产权制度安排的不明晰和不确定恐为形成这种局面的深层根源。

西方新制度经济学认为,经济增长的关键在于制度因素,一种提供适当的个人刺激的有效的制度安排及其结构是促使经济增长的决定因素。而在制度变量集合中,产权关系的作用最为突出,它是最主要的约束因素。产权明晰,并创造出新的制度安排,则为有效率的经济组织的正常运动提供了条件,进而"造成一种刺激,将个人的经济努力变成私人收益率接近社会收益的活动"。② 产权不确定,私人经营的产业就没有合法保障,或者说,如果没有制度保障和提供给个人的经营的刺激,经济增长就无法实现。界定产权的根本目的在于有效地保护产权,以明确人们如何受损或受益。它的功能是"对实现外部性因素更大程度地内部化进行引导和鼓励"。③ 一个有效率的产权结构意味着它能提供较大的激励,促使人们将外部性较大的内在化。从制度因素角度看,近代化过程实质上就是制度安排及其变迁最优化的过程,而制度安排与变迁优化的核心是产权结构与体系的完善。西方世界的兴起关键在于私有产权的确立和充分发展。可以说,资本主义产生、发展的历史进程就是私有产权结构不断重组优化的过程。

中国在传统社会中私有财产出现较早,到了近代,政府又以立法形式加以明确和保护。如1903年清政府颁布《商人通例》,一反中国重农抑商、重义轻利的传统,以法律形式确认商人合法权益。尔后又起草和

---

① 吴承明,《论二元经济》,《历史研究》,1994年,第2期。
② 道格拉斯·诺思著,厉以平译,《西方世界的兴起》,华夏出版社,1989年,第1页。
③ 德姆塞茨,《产权论》,《经济学译丛》,1989年,第11期。

颁布了《公司商律》、《破产律》、《矿务章程》、《保险法》、《票据法》、《著作权法》等一些经济法规,其中有许多反映保护私有财产权利的条文。南京临时政府成立后,更加明确对私有财产权利的确立和保护。如1912年公布的《中华民国临时约法》中规定:"中华民国人民一律平等","人民享有人身、居住、财产、营业、言论、出版、集会、结社、通信、信仰等自由"。① 尔后发布"保护私有财产法令"共5条,规定:"凡在民国势力范畴之人民所有一切财产,均应归人民享有"。② 这些法令体现了临时政府迅速发展社会经济,为振兴中华服务的精神,然而保护私有产权的法律虽在近代诞生,但始终未能完善起来;上述法令、法规或形成草案未及审定,或已成案未及颁布,虽已颁行,却实施不力,而成一纸空文。

其实中国的货币持有者对盈利前景的反应是非常积极的,19世纪后半期许多中国资本附股于外国的洋行证明了这一点。至于一般人不愿涉足投资于工矿企业,正是因为财产权利没有保障,或言产权界定不清,股东的权利在政府或企业的制度安排中没有清楚的界定,或虽有规定,但也不能较好地实施。特别是官办企业、或有政府和官员参与创办的企业,普通人更不愿投资。1876年上海某外国记者曾提出:"中国有多为私人资本欲谋出路,但无路可寻,盖深恐所企图实施之事,正进行时为政府官吏或征税胥役所剥削,致使事业发起者遭受摧毁与损失也。"③ 这样,以经济权利从属或依附政治权力,个人财产权利的法律和观念的淡薄为特征之一的制度安排,就使得投资者举步维艰,从而阻碍了经济增长。

究其原因在于,中国没有经历西方那样一个财产权力转化为政治权力和私有产权结构调整与优化的过程,那是一个与封建政治特权斗争的过程。在西欧向近代社会转化的过程中,封建特权逐步削弱,代之以私有财产权利在法律和观念上的确立和强化,由产权界定不明确得到明确、并得以贯彻执行,表明了资本主义制度的日臻成熟。而中国始

---

① 《中华民国史档案资料汇编》,第2辑,江苏古籍出版社,1986年,第106页。
② 《中华民国史档案资料汇编》,第2辑,第13~14页。
③ J. E. Orchard,《中国工业化发展迟缓之分析》,刘毓璜译,载《大公报·经济周刊》,第165期,1936年5月13日。

终是政治权力决定财产权利。封建特权势力虽在近代有所削弱,但始终未能彻底根除。近代中国不协调的二元社会,并没有出现相对应的二元政治,它的政治仍是一元的,仍是传统的中央集权的专制政治或是为达到这个目的的军阀政治,致使近代中国始终未能实现资本主义的政治转换。落后的传统政治制度及其变迁的滞后性和被动性成为阻碍中国近代化历史进程的根本原因。

思考题

1. 简述近代中国国民收入变动趋势及其特征。
2. 论述近代中国国民收入剩余转化为资本的机制。

参考文献

1. 巫宝三,《中国国民所得,1933》,中华书局,1947年。
2. Ramon Myers,The Chinese Peasant Economy:Agricultural Development in Hopei and Shantung,1890—1949,Harvard University Press,1970.
3. 珀金斯,《中国农业的发展,1368—1968》,上海译文出版社,1984年。
4. 刘佛丁等著,《中国近代经济发展史》,高等教育出版社,1999年。
5. 施炜等译,《二元经济论》,北京经济学院出版,1989年。
6. 梁小民译,《经济增长理论》,上海三联书店,1990年。
5. 贾士毅,《民国财政史》,商务印书馆,1927年。
6. 贾士毅,《民国续财政史》,商务印书馆,1933年。
7. 杨荫溥,《民国财政史》,中国财政经济出版社,1985年。
8. 郝延平著,陈潮、陈任译,《中国近代商业革命》,上海人民出版社,1991年。
9. 郝延平著,李荣昌等译,《十九世纪的中国买办:东西间桥梁》,

上海社会科学院出版社,1988年。

10. 许涤新、吴承明主编,《中国资本主义发展史》第二卷,人民出版社,1990年。

11. 费正清主编,《剑桥中国晚清史》(下册),中国社会科学出版社,1990年。

12.《大生系统企业史》编写组,《大生系统企业史》,江苏古籍出版社,1990年。

13. 许维雍、黄汉民,《荣家企业发展史》,人民出版社,1985年。

14. 杜恂诚,《民族资本主义与旧中国政府(1840—1937)》,上海社会科学院出版社,1991年。

15. 张仲礼主编,《中国近代经济史论著选译》,上海社会科学院出版社,1987年。

16. 道格拉斯·诺思著,厉以平译,《西方世界的兴起》,华夏出版社,1989年。

17. 张东刚,《总需求的变动趋势与近代中国经济发展》,高等教育出版社,1997年。

第十二章

市场化测度

　　一个国家或地区的经济由传统向近代转变的主要标志是近代市场制度的建立,近代市场经济的主要特征,就是劳动生产物的商品形态的普遍化和包括劳动者的劳动能力在内的各种生产要素转化为商品,资源的配置由依靠习俗或指令转化为依靠市场。各地市场的不同发育结果,表现为区域经济的发展。在近代中国,区域市场的划分和区域市场调整与重组过程中逐渐形成的全国性统一市场,是中国近代经济发展的重要方面,而相对价格运动和总需求变动的一般趋势则是对近代市场发育程度的重要测度。

1840年鸦片战争以后,尤其是19世纪70年代以后,西方各国生产力的发展出现了加速,生产和资本的集中程度越来越高,垄断资本逐渐形成和壮大,向中国的输出也不断加强,中国的全国性统一市场开始形成。

第一节 区域市场的划分

中国的市场化进程不是自发的在传统市场的基础上起步的,而是像大多数发展中国家一样,是在外来因素的作用下开始的。鸦片战争以后,中国被迫对外开放,列强凭借种种特权,对中国展开以商品输出为中心的侵略活动,形成了以通商口岸为中心的市场体系的新格局。总的说来,近代中国的市场体系东部地区较为发达完善,而广大西部地区则相对落后。全国区域市场的划分很大程度上是市场资源配置的结果,各地通常是根据自然条件,优先发展能够充分利用地力与自然资源的农业与手工业,促使劳动生产效率提高,相应社会总产量增加,市场机制逐渐成为区域市场划分的主导因素。

区域经济的发展,是中国近代经济发展的一个十分引人注目的现象,对这方面的研究首推美国学者施坚雅,施氏借鉴了德国地理学家克里斯塔勒的中心地理论、美国社会学家罗兹曼的城市空间网络学说和另一位美国地理学家济费的等级——规模学说,认为每个宏观区域的市场范围均可分为核心区(Core)和边缘区(Periphery)两部分,从绝对意义上讲,核心区在市场发育方面比边缘区具有更大优势,而且从核心向边缘依次等距离展开为若干蜂窝状的六边形,即每一个规模最大的区域经济中心都被若干低一级的中心地所包围,依次类推,直到最低一级。施坚雅按照自然地理条件并结合不同区域的内部特征和功能类型,把近代中国划分为华北、西北、长江上游、长江中游、长江下游、东南沿海、岭南、云贵、东北九大区域,①每一个大区即为一个区域市场。除上述施坚雅的划分方法外,中国学者也对清代的区域市场进行了划分。②但无论怎样划分,区域市场都是一个自然地域内中心地体系发育和市场联系加强的产物,是区域空间经济结构的一部分,而区域空间经济结构又是建立在一定的地理与经济系统之上的。同时,区域的空间经济结构还建立在劳动地域分工的基础之上,此外,区域市场还具有空间特性。任何一个市场生产某一种产品及提供某种商品服务,都有大致确定的经济距离和辐射范围,其间各市场的发达程度及其在商品经济中所发挥的作用是不同的。各区域市场都有不同等级和辐射范围的中心地,按照中心地辐射范围的大小可以将区域市场的市场层次进一步分为三级:一级市场,是指区域的中心城市,它是本区域商品集散的汇聚中心和对外区域输出的中心,作为区域市场的最高中心地,必须是一个综合性大城市,它不仅是一个商品集散中心,还应该是初级产品加工中心,它不仅对本区域内部具有强大的吸纳力,而且有足够的辐射力将本区域产品引向外地和远方市场;二级市场指专业市镇和一般性县城,担负区域内部一定的商品集散;三级市场,指乡村集市、小市镇,主要承担农村内部的经济交往。近代中国主要的区域市场大都形成了有机的市场体系,各区域市场都有自己的最高中心地。按照区域最高中心地的辐射范围并考虑全国经济发展水平的地区相关性和地理区域的连续性,近代中国可划分为华东区、东南区、华北区、长江中上游区、东北区、西南西北边疆等落后地区共六个大区域市场。

一、华东区

以上海为中心的华东区是近代中国市场发育最完善的地区,其范围主要包括上海所在的长江三角洲地区、江苏、浙江两省所在的太湖平原和江西、安徽的部分地区。自唐宋以来长江三角洲地区和太湖平原地

---

① 施坚雅主编,《中华帝国晚期的城市》,中华书局,2000年,第57页。
② 郭松义,《清代地区经济发展的综合分类考察》,《中国社会科学院研究生院学报》,1994年,第2期,第31页。

区一直是中国最先进的农业区,这里农业集约化程度较高,是近代中国主要的稻、桑、棉产区,丝、棉纺织业比较发达,拥有当时中国最先进的机器工业。

上海是中国近代化程度最高的一个城市,它是个典型的由商而兴的城市,它不只是一个区域性的商业城市,而且是一个全国性的商业大都市,它的商业腹地可以分为三个层次:第一个层次就是它所在的长江三角洲地区;第二个层次是长江流域和沿海地区;第三个层次是广大的内陆地区。上海开埠以后华东地区的市场重心迅速向上海转移,从上海将商品销往其他地区,比将货物输入其他口岸更为方便,这种情况使上海在全国市场上的作用更加突出。

上海由于地理位置优越,成为中国最重要的通商口岸,开埠以后,外国洋行纷纷进入,到1876年上海已有洋行200多家。[①] 上海作为全国最大的贸易口岸,其外贸占全国外贸总额的比重,1846年为16%,1861年为50%,1871年~1873年达到64.1%。此后长期维持在较高的百分比上,1895年~1906年间均在52.8%(1903年)以上,最高为1897年的57.5%。1907年以后这一百分比有所下降,但一般年份多为40~45%。[②] 上海的埠际贸易额19世纪60年代约为7500万海关两,1870年为9600万海关两,1880年为11200万海关两,1890年达13600万海关两,到90年代末,更达到23800万海关两,1894年以后上海的贸易规模更加扩大,如果以洋货进口、洋货转口及土货进口、转口和出口五项数额指标作综合考察,那么市场规模膨胀的状况就更加清楚了。[③] 表12-1是1894、1913和1927年上海贸易额的比较。

---

① 张仲礼、沈祖炜,《近代上海市场发育的若干特点》,《上海社会科学院学术季刊》,1994年,第2期,第6页。

② 张仲礼、沈祖炜,《近代上海市场发育的若干特点》,《上海社会科学院学术季刊》,1994年,第2期,第6页。

③ 张仲礼、沈祖炜,《近代上海市场发育的若干特点》,《上海社会科学院学术季刊》,1994年,第2期,第6~7页。

表 12-1　1894 年、1913 年、1927 年上海贸易额的比较

单位:百万海关两

	1894 年	1913 年	1927 年	1913年比1894年增长的倍数	1927年比1913年增长的倍数
洋货进口值	97.0	246.6	467.9	1.5	0.9
洋货转口值	63.0	136.7	156.2	1.2	0.14
土货进口值	53.4	203.0	340.8	2.8	0.68
土货转口值	34.0	85.4	353.3	1.5	3.2
土货出口值	58.4	176.8	330.5	2.1	0.87
洋货复出口值	3.4	11.3	7.6	2.3	0.12
贸易总额	309.2	859.8	1656.3	1.7	0.9

资料来源:罗志如,《统计表中之上海》表 183,转引自张仲礼、沈祖炜,《近代上海市场发育的若干特点》,《上海社会科学院学术季刊》,1994 年,第 2 期,第 7 页。

上海不是传统社会商业市场的自然扩大和延伸,而是在列强迫使中国对外开放、中国产生本国资本主义的大背景下发育成长起来的。这个市场既同传统的商业习惯保持了深厚的渊源,又逐步纳入了国际市场体系之中,使上海从市场惯例、交易方式和竞争意识等各个方面都同国际接轨。可以看出上海的近代化过程就是市场的成长过程。

二、东南区

东南区主要包括东南沿海的福建、广东、台湾及其相邻的一些地区。广州所在的珠江三角洲地区是本区的核心区域。虽然珠江三角洲地区开发较晚,但从明清时期开始,该地区的经济发展已在全国占据了重要的地位。随着近代商品交换的不断发展,珠江三角洲地区已逐渐形成了一个由中心城市市场、市镇市场和乡村集市等一系列多级层次的市场连结而成的市场网络。广州不但是本区域的最高级中心城市,而且自汉代以来就是中国对外贸易的重要港口。但明代中叶以前,广州的对外贸易主要是朝贡贸易,商业特征不明显,明代中叶以后才转为商业贸易。鸦片战争以后,广州的对外贸易在列强控制下与海外市场发生了更加密切的联系,转口贸易成为珠江三角洲地区经济的一大特色。

洋务运动作为中国近代化的开端,也带动了东南地区的近代工业

的发展,如张之洞在广州设立的广州机器局和左宗棠在福州创办的福州船政局等。虽然鸦片战争后,广东行商垄断对外贸易的特权被废止,但旧行商还继续从事茶、丝生意,因而丝织业在当时的广东地区占有重要的地位。在广东缫丝业中,近代工厂、工场手工业和散工制并存。丝厂主要由绅士、丝商和银号投资,并得力于华侨资本。1894年,广东地区厂丝出口18179担,按每担用鲜茧15担计算,共需桑蚕茧约27.27万担,按平均每担21.22海关两计算,价值578.67万海关两。另外,广东等地的缫丝手工工场也有一定的发展,估计年用鲜茧约8万担,值价169.76万海关两。1894年出口干茧9631担,折合鲜茧约2.89万担,值价64.56万海关两。可见,到甲午战争前,桑蚕茧在本区已商品化,虽然其商品率还不高。① 到1902年,有人估算顺德约有丝车34600釜,1912年,广东全省有65000釜。② 这时广东丝厂的投资和技术设备都远较上海落后,但所产厂丝的产量远高于上海,而且所产厂丝全供出口。两地厂丝及其与手工丝出口消长的对比见表12-2。

表12-2 上海与广东厂丝出口的比较(1895年~1913年) 单位:关担

年 份	上 海		广 东	
	手缫丝	厂丝	手缫丝	厂丝
1895	47500	6276	3596	20780
1896	31782	5293	1538	21748
1897	41985	11429	752	29965
1898	37686	7207	—	—
1899	52883	11422	647	36526
1900	27447	6242	598	27623
1901	38620	12601	1249	35200
1902	33871	12338	1048	36466
1903	15340	9147	1408	33301

---

① 许涤新、吴承明主编,《中国资本主义发展史》第二卷,人民出版社,1990年,第289页数值计算。

② 许涤新、吴承明主编,《中国资本主义发展史》第二卷,人民出版社,1990年,第655页。

续表

年 份	上 海		广 东	
	手缫丝	厂丝	手缫丝	厂丝
1904	27460	10816	2915	34521
1905	19306	11114	1853	32378
1906	23582	10643	1127	33622
1907	23296	12205	1342	36746
1908	24897	13212	1964	34558
1909	25749	15921	1416	34590
1910	25018	20412	1600	42453
1911	18798	20306	2250	34178
1912	10360	20430	2426	33721
1913	2136	20652	2232	45429

资料来源:许涤新、吴承明主编,《中国资本主义发展史》第二卷,人民出版社,1990年,第657页。

广东地区的经济发展格局是一个以外贸为导向,以转口贸易为中心的格局。这个格局不但对珠江三角洲地区的发展具重要意义,对整个东南地区也具有十分重要的意义,它使正在兴起的东南地区商品经济与海外市场发生了十分密切的联系,并以国际市场的需求为直接动因。

三、华北区

华北区位于黄河下游,主要包括晋、冀、鲁、豫和现在的北京、天津两市。近代早期的华北商品市场是内贸型市场模式,商品种类、价格、运销方式以及商业资本的构成等等都是依附于自然经济的,主体是自给自足的小农经济。华北随着沿海和内地城市的相继开埠,传统的市场格局开始解体,市场的类型、分布和结构均经历了不同程度的变化,逐步走上了半封建半殖民地的市场经济轨道。

在传统社会,粮食、布、盐的经营者是华北各级市场商业资本的主体。天津的盐粮商为"沽上首富",山西的票号资本雄厚,势力遍及华北和江南,山东的盐、钱和典当业商人实力称得上中国当时商界第一。近代以后,进出口口岸的洋行异军突起,它们大多是经营与进出口商品有关的行业,凭借不等条约,垄断了进出口市场。同时为洋行服务的买办应运而生,依仗洋人,通过购销土货和投机垄断聚富敛财,昔日的票号和盐商因失去政府的庇护而日见衰落。在经营方式上行业分工日见细密,开始了专业化经营,经营权与所有权相分离的有限公司开始出现,在交易上也开始注重契约的作用。在当时的华北市场上即有传统的以货易货,也有代销代购、包销包运、赊款经销、贷款预购等多种经营方式,在一些市场还一度盛行期货交易。

传统华北市场除粮食、布和盐等商品外,其它手工业品种类少、流通数量和范围有限。开埠以后,布匹、棉纱、煤油、糖和火柴等大批洋货和机器制品在华北城乡各级市场倾销。据调查,1911年山东人均消费洋货的比重,棉织品为52%、煤油5.2%、糖5.2%。[①] 于是华北市场的商品结构出现了土洋并存的局面。随着内外贸易和工业的发展,农副产品商品化的提高和交通条件的改善,华北商品的流通规模迅速扩大。据《近代山东沿海通商口岸贸易统计资料》的统计显示,1882年~1891年,山东口岸城市进出口总额平均每年为1251万海关两,1892年~1901年增至2283万海关两,1902年~1911年又增至6794万海关两,1919年达到11557万海关两。[②] 天津作为当时华北最大的商品集散地,1861年开埠时海关统计的进出口贸易额仅为547.5万海关两,1899年上升为7760万海关两,1906年为11286万海关两,1921年突破2亿为24779万海关两,1928年达到34825万海关两。[③] 应当看到,华北地域广阔,各地自然条件和社会环境差异很大,发展水平也参差不齐,所以市场的演变在内容和程度上有所不同,先进的城市市场和落后的小农经济形成鲜明对比。于当时的中国市场是世界市场的附庸,所以华北各级市场的商品价格同样受到世界市场的控制,比如华北花生价格多取决于伦敦或纽约市场,皮毛价格和数量则依军队和战争的需求而定。

[①] 张利民,《论近代华北商品市场的演变与市场体系的形成》,《中国社会经济史研究》,1996年,第1期,第58页。

[②] 庄维民,《论近代山东的市场经济》,《齐鲁学刊(曲阜师院学报)》,1987年,第6期,第23页。

[③] 张利民,《论近代华北商品市场的演变与市场体系的形成》,《中国社会经济史研究》,1996年,第1期,第59页。

四、长江中上游区

长江中上游区包括长江中游的湖南、湖北两省和江西以及长江上游的四川盆地等地区,该区是全国最大的商品粮输出区,水稻是该区的主要农作物。该区经济内向性较强,成都位于通往关中的传统商道和西南丝绸之路的起点,是四川的经济中心。位于嘉陵江入长江口的重庆,是川米外运的枢纽,并进一步成为长江中上游区物资集散和商业贸易中心,从而和成都同为该区的高级中心地。

长江中上游区由于进口的洋货和土货总值大于出口的粮食等的总值,所以该区在对区外通商都市的贸易中,是长期入超的。以四川省为例,1891年设立海关,当年入超7.5万海关两,其后海关记录的对外省贸易一直是增长的,但年年都是入超,到1935年入超达到1237.1万海关两。①

制茶业是本区的重要行业。鸦片战争前的茶商,基本上是从事国内贸易的旧式商人,其经营出口茶的,除传统的中俄恰克图贸易外,也只是将茶卖与广州的十三行,不与外商直接打交道。② 第二次鸦片战争以后,汉口开埠,成为本区与其他区域联系的重要口岸,更成为长江中上游茶业生产区的出口口岸,原陆路运往俄国的砖茶也改由汉口出海,至1881年汉口出口茶26.8万担,和上海、福州一起称为中国当时的三大茶埠,三大茶埠出口占全国茶叶出口量的73%。③ 此外,汉口也是重要的进口口岸,据海关统计,1894年,汉口净进口棉布137.6万匹,1917年净进口242.9万匹,汉口进口的棉布,约1/3转销湖北、湖南、河南、四川、贵州、陕西、广西等7个省的39个商埠、城镇。

长江中上游区的近代工业主要有张之洞在武昌设立的湖北枪炮厂

---

① 吴承明著,《中国的现代化:市场与社会》,生活读书新知三联书店,2001年,第174页。

② 许涤新、吴承明主编,《中国资本主义发展史》第二卷,人民出版社,1990年,第224~225页。

③ 许涤新、吴承明主编,《中国资本主义发展史》第二卷,人民出版社,1990年,第223页。

和他在武昌文昌门外设湖北织布官局,后又设湖北纺纱局和缫丝局。此外湖北汉阳铁厂于 1893 年 9 月建成,该厂日产生铁 100 余吨,钢 60 吨,汉阳铁厂同时兼营大冶铁矿和向厂区运矿石的铁路,还有马鞍山煤矿和炼焦厂。它不仅是中国第一个钢铁联合企业,也是当时远东第一个大型钢铁企业。[①]1908 年汉阳铁厂、大冶铁矿和萍乡煤矿合并成立了汉冶萍公司。

总的看来,长江中上游地区市场发育尚不完善,广大农村地区还是小农经济占主要地位,城市市场发育也有很大的局限性,对国际市场的依赖性很强。

五、东北区

东北区包括中国东北地区的黑龙江、吉林、辽宁三省和内蒙古东部的部分地区,是一个具有完整的自然地域单元、自然资源丰富、多民族深度融合、开发历史近似、经济联系密切的经济区域。

东北一直是列强争相掠夺的地方。鸦片战争以后,列强对中国的侵略也波及东北,首先是英国 1858 年在牛庄开埠和 1861 年在营口开埠,之后俄、日等国相继入侵。列强在东北修建了铁路,铁路的出现,使区内的联系大为改观,大连港也取代了营口港,成为区内最大的对外贸易港。大豆和柞蚕等农产品也开始大量输出,商品经济开始发展。

列强入侵后对东北的农、林、牧、矿等资源进行了疯狂的掠夺,闭关自守的封建经济也开始向半殖民地、殖民地经济转化,以狩猎、放牧、采集为主的原始农业逐步被农林、农牧相结合的产业所取代。以大豆和小麦为主的农产品是列强对东北进行经济掠夺的首要对象,此外森林、煤炭及其他矿产资源也开始被大量开采,榨油、面粉、制材、电力、制糖等新型工业也开始在东北出现。铁路、新型工业、商品性农业以及哈尔滨、旅大等半殖民地性质的城市的出现和沈阳、长春等传统城市向半殖民地城市转化,城乡对立不断加深,这些变化都在客观上促进了东北地区

---

① 许涤新、吴承明主编,《中国资本主义发展史》第二卷,人民出版社,1990 年,第 429 页。

的畸形发展和区域整体性的增强。

1904年～1905年日俄战争以后,日、俄势力在东北形成了以长春为界的对峙局面。此后,日本利用当时的俄国正处在革命的前夜、无力东顾的时机,加紧对东北经济的控制,逐步使东北的经济日益依附于日本。1931年"九·一八"事变后,东北完全沦为了日本的殖民地,日本几乎垄断了整个东北的经济命脉,并以东北作为侵略全中国和亚洲大陆的跳板和军火生产基地,所以在东北也出现了一些依赖性很强的重工业。这些工业部门内部以及各工业部门之间的关系很不协调,产品多以原料或半成品为主,其性质是日本的附属加工基地。日本的侵占,使东北割断了与祖国大陆的正常经济联系,使之成为当时世界上最典型的深度殖民地化和依附性极强的地区,这种情况一直持续到1945年日本战败投降。

六、西南西北边疆等落后地区

西南西北边疆等落后地区指中国西南和西北一些经济相对落后地区,主要包括上述五个大区之外的内蒙古、陕甘宁、新疆、西藏等地区,这是六个大区中面积最大、地域完整性最差的一个。这些地区除了西安等少数中心城市有些近代工业外,主要以粗放的农牧业为主,只有一些相对简单的手工业,几乎没有机器大工业。经济主要还是自给自足的小农经济,基本上没有现代生产方式。但该区有些地方历史上并不是落后地区,西安的咸阳地区长期作为封建王朝的首都,其在唐代的繁盛程度超过了当时其它的城市,只是唐朝以后封建王朝首都东迁之后其经济发展才开始落后于东部地区;再比如河西走廊地区两千多年前就由游牧社会进入农业社会,是中国灌溉农业发源较早的地区之一,到清朝时期,开发历史悠久的凉州和甘州绿洲,已成为了号称"金张掖"、"银武威"的富庶之地。只是到了清末,大规模的鸦片种植和贸易,使经济结构畸型发展,生产力受到严重破坏,此后1927年的大地震、1929年前后连年灾荒和以后的战乱,使农业生产遭到了极大破坏,经济发展才停滞下来。

总之,近代中国的区域市场东部地区较为发达完善,广大西部地区则相对落后。除了少数大城市外,广大农村和内地还是以传统经济占据着主要的地位,区域市场的发育与资本主义国家相比还相当落后。但是也应该看到,各级区域市场格局的形成过程也是它们调整与重组的整合过程,并由于各地市场的相互配合与促进,推动了全国性统一市场的逐步形成。

第二节 全国性统一市场的形成

如果说区域经济的发展是一个引人注目的现象,那么在区域市场调整与重组过程中逐渐形成的全国性统一市场则是近代经济发展的重要方面。如同西方由传统社会向近代社会转变是从一个有效率的市场发育开始,近代中国的经济发展也首先是从商业的资本主义化开始,亦从统一的国内市场及与之相关的一系列近代经济制度的建立开始的。鸦片战争后建立起来的市场体系,首先是服从于世界市场的需要,也就是服从在世界市场上居于主导地位的西方各国国民经济运行的需要,而不是服从于中国经济发展的需要。这种市场体系,虽然也有利于商品经济的扩大,但它未能触动封建土地所有制,未能改变小农经济的生产方式,并且,由于这种市场是一种半殖民地的市场,商品量和价格水平都受国际市场支配。可见,中国近代市场形成的动因在外部而不在内部,其以后的一系列发展和变化也与世界市场的兴衰相关联,正是在这种融合的过程中注入了中国国内市场的各种近代化因素。买办制度和沿海自由贸易体制的建立、传统市场流通渠道的变化、以及国内资本主义性质市场的出现,是近代全国统一性市场建立的基础,国内市场商品流通量的增长和流通结构的变化则表明了全国性统一市场的形成过程。

一、买办制度和沿海自由贸易体制的建立

传统市场的特点之一是国家对流通领域的控制强于西方,表现在

专卖制度和其他官营商业的发达以及对海外贸易的控制,一些有关国计民生的商品由国家或特权商人垄断经营。

鸦片战争前,中国的对外贸易是由行商经营的。而1834年以前,外国对华贸易则基本上为英国东印度公司所垄断。行商具有官商的性质,是由政府批准的,别人不得插手其间。外国商人无论是来华贩运货物,还是要在中国购买商品,都必须通过行商经办,各种税款也由行商经手交纳。鸦片战争后,行商制度被废止,其后实行的买办制度打破了行商制度的封建特权垄断,建立的是一种外国洋行与中国雇员之间自愿结合的雇佣关系,同时它也是一种契约关系,买办兼有经纪人和经理人身份。

可见近代市场的转变和商业发端的首要标志是一种新型自由贸易体制的确立,尤其是沿海的城市市场成为进出自由的竞争性市场,基本上不受政府的干预。

二、传统市场流通渠道的变化

封建社会后期,国内的长途贩运贸易是以南北方向为主。到清代时期随着水运航道的开辟,航运贸易有了很大发展,长江、珠江都是重要的贸易线路。鸦片战争后,由于进出口贸易中心转移到上海,东西向的商路进一步繁荣,而南北向的传统商业渠道则逐渐衰落。近代市场所形成的商业网络多数是在鸦片战争后新建的,上海开埠后新出现的商业行业就有20多种。据美籍日本学者顾琳(Linda Grove)的研究,天津在开埠前与其腹地并没有很多的经济联系,其商业的繁荣主要是作为南方的漕米北运的中间站和芦盐南运的集中地。只是在开埠以后,才成为棉花、棉布集中和棉纱销往内地的中心。

除了这些新建的流通渠道,当然也还有一些商品的流通渠道在外国入侵后相当长的时期内没有变化,例如盐、中草药和土布等。有些商业在新的市场格局中,由于墨守陈规,与新式商业相比,处于衰落的境地。

三、资本主义性质市场的出现及其作用

明清时期虽然商品经济有所发展,对外贸易也有增加,市场逐步扩大,但那只是自然经济的一种必要补充,并不能从根本上分解自然经济。大约到了19世纪70年代,自然经济才真正开始分解。但在19世纪七八十年代,国内市场的发展还是很慢的,90年代起开始显著变化,而迅速扩大是在20世纪后,尤其是二、三十年代。与自然经济分解相伴的是资本积累过程,在这一过程中,买办和新式商业逐步积累起可观的商业利润。据郝延平的估计,内地贸易年利润可能为投入资本的20%,而国际贸易则为40%。因此,沿海商人的平均年利润率约为30%。沿海商人常常通过合法和非法的手段,在较短的时间内迅速致富。①

一般说来,市场的扩大能够促进分工和劳动生产率的提高。随着西方资本主义的发展,中国被融入世界市场体系是不可避免的,但作为一种原始积累的历史过程,客观上起到了推动国内市场的形成和经济近代化的作用。在19世纪后半期,中国的资本主义成份主要还是商业资本,无论从投资额、雇佣工人数目,还是从产值衡量都是如此。就是到了20世纪前期,仍然是商业资本占主导地位。

这里需要强调的是,随着国际市场与国内市场联系的发展,出口有了迅速的增长,促进了农产品专业化生产的扩大,这是国内市场扩大的主要因素之一。市场的发育程度与一个地区经济发展的程度是成正比的。近代农村发展较快的地区,几乎无一例外是受益于市场的扩大,特别是受益于出口贸易的扩大。进出口贸易打破了农村长期的低收入水平的经济均衡,扩大了市场的有效需求。这种现象在出口率先发展起来的沿海地区,尤其是江南丝、茶出口地区表现得十分明显。19世纪初茶叶每年出口只有2000万磅,到80年代顶峰时达2.5亿磅,增加了12.5倍。②茶叶出口的扩大促进了茶叶生产的发展,是农产品商品化的典型事例。

---

① 郝延平著,《中国近代商业革命》,上海人民出版社,1991年,第310页。
② 郝延平著,《中国近代商业革命》,上海人民出版社,1991年,第182页。

由于出口的发展创造了对有关产业的需求,丝厂、茶厂、糖厂、榨油厂等应运而生。轮船、码头、仓储业等均被带动起来。尽管这些产业所在地区的生产者,在半殖民地市场结构下,遭受不等价交换的剥削,但其收入水平仍比市场不发达地区有较快的增长。

四、商品流通量的增长和流通结构的变化

商品经济的发展和市场的扩大最为明显的表现是商品流通量的增长和流通结构的变化,这也是近年来经济史学界研究的热点之一,吴承明、徐新吾、王水先生以及珀金斯的研究都取得了显著的成果,其中以吴承明先生的论著最具功力和代表性。吴先生自 20 世纪 80 年代初以来,曾使用各种方法估计国内市场的商品量,表 12-3、12-4 是他对 1870 年~1936 年国内市场商品量的估计。

表 12-3 国内市场商品量估计(1870 年~1936 年)

单位:亿两(规元)

	1870 年	1890 年	1908 年	1920 年	1936 年
A. 国内生产品	9.68	10.32	18.02	57.61	109.01
内:农业产品				27.94	53.86
手工制造业产品				21.27	31.36
近代化工厂产品				6.31	20.24
矿冶业产品				2.08	3.55
B. 进口洋货	0.71	1.42	4.97	8.49	11.16
C. 市场商品量(A+B)	10.39	11.74	22.98	66.10	120.17
洋货所占比重(B/C,%)	6.83	12.09	21.62	12.84	9.29

资料来源:吴承明,《近代国内市场商品量的估计》,《中国经济史研究》,1994 年,第 4 期,第 2 页。

表 12-4 国内市场商品量平均年增长率(1870 年~1936 年) 单位:%

按当年价格	1870 年~1890 年	1890 年~1908 年	1908 年~1920 年	1920 年~1936 年
A. 国内生产品	0.32	3.15	10.17	4.07
B. 进口洋货	3.53	7.21	4.56	1.72
C. 市场商品量(A+B)	0.61	3.80	9.20	3.81

续表

按可比价格				
按当年价格	1870年～1890年	1890年～1908年	1908年～1920年	1920年～1936年
A.国内生产品	0.89	0.97	7.54	2.93
B.进口洋货	4.24	2.25	－0.63	2.63
C.市场商品量(A+B)	1.20	1.14	6.28	2.89

资料来源：吴承明，《近代国内市场商品量的估计》，《中国经济史研究》，1994年，第4期，第2页。

按照吴承明先生所做的说明，他这里估算的是属于贩运贸易的商品，不包括地方市场上小生产者之间的余缺调剂。从表12-3、12-4中可以看出，19世纪70年代后，国内市场较前一时期扩大。1870年～1890年和1890年～1908年期间按不变价格计算，其商品量分别以年率1.2%和1.14%的速度增加。但中国市场扩大最快的还是第一次世界大战前后，1908年～1920年商品量的年增长率达到6.28%。按当年价格计算的商品量，12年间由22.98亿两增加为66.10亿两。1920年～1936年期间年增长率仅为2.89%，但仍高于19世纪末期和20世纪初期的增长速度。

国内商品流通量的增长和商品化程度的提高是分不开的。近代中国的商品化程度主要是指农产品的商品化程度，总的趋势是南方的商品化程度比北方略高，沿海地区的商品化程度又稍高于内地。对1921年～1925年的调查分析表明，中国北方农村农产品自用和出售部分所占的百分比分别占56.5%和43.5%，中国中部和东部则分别占37.2%和62.8%，即中部和东部的农产品商品化率明显地高于北部。[①]

据吴承明先生估计，鸦片战争前国内商品流通量中，粮食居第一位，占42%；棉布居第二位，占24%；以下依次为盐、茶、丝织品等。鸦片战争后，逐渐发生变化，1936年在埠际贸易统计中，占第一、第二位的都已是工业品，粮食退居第四位，盐、丝更在二十位以下了。但粮食的商品率在1840年约为10%，1894年为15.8%，1920年约为22%，1936

---

① 卜凯著，《中国农家经济》(中译本)，商务印书馆，1936年，第275页。

年约为不足30%。①国内市场的这种商品结构决定了它们的主要流向：工业品由沿海城市流向内地；农产品和农副业加工品由内地流向沿海城市。

鸦片战争前的传统市场，主要是农民与农民之间的交换，城市市场主要不是生产者之间的交换，而是封建阶级以其各种剥削收入购买消费品所进行的交易，这些剥削收入是地租的各种转化形式。鸦片战争后，由买办和新式进出口商人经营的近代商业所媒介的首先是西方大工业产品与中国农民和手工业者的产品的交换，后又在进口商品之外增加了民族工业的产品，与传统的小生产者之间的交换有了本质的不同。交换的产品是决定市场性质的根本因素。虽然20世纪30年代，农产品和手工业品仍占当时中国商品流通总值的70%，但手工业品中有相当部分是具有资本主义性质的工场手工业的产品，尤其是进入长途贩运贸易的大部分都已是工业产品。据1936年的统计，埠际贸易中工业品占34%，手工业品占42%，二者合计占76%，农产品占24%。② 这一时期中国的民族商业经营手工业产品的比重相对减少，处于由传统商业向资本主义商业转变的过程之中，从总体上看，特别是到了20世纪初年以后，基本上已经是资本主义性质，从属于近代工业资本并为其服务。③

五、市场发育的不平衡性

与世界的其他殖民地不同，中国的自然经济对商品市场的冲击进行了顽强的抵抗，外国入侵在中国市场上的冲击力远不及在其他不发达国家。加之地理、交通、文化、语言以及政治不稳定等因素，外国商人在中国活动的障碍虽然在鸦片战争后大多被取消，但他们的活动只限于少数的通商口岸，与中国市场的联系还要通过买办进行，或只能与有限的新式商人做交易，极少能与生产者和消费者直接建立联系，更难深

---

① 吴承明，《中国资本主义与国内市场》，中国社会科学出版社，1985年，第272页。
② 吴承明，《中国资本主义与国内市场》，中国社会科学出版社，1985年，第270～271页。
③ 刘佛丁主编，《中国近代经济发展史》，高等教育出版社，1999年，第287页。

入内地市场。

一般说来,对外贸易和沿海市场虽然在近代市场体系中逐步居于主导地位,但与广大的内地市场仍然缺乏统一和顺畅的网络。对外贸易始终被局限在通商口岸和部分经济发达地区,对内地和落后地区的渗透能力有限。据英国外交部报告估计,近代35%～50%的进口商品是被通商口岸居民消费。①

可以看出,开埠后改变的主要是出口贸易与国外市场联系的那一端,以及部分中间环节;而与农业生产者联系的那一端,即农村基层市场,在多数地区基本没有发生变化。也就是说近代商业网主要是在沿海区形成,其向内地的伸展是缓慢的,并未使中国市场结构彻底改变,内地和边远地区的市场仍保持着传统的特征。

制度变迁的滞后,如长期实行银本位制等,使中国融入世界市场的阻力是很大的。过高的流通成本使外国工业品的价格优势不如在其他殖民地国家明显,所以资源的配置不能发生大规模的重组。

由于上述原因,近代市场发育呈现出明显的不平衡性,沿海发达地区与内地偏远地区判若两个世界。在上海,许多商品和证券交易所的交易已十分规范,而西南和西北的少数民族和边疆地区,乃至不少内地偏僻乡村还停留在物物交换、甚至没有交换的阶段。据调查,四川西部农产品97%～98%是供地方自用的,那里大部分居民都是靠着本地的产品生活。② 这种情况到20世纪30年在不发达地区也还很普遍,他们主要依靠地方小市场生活,与全国市场联系不多,或全无联系。

总的说来,到了近代,农村集镇市场比1840年以前增多了,其贸易额也增大了。但这一时期新建立的集镇,由于市场结构或说由于商品流通结构的转变,更多的集中于东南沿海、长江流域和铁路沿线。广大内地农村的集市贸易无论其交换内容还是交易组织和交易制度,与1840年以前的传统市场比起来变化不大,仍是以小生产者之间的产品交换

---

① 张仲礼、沈祖炜,《近代上海市场发育的若干特点》,《上海社会科学院学术季刊》,1994年,第2期。
② 刘佛丁主编,《中国近代经济发展史》,高等教育出版社,1999年,第283页。

为主要内容,在市场上活动的大多是个体商贩。可见,市场的网络越到内地和边远地区,越到中级和初级市场,其买办化或资本主义化的程度越低,而保留的传统色彩越浓厚。

综上所述,虽然近代中国已基本建立起了全国性的统一市场,但由于市场制度还很不完善,市场的发育受到各种因素的阻碍,其建立的过程是比较缓慢的,直到1949年全国性统一市场还在逐步形成之中。影响全国性统一市场形成的因素除前述外,还有:第一,政治动乱接连发生,军阀战争接连不断,国内政治环境不安定;第二,封建势力割据,设关堵卡,苛捐杂税,阻碍市场统一进程;第三,列强划分势力范围,形成不同的贸易区域,各地区各自为政,货币不统一,给地区间贸易造成了障碍。由于市场为帝国主义所分割,甚至出现过长江流域粮食丰收、价格低落,而广东地区却因欠收而大量进口洋米的现象;第四,消费习惯和心理的不同,使工业品在深入内地农村市场时,较之在沿海城市市场遇到更大困难。农民愿意接受的洋货(包括后来民族工业产品)和他们有支付能力购买的产品是十分有限的,而这种习惯的转变和购买力的提高需要一个漫长的过程。

第三节 相对价格运动

市场机制是以价格运动为核心的,对商品的生产和交换的调节是通过价格水平所反映的供求关系来实现的。在商品经济中,供求影响价格,而价格又反过来影响供求。在市场供求关系中,价格是不断运动的,它的运动过程就是市场机制发挥作用的过程,价格发挥调节生产消费和生活消费的职能。竞争性的价格体系是参与以货币为媒介的市场交易的所有买卖者所必须遵循的交易条件。在健全的市场条件下,价格信号是市场机制的唯一信号,市场机制的其他组成部分——供求机制、风险机制和竞争机制,都是通过价格机制这个核心来起作用的。

市场在最一般的意义上表现为一定时间和空间范围内的商品供求

的总汇。市场关系的本质是所有参与其间的商品生产者之间的交换关系的总和。在近代社会中,市场之所以能发挥资源配置的作用,或通常所谓的"看不见的手"的作用,除了一系列逐步发展起来的社会条件外,主要是依靠价格变动,尤其是相对价格的变动。因此又可以说,相对价格的变动趋势是市场价格机制或价格结构的中心问题。

在商品经济活动中,导致商品相对价格变动的因素很多。商品价格总是同市场供求、消费倾向、消费结构、劳动生产率等经济关系紧密相联,甚至价格变化本身也会导致相对价格的变动。这种经济现象之间相互联系的客观性质决定了商品价格之间必然存在着相互依存、相互影响、相互作用的比较关系。

近代市场体系的建立和形成是以一套完整的价格体系为基础的。这一体系是由产品价格、劳动力价格、资金价格、土地价格、技术价格等组成的广义价格体系。广义价格体系包含了所有市场交换对象的以货币为媒介的交易条件,每一种商品、劳务或生产要素都具有明确的比价和差价。这种广义的相对价格正是本章所论及的"相对价格",它不仅包括价格学原理中所说的商品和劳务的比价和差价,还包括货币的比价以及各种生产要素之间的比价和差价。

一、物价总水平的变动趋势

一般说来,商品的价格变动主要受三种因素的影响:一是劳动生产率,即商品所包含的价值量;二是货币供应,即货币价值量;三是受商品供求关系的影响。当然工资、利率、信贷、税收、国际收支等也会影响商品的价格水平。但在近代中国,后几种因素都是次要的,所以暂且不加考虑。商品价格的变动又通常以商品的批发物价的综合指数作为物价总水平的标志。中国全国性的批发物价指数,在19世纪末,有英国人温德莫(W. s. wetmore)的期限为1873年～1892年和日本货币研究委员会的期限为1874年～1893年的批发物价指数。其后二三十年间批发物价指数的编制工作没什么进展,直到20世纪20年代开始,中外学者编制的物价指数日见增多,到抗战前为止长期物价批发指数主要有:卜凯编制的从1875年～1923年的批发物价指数;唐启宇先生的1867年

~1922年的指数；何廉先生的1874年~1926年的指数；沃尔赛姆(Wertheim)1913年~1937年的指数；被中外学者广泛使用的为1867年~1931年的南开大学或南开经济研究所指数，由于没有长期物价指数可资利用，该指数实际上是用进出口物价指数来代替的。在上述几种批发物价指数中唐启宇的指数起点最早，又分为工业品和农产品两种，适用于中国物价总水平和工农产品比价的研究，而沃尔赛姆指数是唯一延续到1937年的全国性批发物价指数。下表是采取唐启宇指数与沃尔赛姆指数衔接的方法，编制的1867年~1937年的中国批发物价指数，见表12-5。

表12-5　中国批发物价总指数（1867年~1937年）　1913年=100

年份	指数	年份	指数	年份	指数	年份	指数
1867	82	1885	63	1903	103	1921	132
1868	84	1886	66	1904	99	1922	130
1869	85	1887	69	1905	111	1923	137
1870	84	1888	70	1906	100	1924	133
1871	82	1889	71	1907	104	1925	146
1872	84	1890	75	1908	110	1926	149
1873	80	1891	71	1909	111	1927	157
1874	67	1892	66	1910	102	1928	156
1875	60	1893	71	1911	106	1929	162
1876	64	1894	74	1912	106	1930	178
1877	62	1895	71	1913	100	1931	190
1878	65	1896	72	1914	106	1932	170
1879	64	1897	79	1915	118	1933	152
1880	65	1898	84	1916	118	1934	145
1881	64	1899	93	1917	122	1935	150
1882	64	1900	87	1918	123	1936	175
1883	61	1901	81	1919	121	1937	206
1884	62	1902	97	1920	131		

注：1867年~1913年系唐启宇指数，1913年~1937年系沃尔赛姆指数。
资料来源：王玉茹著，《近代中国价格结构研究》，陕西人民出版社，1997年，第23页。

1937年抗日战争爆发后，尤其是1941年冬太平洋战争爆发后，中国转入战时经济,通货膨胀、物价飞涨,为保持数列的连续性,我们只将这一时期物价变动的趋势列成下表,其对国民经济的影响,在各种教科书中均有说明,本章不再赘述。由于没有全国性的统计资料,故以上海和天津的批发物价作为代表(如表12-6)。

表 12-6 上海、天津的批发物价指数(1937年～1948年)

年份	指数		年份	指数	
	上海 (1936=100)	天津 (1936.7—37.6=100)		上海 (1936=100)	天津 (1936.7—37.6=100)
1937	118.6	109.75	1943	14361.8	1811.22
1938	142.6	142.03	1944	100739.4	9053.79
1939	232.0	211.74	1945	119200.0	104868.90
1940	505.7	373.38	1946	519900.0	428632.70
1941	1099.3	420.50	1947	4025000.0	4881917.00
1942	3452.6	559.64	1948	302900000.0	177724751.00

资料来源:中国科学院上海经济研究所编,《上海解放前后物价资料汇编(1921—1957年)》,上海人民出版社,1958年,第153页。《南开指数资料汇编》,第19~20页。转引自王玉茹著,《近代中国价格结构研究》,陕西人民出版社,1997年,第25页。

根据表12-6中的数字,将其与近代中国和西方国家同期加以比较,可以得出以下结论:①

1.自19世纪80年代至20世纪30年代,中国物价上涨的速度加快。清代初期和中期,即1640年～1840年的200年间,中国的物价上涨了不到1倍;而1887年～1937年的50年间,物价却上涨了3倍还多。造成这一时期中国物价总水平上涨的原因,主要是白银流入和货币贬值。

这一时期人口增长造成总需求的增加,及劳动生产率提高引起的商品价值量的下降,虽然对物价水平的变动是有影响的,但与货币供应量比起来只是次要因素。物价的迅速上涨,加速了国民收入剩余向地主、商人和新兴的资本家手中的集中,起到了加速资本积累的作用。

2.19世纪80年代至20世纪30年代,中国物价总水平的上涨并

---

① 王玉茹著,《近代中国价格结构研究》,陕西人民出版社,1997年,第25~42页。

不是直线运动,而是在曲折的变化中逐步上升,呈现某种周期性波动的迹象。周期性的波动是近代中国物价变动的最主要特征,这种波动的周期平均约为25年左右,属于中长周期。

近代中国主要商品市场价格的形成在很大程度上受世界市场的价值规律所支配,这是因为随着中国逐步成为世界市场的一部分,随着中国性质的半殖民地化,不仅对进口商品的价格无力左右,对出口商品价格也失去了决定权。物价总水平周期性波动的主要原因是受世界经济周期性波动的影响。

3. 中国近代物价总水平的波动幅度和涨落的速率,明显地低于西方国家,尤其是20世纪一、二十年代更是如此。在1867年～1937年的70年间,批发物价指数年均递增1.56%。[①] 中国在纳入世界市场之后,之所以能在一定程度上减少世界经济波动对中国物价和经济的冲击,一方而是由于这一时期自然经济仍占统治地位,全国性统一市场尚在发育过程之中;另一方面,更主要的是因为在众多国家相继改用金本位后,中国仍然继续采用银本位,缓和了世界市场的冲击。

二、货币比价的变动

从前面的分析可以看出,促使中国近代批发物价指数上涨的主要因素是:货币价值量下降,亦货币供应量增长的结果。由此看来货币相对价格的变动,尤其是金银比价及其所决定的汇率的变动会对物价总水平产生重要的影响。

19世纪70年代以后,世界主要工业化国家相继放弃银本位制度,改行金本位,只有中国继续实行银本位,这种情况一直持续到1935年11月3日中国宣布白银国有,实行法币,才废除了银本位制。所以1935年以前,白银在中国是货币,而在别国则为商品。但中国不是大量产银的国家,又不是白银的主要消费国,所以白银的价格和流向非中国所能左右,而为其在世界市场,特别是英、美市场上的价格所决定。

---

① 刘佛丁、王玉茹著,《中国近代的市场发育与经济增长》,高等教育出版社,1996年,第176页。

白银流入或流出的短期变动取决于白银在国外和国内购买力的高下,如果白银在世界市场上的购买力高,白银就要由中国流出;如果白银在中国市场上的购买力高于其在国外的购买力,就会流入。1935年以前,由于白银购买力下降,世界银价的变动是一种下跌的趋势。白银在西方市场上购买力的下降带动了其在中国市场上购买力的下降,但其下降程度低于英美市场:英国1936年白银的购买力下降为1867年的34.5%(最低点为1931年,仅为1867年的29.3%);美国更甚,1936年为1867年的31.8%(最低点为1931年,仅为1867年的24.2%);中国1931年时为1867年的43.1%,1936年为1931年的46.8%。[①] 正是由于白银购买力的下降在中国和西方国家之间存在着时间和程度上的差异,向中国输入白银是有利可图的。据海关统计,1890年~1936年的47年中有28年中国白银是入超的,入超净额达104038.6万关两,另外19年是出超,出超净额为57398.5万关两,两者相抵,净入超白银46640.1万关两,平均每年入超992.3万关两。[②] 所以近代中国的货币供应量是呈一种增长的趋势,因而促使了批发物价指数的上涨。

　　银价变动,尤其是银价跌落对中国经济其他方面的影响,主要是以汇率变动的形式来表现的。汇率所反映的是货币的国际比较,即不同国家间货币的相对价格,而金本位国和银本位国之间的汇率是随着金银比价的变动而变动的,所以在实行银本位的中国,汇率问题实质上就是金银比价问题。一直到1931年西方国家相继放弃金本位,银价与汇率的关系才不再同步变动。19世纪70年代以后,金银比价总的变动趋势是银价不断下跌,所以这一时期中国货币的汇价也不断下跌,相应白银流入中国的数量增加,刺激了进出口物价的上涨和国内一般物价水平的上涨。

三、商品的比价和差价

　　在前面曾说明影响中国批发物价的主要因素是世界市场上银价的

[①] 王玉茹著,《近代中国价格结构研究》,陕西人民出版社,1997年,第54页。
[②] 郑友揆,《中国对外贸易和工业发展》,上海社会科学院出版社,1984年,第99页。

升降,银价变动对批发物价变动的作用是通过银汇价作为媒介,而商品的比价和差价对批发物价也会产生很大影响。商品的比价包括进出口商品的比价和工业品与农产品的比价,差价包括地区差价和季节差价。

近代的物价在很大程度上受到世界市场的影响,而出口商品比进口商品的价格所受的影响要大。这是因为中国进口商品的物价除受银价变动的影响外,还受到世界上同种商品价格的影响,而尽管中国出口商品在世界市场上的价格决定权已逐步丧失,但由于出口商品结构的变化,与在国际市场流通的商品结构不同,受到世界市场的影响较小。根据《南开经济指数资料汇编》的中国进口物价指数和出口物价指数(1867年~1936年),采用环比指数计算方法,可以得出这期间进口物价每年递增2%,而出口物价递增2.3%,出口物价的增长快于进口物价的增长,[①] 所以批发物价指数更多地受到出口商品价格的影响。

下面再来看工业品与农产品的比价。据计算,1867年~1937年中国农产品的批发物价指数由59.6增加到182.7,增加了2.1倍;而工业品批发物价指数则由108.0增加为196.5,仅增加了0.8倍;农产品对工业品的购买力指数由55.9增加为93.0,增加了0.7倍(以1913年为100)。[②] 指数的变动表明:在19世纪70年代至20世纪30年代中,农产品的价格增长快于工业品价格的增长。这种变动趋势与上面讨论的进出口商品相对价格的变动趋势是一致的,这是因为进口商品价格变动趋势对国内市场上工业品的批发价格具有决定性的作用,而国内市场上农产品的价格又对出口商品的价格具有重要的影响。

不同商品在同一时间、同一空间有相对价格的不同,同一种商品在不同的时间和空间也有相对价格的不同,即存在差价。由于运输成本的不同,同种商品在不同地区的售价不同,表现为地区差价,这是合乎经济原则的,但超过流通成本的不同地区之间的价格差异则是市场发育不充分、地区间小市场封闭性的表现。近代农村地区间的差价较城市之间更为明显。和地区差价一样,适度季节差价的存在也是市场经济运行

[①] 王玉茹著,《近代中国价格结构研究》,陕西人民出版社,1997年,第82页。
[②] 王玉茹著,《近代中国价格结构研究》,陕西人民出版社,1997年,第88页。

中的正常现象,而过大的季节差价则是市场经济不发达的表现。

四、生产要素价格的变动

生产要素价格主要包括利息率的变动(影响资本的价格)、工资率的变动和土地价格的变动,生产要素价格的变动必然对国民经济结构、模式和国民收入的分配产生影响,进而对整个国民经济的发展产生影响。

19世纪后半期至20世纪30年代,中国生产要素价格的变动趋势可以概括为:第一,资本的价格在周期性的波动中下降,但利息率明显高于发达国家水平;第二,货币工资,尤其是近代生产部门劳动者的货币工资在周期性波动中上涨,但实际工资增长有限;农业、手工业等传统生产部门劳动者的实际工资变化不大,甚至有所减少,与西方工业化国家相比,中国劳动力价格便宜;第三,土地价格,无论是农村还是城市均有程度不等的上涨,但城市地价上涨的速率和幅度远落后于工业化国家。

上述生产要素价格的变动对中国近代国民经济发展所产生的影响主要表现为:第一,资本集成的加速和资本有机构成的提高。从19世纪末期,尤其是20世纪初年开始,利息率的下降反映了资本的供应较以前充裕,使资本的集成速度明显加快。据吴承明先生的估算,包括中外产业资本、商业资本和金融资本等在内的近代资本,1894年时共计为113 719万元,到1936年时增加为2580387万元(包括东北),[①]42年中增加了21.7倍,年平均增加约58730万元,年增长率为7.7%,与大多数西方国家工业化初期相比,也是一个不算低的增长速度。由于资本价格的下降和劳动力价格的上涨,中国从第一次世界大战后期开始,在20世纪20年代和30年代前期,手工业向机器工业过渡的进程加速,而已有的近代工业纷纷更新设备,资本有机构成提高,出现了资本替代劳动的现象。第二,农业传统生产模式的保持。一般说来,地价越高土

---

① 吴承明,"中国近代资本集成和工农业及交通运输业产值的估计",《中国经济史研究》,1991年,第4期,第24页。

地使用的集约化程度就越高,地价低土地使用集约化程度就低。20世纪初年以后,农村的土地价格迅速上涨,而农业劳动价格的上涨速度则较土地价格上涨速度为低。江苏武进的调查资料显示:在1912年~1932年期间,土地价格以8.33%的年增长率上涨,而农业工人的工资增长在1908年~1932年间只有1.9%。① 农业中这两种主要生产要素相对价格变动的结果,使除新垦区外的大部分农作区传统的生产模式得到保持,土地所有者倾向于使用租佃制,而不是直接经营,其结果是对农业中的资本主义发展十分不利。第三,国民收入分配格局的变化。生产要素价格的相对变动,实际上反映的是国民收入在劳动、资本和土地之间分配比例关系的变动。表12-7是巫宝三编制的1933年国民所得的分配状况表。从表中可以看出,20世纪30年代,越是近代化的国民经济部门其它所得所占的比例越低,而工薪所得所占的比例越高。如制造业中利润和利息所得仅占22%,交通运输业占24.1%,而工薪所得则分别占78%和75.9%。工资成本的上升和利润水平的低下无疑对工业的发展不利。但总的看来当时的非工薪所得仍然大于工薪所得,前者为51%,后者为49%,这是由于农业部门的净收入中地租所占的比例大,农业又是国民经济的主要部门。庞大的农业部门在近代化过程中转变困难,进一步导致了19世纪80年代至20世纪30年代期间产业结构变动的缓慢。

表12-7 中国国民所得的分配(1933年) 单位:百万元

	工资薪金所得		其他所得		总 数	
	实数	百分比%	实数	百分比%	实数	百分比%
农业	4719	38.5	7552	61.5	12271	100.0
矿冶业	138	57.9	100	42.1	238	100.0
制造业	1434	78.0	404	22.0	1838	100.0
营造业	221	100.0	—	—	221	100.0
运输交通业	700	75.9	222	24.1	922	100.0
商业	1757	69.1	784	30.9	2541	100.0

---

① 张履鸾,《江苏武进物价之研究》,载《金陵学报》,第3卷,第1期,1933年。

续表

	工资薪金所得		其他所得		总 数	
	实数	百分比%	实数	百分比%	实数	百分比%
金融业	67	33.5	133	66.5	200	100.0
住宅	—	—	934	100.0	934	100.0
自由职业	312	100.0			312	100.0
公共行政	642	100.0			642	100.0
总计	9990	49.0	10129	51.0	20119	100.0

资料来源：巫宝三，《中国国民所得，1933》上册，中华书局，1947年，第14页。

第四节 总需求变动的一般趋势

1840年以后，中国市场上供求关系发生了重大的变化，其市场模式由需求决定供给向供给决定需求的方向转化。总的说来，进入近代社会以后，是供给的增加造成需求的扩大。首先是外国商品的输入创造了市场和需求，而刺激起来的需求使国内市场扩大，促进了中国近代工业的产生和发展，从而使供给进一步增加。另一方面，国内市场的扩大是由于出口土货增加。这种需求的增长主要不是国内需求的增长，而是国外需求增长的结果。

一、总需求的概念

总需求是现代经济理论中的基本范畴，也是宏观经济分析的一个基本工具，在西方经济学发展的不同阶段，有着不同的总需求概念。

以马歇尔、瓦尔拉斯和庇古等人为代表的西方经济学中的新古典学派，以萨伊定律和边际主义为基础，以自由竞争和充分就业为假说前提，首创"需求理论"，他们从微观层面、单个经济主体的经济行为和单个商品市场的角度界定需求概念。认为经济分析中的需求是指消费者在一定时期内和一定市场，按照一定价格愿意并且能够购买的商品或劳务的数量总和。

凯恩斯《通论》的问世,标志着西方宏观经济理论的形成,凯恩斯依据"边际消费倾向、资本边际效率和灵活偏好"三大基本心理法则,提出了"有效需求"的概念,建立了宏观经济分析的总需求理论。西方经济学一般认为,凯恩斯的有效需求就是总需求或总购买力。按照凯恩斯的说法,有效需求是指"总需求函数与总供给函数相交的均衡点,在该点,整个社会的企业家由于雇佣一定数量的劳动者而期望得到的产品的卖价正好等于整个社会提供相同数量的就业量所必须得到的最低卖价"。[①] 它是一个预期数量,因而是一个预期性的概念。

马克思认为需求必须是"市场上出现的对商品的需要",[②] 或者说是"由货币体现的、有支付能力的、实现交换价值的需求"。[③] 这种支付能力所反映的数量关系是指"社会需要所要求的商品量,也就是社会能够按市场价值支付的商品量"。[④]

这里我们对总需求概念作如下表述:从物质形态上看,指的是一定时期内,社会各个方面、各个层次和所有经济主体对物质产品和劳务提出的有支付能力的全部社会性需求;从价值形态上看,表现为一定价格水平下的货币购买力总额。[⑤] 宏观经济分析中的总需求变动具有两层最基础的含义:一是总量变动;二是结构变动。所谓总量变动,指的是在不同时期内总需求规模的扩张或收缩过程。所谓结构变动,指的是总需求自身各子项构成在不同时期所发生的消长关系的变化。在近代经济发展过程中,总需求变动不仅表现在总量上,而且表现在结构上。

二、消费需求变动的趋势及特征

近代中国消费需求是由国民个人消费需求和政府消费支出两部分组成,限于资料,我们对个人消费需求和政府消费不作区分,表12-8是对国民消费需求总值的推算。

---

① 凯恩斯著,《就业、利息和货币通论》(重译本),商务印书馆,1999年,第30页。
② 马克思,《资本论》第2卷,人民出版社,1976年,第136页。
③ 马克思,《资本论》第3卷,人民出版社,1976年,第211页。
④ 《马克思恩格斯全集》,第46卷(上),人民出版社,1972年,第147页、407页。
⑤ 张东刚,《总需求的变动趋势与近代中国经济发展》,高等教育出版社,1997年。

表 12-8　近代中国国民消费需求的长期变动(1887 年～1936 年)

单位：亿元(1933 年币值)

年份	消费需求总额	消费需求各项内容总额				
		食品	衣服	房租	燃料灯火	杂项
1887	131.94	—				
1917	132.45	98.47	9.00	10.76	8.23	5.99
1922—1925	166.96	107.94	28.54	6.67	13.90	9.91
1926	216.53	136.41	16.02	17.88	21.52	24.70
1927—1928	224.96	132.89	15.66	25.93	19.20	31.28
1929	238.25	144.29	14.34	19.40	12.56	47.64
1930	218.33	127.14	15.24	20.33	15.24	40.38
1931	265.90	169.20	22.10	13.50	21.20	39.90
1932	273.90	176.80	21.00	13.60	21.40	41.10
1933	273.20	175.20	21.70	13.70	21.60	41.00
1934	252.90	157.80	21.40	13.90	21.90	37.90
1935	267.60	168.10	23.10	14.10	22.20	40.10
1936	279.80	177.40	23.70	14.30	22.40	42.00

资料来源：张东刚，《总需求的变动趋势与近代中国经济发展》，高等教育出版社，1997 年，第 2 页。

从表 12-8 的估算分析国民消费需求的变动趋势及其特征，可以看出：

1. 中国自 19 世纪 80 年代中期至 20 世纪 30 年代中叶，国民消费需求变动的总趋势是不断上升的。以 1933 年可比价格计算，1936 年比 1887 年增加了 147.76 亿元，49 年中增加了 1.1 倍，年平均递增 1.5%。

西方国家经济增长的历史表明，消费需求上升是商品经济不断发展过程中的一种客观规律。同样，中国在近代化过程中，消费需求不断上升的变动趋势也是中国资本主义经济和商品经济不断发展的客观要求和必然结果。

2. 19 世纪 80 年代至 20 世纪 30 年代中国国民消费需求总额的上升并非直线运动，而是在曲折的升降波动中逐步上涨，并呈现出某种周期性波动迹象。由表 12－8 可以看出，国民消费需求总额在 1887 年～

1917年间,几乎没有增长;而在1917年~1936年的19年中,国民消费需求总额呈现明显的上升趋势,平均每年递增7.76亿元,年增长率将近4%;1937年日本侵华战争爆发,中国转入战时经济状态,通货膨胀,物价上涨,生产供给能力大幅度下降,国民消费需求大幅下跌。

三、投资需求变动趋势及其特征

投资需求是总需求的重要组成部分,也是总需求变动的一个内在推动力量,它的变动对总需求变动和国民经济增长具有重要影响。投资规模是一定时期(一般为一年)内国民经济各部门、各行业用于建造和购置固定资产所投入资金的数量总额。中国近代投资需求规模的变动特征主要表现在以下两个方面:

(一)投资规模上涨较快,但各阶段的增长幅度不同,投资需求发展水平很不稳定

从19世纪末至20世纪30年代中期,中国近代生产部门的固定资本年度投资规模呈不断上升的趋势。据吴承明先生估算,包括中外产业资本、商业资本和金融资本等在内的近代资本规模,1894年共计为113719万元,到1936年增加为2580387万元(包括东北)42年间增加了21.7倍,年均增加约58730万元,年均增长率为7.7%。扣除物价上涨因素,42年中增加了8.5倍,年均增加54939万元(1936年币值),年均增长率为5.5%,与大多数西方国家工业化的初始阶段相比,亦为一个不算低的增长速度。1894年~1914年的20年间,投资需求年均增加额不足2亿元,年均增长率为8.05%,第一次世界大战期间年均投资额增至33720万元,但增长速度明显降低,为5.59%。1920年~1936年达到年均增长116282万元,投资需求增长速度达8.31%,高于前两个阶段。①

(二)实际投资率不断上升,资本有机构成提高,资本密集型产业在整个国民经济中所占比重加大

---

① 张东刚,《中国近代投资需求变动的宏观分析》,《南开学报》,2000年,第5期,第13~14页。

1920年中国固定资本投资率为2.5%,1936年为6.3%,并且投资需求增长速度高于国民生产增长的速度。可见这期间,固定资本投资率具有不断上升的趋势。

同世界上工业化国家的初期阶段一样,中国在19世纪80年代以后,特别是第一次世界大战后期开始,随着社会经济的发展和科学技术的进步,传统手工劳动向机器化生产过渡的速度加快,国民经济各部门中最具代表性的某些先进企业完成了由工场手工业向机器工业的转变,已有的企业则纷纷进行技术改革,加大资本投入,促使资本有机构成提高,出现了资本替代劳动的现象。这一现象以民族棉纺织业最为显著,如大生纺织企业,在1899年~1923年的24年中,资本额由44.5万两增加到708.4万两,增长了近15倍,固定资产总额由51.2万两增至919.1万两,增长近17倍。[①] 不变资本与可变资本的比例1903年为4.3:1,1915年为8.7:1,至1922年达到10.6:1。[②] 另据《荣家企业史资料》,申新一厂和八厂按每一工人平均计算的固定资产价值在1931年为1113.6元,1936年增至2182.5元,年平均递增11.87%,不变资本与可变资本的比例则由9.2:1增至16:1,固定资产总额增长了74%。[③]

由于资本替代劳动,中国的产业结构在这一时期已不同程度地出现了由劳动密集型产业向资本密集型产业转化的现象。

四、总需求变动趋势及其特征

近代中国开放经济生活中的总需求构成包括消费需求、投资需求和净出口需求三部分。其中消费需求包括私人消费需求和政府消费需求;投资需求包括民间投资需求和政府投资需求;净出口需求则表现为

---

① 大生系统企业史编写组,《大生系统企业史料》,江苏古籍出版社,1990年,第143页。
② 大生系统企业史编写组,《大生系统企业史料》,江苏古籍出版社,1990年,第154~158页,第143页。
③ 上海社会科学院经济研究所,《荣家企业史料》,上海人民出版社,1980年,第542页。

出口与进口差额,加上外债本息。如果将政府需求中的消费需求和投资需求合在一起,通过对历史统计资料的整理和修定,可以推算出近代经济发展中若干年份的总需求值,见表12-9。

表12-9　近代中国总需求的长期变动(1887年～1936年)

单位:亿元(1933年币值)

年份	个人消费需求 ①	民间投资需求 ②	政府支出 ③	净出口需求 ④	总需求
1887	131.94	5.46	1.44	−0.72	138.12
1917	132.45	9.33	2.99	−2.64	142.13
1922	166.96	13.27	2.95	−6.00	177.18
1927	224.96	12.29	2.03	−1.94	237.34
1931	265.90	12.70	11.90	−4.94	285.56
1932	273.90	14.80	10.50	−7.30	291.90
1933	273.20	15.00	10.60	−9.38	289.42
1934	252.90	11.20	15.10	−7.41	271.79
1935	267.60	15.90	13.70	−7.72	289.48
1936	279.80	19.40	16.50	−5.47	309.96

注:①项中,1922年数字为1922年～1925年数;1927年数字为1927年～1928年数。②项中,1887年数为农业部门固定资产投资额;1917年～1927年为近代导向部门的固定资本投资额和农业部门固定资本投资额;1931年～1936年为全部固定资本投资额;其中1917年农业投资额以1907年代替。③项中,1887年～1927年包括政府消费和投资支出;1931年～1936年仅包括政府消费支出。④项中包括进出口差额和外债本息,1887年不含外债本息,1931年～1936年间包括东北。

资料来源:刘佛丁主编,《中国近代经济发展史》,高等教育出版社,1999年,第357页。

根据表中的数字分析总需求变动趋势及其特征,可以归纳出以下两点结论:①

1. 中国自19世纪80年代中期近代化起步以后,宏观经济运动中总需求变动的总体趋势是不断上升的。总需求总额从1887年到1936年49年增加了1.2倍,年平均增长3.51亿元,年平均增长率为1.66%。可见虽然总需求与同期西方工业化国家相比是低水平波动上

---

① 刘佛丁主编,《中国近代经济发展史》,高等教育出版社,1999年,第356～358页。

升,增长幅度较小,但总需求长期变动的一个总体特点和一般趋势仍是持续上升,从一个侧面反映着经济发展程度和水平。

总需求不断上升的趋势在很大的程度上是受近代人口不断增加趋势的拉动,1887 年中国人均总需求额为 36.57 元,至 1936 年时增至 60.68 元,49 年间增加 66%,年平均增加 0.49 元,年平均增长率为 1.0%。可见人均总需求额亦呈逐步上升趋势,但其增长速度低于总需求总额的增长速度。

2. 总需求上涨并非直线运动,而是在波动中的逐步上升趋势。1887 年~1917 年的 30 年间,总需求总额每年增加值为 0.17 亿元,年均增长 0.1%;在 1917 年~1936 年的 19 年间,总需求总平均每年增加 8.8 亿元,年平均增长率高达 4.2%;1937 年以后中国经济转入战时状态,国民经济遭受严重破坏,名义社会总需求虽有急剧的上涨,但实际社会总需求则大幅下降。

五、影响总需求变动的因素

总需求是以人为主体的社会总需求,从最一般的意义上说,影响人的需求以及与其有关的派生需求的因素,都会导致总需求发生变动,因而也就构成导致总需求变动的因素,如人口状况、就业状况、文化传统、社会习惯、市场状况、物价水平、资源状况、气候等等都能在一定时期、一定条件下成为导致总需求变动的因素。但影响总需求变动的最主要因素还是经济因素和政治因素,尤其是经济因素更为重要。

消费需求是总需求的主要组成部分,它的变动对总需求变动具有重要影响。由表 12-9 可以计算出表 12-10,[①]结合两表可以看出个人消费需求占总需求的比重由 1887 年的 95.5% 降到 1936 年的 90.2%,49 年仅下降了 5.3 个百分点,年平均下降 0.11%。可见近代中国个人消费需求占总需求中的份额总体上呈较弱的下降趋势,但个人消费需求的增长率在总体上还是呈现上升特征。

与国民个人消费需求变动不同的是政府支出在总需求中所占的比

---

① 刘佛丁主编,《中国近代经济发展史》,高等教育出版社,1999 年,第 360 页。

重却呈微弱的上升趋势,政府支出在总需求中的比重由1887年的1.04%增至1936年的5.3%,表明在近代化过程中,随着政府政治经济目标和其行为的加强,政府参与经济活动的能力逐渐提高。

表12-10　近代中国个人消费需求和政府支出与总需求变动比较(1887年~1936年)(%)

年份	总需求增长率	个人消费需求比重	个人消费增长率	政府支出比重	政府支出增长率
1887—1917	0.01	94.3	0.01	1.6	2.5
1917—1922	4.5	93.7	4.7	1.9	−0.3
1922—1927	6.0	94.3	6.1	1.2	−7.4
1927—1932	4.2	94.2	4.0	2.5	38.9
1932—1934	−2.4	93.4	−2.6	4.5	12.8
1934—1936	4.5	91.5	3.4	5.4	3.0

资料来源:刘佛丁主编,《中国近代经济发展史》,高等教育出版社,1999年,第360页。

从表12-10中我们可以看出,消费需求比政府支出占更大的比重,而且消费需求的变动方向也与总需求变动方向大体一致,而政府支出虽变动较大,但其与总需求变化的关联程度较弱,表明政府支出对总需求变动的贡献力不如消费需求大。

影响总需求变动的另一个重要因素是投资需求。近代国内投资占总需求的比重由1887年的3.9%上升到1936年的6.3%,年平均增长率为2.6%,高于总需求的年平均增长率1.66%。应该注意的是,投资需求和总需求二者波动的方向和频率虽然基本相同,但投资波动的幅度远大于总需求和私人消费需求。这表明总需求波动的发生,在很大程度上是由投资波动引起和推动的。[①]

思考题

1. 简述中国近代市场的形成过程,并比较和西方资本主义市场的形成有哪些不同。

---

① 刘佛丁主编,《中国近代经济发展史》,高等教育出版社,1999年,第361页。

2. 中国近代总需求变动的趋势和特征。

参考文献

1. 刘佛丁主编,《中国近代经济发展史》,高等教育出版社,1999年。
2. 刘佛丁、王玉茹著,《中国近代的市场发育与经济增长》,高等教育出版社,1996年。
3. 吴承明著,《中国的现代化:市场与社会》,生活读书新知三联书店,2001年。
4. 许涤新、吴承明主编,《中国资本主义发展史》第二卷、第三卷,人民出版社,1990年。
5. 王玉茹著,《近代中国价格结构研究》,陕西人民出版社,1997年。
6. 刘佛丁、王玉茹、于建玮著,《近代中国的经济发展》,山东人民出版社,1997年。
7. 张东刚著,《总需求的变动趋势与近代中国经济发展》,高等教育出版社,1997年。
8. 潘君祥、沈祖炜主编,《近代中国国情透视——关于近代中国经济、社会的研究》,上海社会科学院出版社,1992年。
9. 吴传钧著,《中国经济地理》,科学出版社,1998年。
10. 许檀,《明清时期区域经济的发展——江南、华北等若干区域的比较》,《中国经济史研究》,1999年,第2期。
11. 杨素华,《明清时期江南地区市场的等级划分及其特征》,《历史教学问题》,1998年,第6期。
12. 张仲礼、沈祖炜,《近代上海市场发育的若干特点》,《上海社会科学院学术季刊》,1994年,第2期。
13. 郭松义,《清代地区经济发展的综合分类考察》,《中国社会科学院研究生院学报》,1994年,第2期。
14. 张利民,《论近代华北商品市场的演变与市场体系的形成》,《中国社会经济史研究》,1996年,第1期。

15. 龙登高,《中国历史上区域市场的形成及发展——长江上游区域市场的个案研究》,《思想战线》,1997年,第6期。

后 记

本书由南开大学经济学院赵津教授担任主编,王玉茹、张东刚教授担任副主编。各章编写工作分工如下:前言、第一章 赵津;第二章 王玉茹;第三章 云妍;第四章 梁华;第五章 张昭玺;第六章 刘卓君;第七章 李菁(其中第二节由赵津和李菁共同编写);第八章 王学军;第九章 毛小敏;第十章 卢娜;第十一章 张东刚;第十二章 郭锦超(其中第四节由张东刚和郭锦超共同编写)。编写过程中参阅和吸收了很多同行的研究成果,并在页下注释和各章的参考文献中注明;如有错误,由编者负责。

本书由南开大学"211"工程项目资助出版。南开大学经济学院周立群院长、南开大学出版社肖占鹏社长、童颖责编在本书的出版过程中给予了大力支持和帮助,在此致以诚挚的谢意。

编者
2005 年 2 月